青年学术丛书·历史
YOUTH ACADEMIC SERIES-HISTORY

宋代买扑制度研究

杨永兵 著

人民出版社

目 录

导 论 ·· 1

第一章 宋代买扑类型的个案考察 ··· 1

　第一节 特许经营中的买扑 ·· 1

　　一、酒 ··· 1
　　二、盐 ··· 8
　　三、茶 ·· 12
　　四、矾 ·· 13
　　五、醋 ·· 14
　　六、坑冶 ·· 15
　　七、商税 ·· 19
　　八、河渡 ·· 24

　第二节 政府采购中的买扑 ··· 27

　　一、中央政府 ··· 27
　　二、地方政府 ··· 30
　　三、军队 ·· 31

　第三节 官田经营中的买扑 ··· 31

　　一、北宋官田的买扑 ··· 32
　　二、南宋官田的买扑 ··· 36

第二章 宋代买扑制度的运行机制 ·· 45

　第一节 宋代政府颁布的买扑法规 ··· 45

　　一、抵当和招保制 ·· 45

二、分界制 …………………………………………………… 48
　　三、实封投状制 ……………………………………………… 49
　　四、准备钱制度 ……………………………………………… 52
　　五、会计制度 ………………………………………………… 53
　第二节　宋代政府设立的买扑管理机构 ……………………… 54
　　一、中央机构 ………………………………………………… 55
　　二、地方机构 ………………………………………………… 61
　第三节　宋代政府买扑课额的管理制度 ……………………… 67
　　一、对买扑课额的征收和管理 ……………………………… 67
　　二、对买扑课额的蠲免 ……………………………………… 71
　　三、买扑课额的使用 ………………………………………… 73
　第四节　宋代买扑制度的人事控制 …………………………… 77
　　一、对主持买扑官吏的人事控制 …………………………… 77
　　二、对买扑者的人事控制 …………………………………… 78

第三章　宋代买扑制度的变迁 ………………………………… 83
　第一节　宋代买扑制度演变的博弈分析 ……………………… 83
　　一、宋代买扑制度的历史渊源 ……………………………… 84
　　二、募民主之 ………………………………………………… 86
　　三、酬奖衙前 ………………………………………………… 89
　　四、实封投状 ………………………………………………… 91
　第二节　宋代买扑制度变迁的制约因素 ……………………… 94
　　一、产权与宋代买扑制度变迁 ……………………………… 95
　　二、宋代政府干预与宋代买扑制度变迁 …………………… 97

第四章　宋代买扑制度的历史作用及地位 …………………… 101
　第一节　宋代买扑制度与宋代之财政 ………………………… 101
　　一、买扑课额是宋代财政收入的重要组成部分 …………… 102
　　二、宋代买扑制度与宋代财政支出 ………………………… 105
　第二节　宋代买扑制度与宋代之役法 ………………………… 110
　　一、差役法下的宋代买扑制度 ……………………………… 110
　　二、免役法下的宋代买扑制度 ……………………………… 112
　第三节　宋代买扑制度与宋代之商品经济 …………………… 114

一、宋代买扑制度与宋代商品供给 ·················· 116
　　二、宋代买扑制度与宋代商品流通 ·················· 123
　第四节　宋代买扑制度与宋代之专卖制度 ················ 128
　　一、宋代的专卖制度 ························· 128
　　二、宋代买扑制度与专卖制度的比较研究 ··············· 132
　第五节　宋代买扑制度的评价 ····················· 135
　　一、宋代买扑制度兴盛的原因 ···················· 135
　　二、宋代买扑制度实施的弊端 ···················· 137
　　三、如何认识宋代买扑制度对宋代社会的作用 ············· 138

参考文献 ····························· 141

后记 ······························ 151

导 论

一、选题意义和概念界定

　　1978年开始的改革开放，使我国社会经济发生了翻天覆地的变化。首先在农村展开的家庭联产承包责任制，是我国农村社会经济发展的巨大动力。随后在城市进行的承包制改革也使我国的城市经济得到迅猛的发展。中国历史上是否出现过承包制呢？答案是肯定的。

　　随着改革开放的逐步推进，我国确立了社会主义市场经济的基本经济制度。在社会主义市场经济中，经济的运行和发展受两个基本因素的制约，一是市场这只"无形的手"，二是政府调控这只"有形的手"。如果市场和政府调控这两种手段使用适度，那么社会经济就会顺利发展，反之则会出现社会经济的停滞，乃至倒退。然而，在现代社会市场经济的发展中，市场手段和政府调控手段如何使用才是适度，一直以来都是难以界定但又不得不面对的棘手问题。

　　历史是现实的基础和源泉，现实是历史的延续和发展。我们也许可以从历史中找到借鉴的答案。

　　一直以来，我国的传统经济并不是纯之又纯的自然经济，商品经济一直在自然经济的夹缝中生存并出现过三次发展的高潮时期。对此，业师林文勋先生有过精辟的认识。他认为：中国封建社会商品经济的发展经历了三个呈现出螺旋式上升发展态势的高峰时期，一个是春秋战国至西汉中期汉武帝时，一个是唐宋时期，再一个是明清时期[1]。尽管我国的第一个商品经济发展高潮受到汉武帝的干预而逐渐衰微，但是，在唐宋时期，我国的商品经济又重新发展起来并出现了第二个高潮，极大促进了社会经济的发展。与过去相比，宋代的经济发展，不论是从质的方面还是从量的方面，在中国经济史上都达到了一个新的高度。[2]

实际上，商品经济的发展成为我国传统社会中经济发展的晴雨表。一般说来，商品经济的大发展时期也就是我国传统社会经济的大发展时期。为什么这样呢？从最近几百年来各国经济的发展历史来看，我们不得不承认，市场经济是统一国家经济发展过程中最好的经济制度。总的看来，在中国传统社会中，政府调控经济这只"有形的手"是一直存在的，并且它的力量往往大于市场这只"无形的手"的力量。所以，当中国历代政府尊重市场机制，并适当加以调控的话，经济（包括商品经济）便会取得快速的发展，反之则经济发展缓慢。

导致宋代的经济发展取得巨大成就的因素有多种。其中，宋代经济中的市场化与政府调控适度相结合是不可忽视的因素[3]。诺斯开创的新制度经济学派认为，经济发展的主要推动力量在于制度创新。而宋代的买扑制度，便是宋代经济领域中市场化与政府调控适度相结合的一项重要制度创新。

买扑始于何时？裴汝成、许沛藻两位先生根据宋人罗濬所著的《宝庆四明志》中记载的史料认为源自唐代后期[4]，刘森先生则认为始于五代后唐时[5]。而在我国历史上，五代、宋、金、元时期俱有买扑经济现象的存在，但尤以宋代的买扑最为昌盛，涉及面最广，对社会经济发展的影响也最大，因此现存的买扑史料和论著绝大部分集中在宋代，本研究也以宋代为断限。[6]

宋代的买扑亦称扑买、承买、扑断、断扑、断赁、请佃、断买、承揽、揽买。何为买扑？现存史料中未看到宋代时人对买扑的明确界定。明朝人丘濬在

---

[1] 林文勋、杨华星：《也谈中国封建社会商品经济发展的特点》，《思想战线》2000年第6期。
[2] 对此，漆侠先生在其专著《宋代经济史》（上海人民出版社1987年版）有过充分的论述，在此不再赘述。
[3] 对此，李晓博士在其博士论文《宋代工商业经济与政府干预研究》（中国青年出版社2000年版）中以市场调节和政府干预的相互作用为主线，较为系统地探讨了宋代工商业经济的经营运行机制及其基本特征，并具体分析了宋朝政府对工商业经济实施干预的方式和影响。
[4] 裴汝成、许沛藻：《宋代买扑制度略论》，《中华文史论丛》1984年第1辑。
[5] 刘森：《买扑始年之我见》，《中国史研究》1986年第4期。
[6] 金代买扑似乎仅存在于坑冶业中，且时间较短。《金史》卷一〇《章宗纪》记载："（明昌五年九月）戊辰，初令民买扑随处金、银、铜冶。"《金史·食货志五·金银之税》载有金廷讨论此次政策的详细经过，章宗认为"此（民间买扑坑冶）终非长策"。元代买扑主要是买扑天下赋税，即包税。可见于《元史》卷二《太宗纪》；《元史》卷一四六《耶律楚材传》。

《大学衍义补》中提出了自己对买扑的看法，认为宋代的买扑制度就是一种包税制度。"所谓扑买者，通计坊务该得税钱总数，俾商先出钱与官买之，然后听其自行取税以为偿也；所谓承买者，凡有坊场、河渡去处，先募人入钱于官承买，然后听其自行收税以自偿也"。[1]在宋代，坊务和坊场大致同义，扑买与承买同义。故从丘濬的认识来看，买扑与承买在参与人的身份上有一定的差异，买扑的对象有坊务（主要为税场）、坊场（主要为酒、醋、矾等）、河渡的差异，但总的看来买扑就是一种包税。丘濬的观点对后世买扑的认识有重大的影响。

我们再来看我国目前的权威辞书对宋代买扑的解释。《中国历史大辞典》说："买扑，又名扑买。是宋代私人向政府承包经营酒坊、河渡、商税场、盐井之类的一种方式"[2]。从这个词条可以看出，词典的编纂者认为宋代的买扑是一种承包经营方式。《辞海》释为"扑买，亦称'买扑'，简称'扑'。宋元的一种包税制度"[3]。2002年版的《辞海》修订版释为"扑买，亦作'买扑'。宋元的一种包税制度。宋初对酒、醋、陂塘、墟市、渡口等税收，由官府核计应征数额，招商承包。包商(扑买人)缴纳保证金（俗称'抵当'）于官，取得征税之权。淳化时实行买'买扑酬奖'法，以买扑之利归大户，酬奖之利归役人。熙宁时改由自报包税数额，以出价最高者取得包税权。元沿宋制，但包税范围扩大"[4]。可以看出，《辞海》的编纂者一直坚信宋代的买扑就是包税。然而，税收具有强制性、无偿性和固定性的特点，从宋代的相关史料上可以看出买扑与税收有明显的差异。需要说明的是，即使是承认宋代的买扑就是包税，《辞海》2002年版"扑买"词条的最后一句话也是错误的，与宋代相比，元代的买扑现象不论是从种类、买扑课额还是地域的范围来看不是扩大，而是大大的比宋代缩小了。《经济大辞典》则称："扑买，亦称'买扑'，简称'扑'。①指承买，揽买。②宋元时的包税。"[5]显然，这种解释是对《辞海》和《中国历史大辞典》解释的综合。

由上可以看出：当前的学术界对宋代买扑的界定没有统一的认识。有的说它是承包制，这以《中国历史大辞典》为代表，这主要是从宋代经营类买扑的

---
[1] 《大学衍义补》卷三十二之十一、十二。
[2] 郑天挺，谭其骧主编：《中国历史大辞典》，上海辞书出版社2000年版。
[3] 经济分册，上海辞书出版社1978年版。
[4] 夏征农主编：《词海·经济分册》，上海辞书出版社1978年版。
[5] 郭今吾主编：《经济大词典·商业经济卷》，上海辞书出版社1986年版。

视角所说的。有的说它是包税制,这以《辞海》为代表,这主要是从宋代管理类买扑的角度所看的。需要注意的是,宋代实封投状下的买扑类似于今天的投标竞标制,而仅采用实封投状方式出卖如僧度牒这种免税凭证的则类似于今天的拍卖。

宋代买扑出现于市场力量壮大的商品经济大发展时期,对它的理解必须考虑到市场和政府调控这两个基本因素;另外,市场与政府调控之间的协调是通过产权制度为纽带的,对它的理解仍需考虑产权这一因素。实际上,由于宋代的买扑持续时间长、涉及面广,它的内涵与外延是逐渐变化的。从字面上看,"买"即为买卖,"扑"字前人释为"争到曰扑"或"手相缚曰扑",也就是争夺、竞争。买扑即是一种自由竞争买卖的意思。结合宋代买扑的历史进程来看,宋代买扑是指特定的人群自愿通过经济手段[自真宗大中祥符年间(1008—1016)以后还出现了经济自由竞争的方式],向宋代政府缴纳一定数额的钱物后,从政府手中买断一定时限、一定地域范围之内的某些经济领域的独占权(包括生产权、经营权和管理权)或某些经济领域的产权(包括所有权、使用权、收益权和处置权),再与政府分担役法困难和优化财政收支的官民分利互赢的经济现象。

什么是制度?美国新制度经济学派的诺斯认为:"制度是由人类设计的用以安排政治、经济与社会交往的约束。它们由非正式的约束(制裁、忌讳、习俗、传统、行为准则)和正式的规则(章程法律、财产所有权)组成。"[1]可以看出,诺斯所说的制度包括非正式的约束和正式的规则两种。他的制度定义是根据西方国家,尤其是资本主义兴起后的西方国家经济发展状况所界定的,但对中国宋代时期的买扑制度仍有借鉴意义。因此,我认为宋代买扑制度是指与宋代买扑相关的各种规则和保证宋代买扑顺利进行的实施机制。从上面对宋代买扑的定义可以看出:宋代政府拥有买扑的主导权,特定人群拥有买扑的主动权,而一定时间、一定地域限制的某种经济领域的独占权成为双方的结合点,买扑的持续进行在于双方的分利互赢,买扑制度实际上是一种承包制度。

---

[1] [美]道格拉斯·C·诺斯(North, Douglass.C)著,李志宏译:《制度》,《东南学术》2006年第4期。

二、学术史回顾[1]

1936年以前，由于记载买扑的史料比较分散和研究宋代经济史的重要文献——《宋会要辑稿》——流传不广，宋代买扑制度的研究还是一块处女地。[2]至20世纪80年代为止，对它的研究仅处于零星介绍和简单涉及的程度，故裴汝成和许沛藻先生在1984年登载的论文中说"国内史学界迄今未见论及买扑的专门文章"[3]。近三十年来，随着宋代经济史研究的不断拓展和深入，在许多学者的辛勤努力下，宋代买扑制度的研究取得了明显的进展，出现许多涉及它的论著和一定数量专门论述宋代买扑制度的论文。

（一）研究概况

宋代买扑制度的渊源是什么？其主要内容有哪些？这是开展宋代买扑制度研究首先面临的问题。裴汝成和许沛藻先生的《宋代买扑制度略论》是目前所知宋代买扑制度研究的第一篇专门论文[4]。这篇文章对宋代存在的各种买扑形式，如买扑墟市、买扑税场税铺、买扑江河津渡、买扑祠庙、买扑陂塘、官营田地、官卖户绝田、盐、酒、醋、坑冶买扑均做了比较全面的介绍，并对买扑制出现的时间、宋代实行买扑制的原因、宋代买扑制与宋代商品经济的关系和实行买扑制的意义进行了一定的分析。刘森先生不同意他们认定的宋代买扑制度起源于唐末的说法，他根据《册府元龟·关市》（卷五○四）中的史料认为应起源于五代后唐时[5]。在弄清宋代买扑类型的基础上，许沛藻先生从制度层面对宋代买扑坊场的分界制、抵当和招保制度、净利钱制度、实封投状制的内涵、演变和意义作了比较细致的研究，并提出了一些新的看法[6]。例如，他认

---

[1] 参阅拙作《近30年来宋代买扑制度研究综述》，《中国史研究动态》2009年第10期。
[2] 据韩长耕先生在《〈宋会要辑稿〉述论》（《中国史研究》1996年第4期）中的考证，《宋会要辑稿》在哈佛燕京学社资助下，于1936年10月才首次公开出版线装本二百册。在此之前，学人无法利用其史料进行宋代经济史的研究。
[3] 裴汝成、许沛藻：《宋代买扑制度略论》，上海《中华文史论丛》1984年第1辑。
[4] 裴汝成、许沛藻：《宋代买扑制度略论》，上海《中华文史论丛》1984年第1辑。
[5] 刘森：《买扑始年之我见》，《中国史研究》1986年第4期。
[6] 许沛藻：《宋代买扑坊场管理制度述论》，邓广铭、漆侠主编：《中日宋史研究会中文论文选编》，河北大学出版社1991年版。

为买扑坊场的净利钱实质是官储因出让坊场经营管理权和收税权,而向买扑者抽取的部分制造和销售酒的充作买扑坊场租赁费的赢利,净利钱是熙丰年间王安石变法推行募役法的必要条件。并提出实封投状下的改进办法——酌中立额法。

除了上述论文外,许多学者在论著中也提出了自己对宋代买扑制度的认识。宋小维提到《庆元条法事类》中榷货条中存在买扑的法律条文[1]。关于宋代买扑坊场的经营方式,姜锡东先生在《宋代商人和商业资本》中指出:宋代酒务买扑坊场中存在着合本经营,包括官吏与民户之间和民户与民户之间的合本经营;北宋前期官府酒务坊场的买扑往往是包税性质;衙前买扑酒务坊场要包产包销,是宋政府酒类专卖的一种方式[2]。尽管宋代买扑坊场只能从事政府规定的经营事项,但有的还是超出政府规定的范围。戴建国先生在《北宋的田宅交易投税凭由河官印田宅契书》一文中涉及了宋代买扑坊场的经营内容。他发现宋代一些买扑经营的商税场为了盈利,违反国家法度,私自印卖典契准本,扰乱了市场秩序,实际上是扩大了政府允许的买扑商税场经营范围,有违法买卖官印田宅契书的现象[3]。方宝璋先生在《略论宋代财经监督机制》中对宋代买扑课利的政府主管部门做了探讨[4]。他肯定了宋代买扑利额由转运司与常平司分目异掌,认为课利入转运司,净利入提举常平司。至于对买扑制的评价,许多学者揭示出:在这一制度下,买扑双方都想攫取最大钱财,有其消极的一面;但是它毕竟采用了经济手段来达到此目的,符合当时商品经济发展的趋势,所以应该对它给予积极的评价。例如,李晓先生在《论宋代民间资本的流向》中,给予它较高的评价,认为买扑是宋代商业资本向生产资本转移的重要途径和方式[5]。漆侠先生在他的专著《宋代经济史》中认为宋代酒务中存在着买扑制。在对宋代酒务中的买扑制的主要内容给出五点概括后,漆侠先生肯定了在宋代买扑酒税比重高的地区,商品经济较为发达,商业资本显然是从买扑制中寻找自己的出路。另外,他还指出宋代存在着醋的买扑,买扑醋钱主要用作办学费用。[6]

---

[1] 宋小维:《宋代经济法制初探》,《河南大学学报》1998年第3期。
[2] 姜锡东:《宋代商人和商业资本》,中华书局2002年版。另外,刘秋根在《十至十四世纪的中国合伙制》,《历史研究》2002年第6期)中也持类似的观点。
[3] 戴建国:《北宋的田宅交易投税凭由河官印田宅契书》,《中国史研究》2001年第3期。
[4] 方宝璋:《略论宋代财经监督机制》,《福建师范大学学报》2000年第3期。
[5] 李晓:《论宋代民间资本的流向》,《文史哲》2000年第5期。
[6] 漆侠:《宋代经济史》,上海人民出版社1987年版。

宋代买扑制实行的范围非常广泛，论述和涉及具体买扑种类的论著比较多，取得的成果也比较大。酒、盐和矿冶的买扑在本书后文列专题叙述。戴静华先生的《宋代商税制度简述》一文中对宋代买扑税场的名称、实行地点、实行的要求做出了阐明[1]。她考证出：天圣四年（1026）宋廷规定年商税额在一千贯以下的税场才许买扑；至南宋，坊场专指买扑酒坊河渡，税场则另立条目。关于买扑税场收入的用途，作者认为南宋的买扑税场课额主要用于军费。最后她得出结论，买扑税场之利，大部分归于地方豪民，对官府来说有利无害，而对村墟的广大农民来说，买扑税场成为一种灾害。戴静华先生的另一篇文章《关于宋代镇市的几个问题》对宋代买扑商税的研究做出了进一步的补充：一是不设税务的镇市用买扑法，若镇务因税务减少，也可由官营改为买扑；二是各地擅自私置买扑税场，加重了商人的负担。[2]

除了买扑税场外，买扑津渡在宋代也比较普遍。曹家齐先生在《宋代关津管理制度初探》中则给出宋政府对津渡实行买扑的不同解释，他认为是宋政府为了严格控制人员往来，收取渡钱以赢利，并在难以禁绝私渡的情况下才实行津渡买扑的[3]。宋政府对津渡买扑弊端的应对之策是废罢等制裁措施。

在政府购买中实行买扑制是宋代财政支出中的一项新举措。李晓先生在《宋朝的政府购买制度》一文中认为宋朝政府购买制度的重要办法之一便是招标承包的买扑制[4]。他在文中指出：宋神宗时，在政府消费性购买领域中实行买扑承包制。这种买扑制与其他领域内的买扑制有同有异，其相同之处是必须以家产抵押并有人作保，在交货的时间、数量和质量等方面也有具体的规定，并大致坚持了自愿原则；其差异之处在于官府预先付款和竞标者向政府索要的承包费越少越能取胜。他最后得出结论：宋朝政府实行买扑承包制，对提高政府购买资金的使用效率，节约财政开支和改善官民之间的商品关系，以及减轻商人所遭受到的强制性束缚和损失，都具有重要意义。

另外，宋代买扑制也在矾和茶的经营中出现过。黄纯艳先生在《论宋代榷矾制度》一文中对宋代矾类的买扑做了初步的介绍，认为宋代商人贩矾除了

---

[1] 戴静华：《宋代商税制度简述》，邓广铭、程应镠主编：《宋史研究论文集》，上海古籍出版社1982年版。
[2] 戴静华：《关于宋代镇市的几个问题》，邓广铭、郦家驹等主编：《宋史研究论文集》，河南人民出版社1984年版。
[3] 曹家齐：《宋代关津管理制度初探》，《西南师范大学学报》（哲社版）1999年3月第2期。
[4] 李晓：《宋朝的政府购买制度》，《文史哲》2002年第3期。

有入中算请外，还有买扑课额的形式。他同时指出，宋代矾的买扑实行于景祐四年（1037），晋州矾很长时间全部实行买扑[1]。另外，他在另一篇文章中指出：宋代榷茶体系中也存在着买扑制，崇宁四年（1105）水磨茶由官营改为买扑制。[2]

（二）若干专题研究介绍

1. 关于酒坊中的买扑研究。买扑这种经济现象，在宋代酒类产销过程中表现得比较全面和成熟，因此引起了许多学者的关注。《宋代榷酒中的买扑经营》是20世纪80年代以来第一篇探讨宋代酒类买扑的专门论文[3]。作者杨师群先生首先指出：北宋的酒业买扑经营有大中小城镇酒务的承包买扑、酒曲场务的买扑和县以下买扑坊场三种类型，买扑者的身份有衙前、无荫豪民、其他百姓、官府和军队等。他概括出宋代酒务买扑所具有的四大特点，即普遍化、多样化、收放循环和实行实封投状，并肯定了酒务的买扑在宋代经济中有重要地位。李华瑞先生所写的《论宋代榷酒制度中的买扑形式》是第二篇专论宋代酒类买扑的文章[4]。文中除了对宋代酒类买扑者构成做出了界定之外，还明确指出北宋买扑酒坊场始自宋太祖开宝九年（976）冬，并认为宋代的酒类买扑经历了"募民掌榷"、包税制和实封投状三个阶段。其特点有四个：第一，买扑者一般为豪右大户和坊郭大姓；第二，买扑者与官府按"要挈"规定办事；第三，买扑者只获特定地区内酒类的专卖权；第四，买扑者自负盈亏，按时纳课或偿以罚钱。就买扑酒务在宋代榷酒体系中的地位问题，杨师群先生和李华瑞先生有截然相对的观点，他们之间展开了学术争论。李华瑞先生在《关于宋代酒课的几个问题——与杨师群同志商榷》中认为宋代官府实行酒务买扑的条件有两种：一是官府自营酒场亏本，二为多在酒利微薄的地方，进而得出买扑酒务在宋代榷酒体系中只能是一种补充形式的结论[5]。而杨师群先生则撰写《宋代酒课几个问题的再商榷——答李华瑞同志》对自己原持的论点做出了进一步的补充和论证，他认为买扑酒坊场的经济效益很高，在熙宁时期，买扑酒坊场课额占政府榷酒总收入的60%—70%的比率，最后得出北宋民营买扑酒务

---

[1] 黄纯艳：《论宋代榷矾制度》，《中国社会经济史》2002年第3期。
[2] 黄纯艳：《论宋代茶利的几个问题》，《中国史研究》2002年第4期。
[3] 杨师群：《宋代榷酒中的买扑经营》，《学术月刊》1988年第11期。
[4] 李华瑞：《论宋代榷酒制度中的买扑形式》，《西北师范大学学报》（社会科学版）1991年第1期，又见人大复印资料《经济史》1991年第3期。
[5] 李华瑞：《关于宋代酒课的几个问题——与杨师群同志商榷》，《中国经济史研究》1994年第2期。

成分大于官营酒务成分的结论[1]。李华瑞先生的博士论文《宋代酒的生产和征榷》是目前关于宋代酒类买扑的研究最为透彻、全面的学术专著,著者不仅对自己以往宋代酒类买扑的研究作了进一步的总结和深化,并提出了一些新的见解[2]。例如,重新确定宋代买扑酒务坊场开始于宋太祖开宝三年(970),指出宋代买扑酒务的原因,并对买扑酒课钱做出了新的解释。他认为课利钱即官府征收的酒课钱,课利钱又称酒场钱、酒坊钱,净利钱又称坊场钱。针对许多学者对实封投状下的买名钱定义不一的状况,作者考证后得出,买名钱即指从起售价添至获得承买权(即买扑权)的价数的那部分差额。

2. 关于盐类中的买扑研究。宋代盐的买扑也很普遍,许多学者的论著都涉及过这一领域。戴静华先生的《关于宋代镇市的几个问题》指出宋代江西、两浙盐的产销过程中存在着买扑[3]。戴静华先生还认为在两浙路由已买扑酒的人户兼扑盐,卖盐的范围与卖酒的范围一致,扑盐多行于镇市,买扑盐利大多是镇市提供的。对宋代盐的买扑研究下工夫最深的是郭正忠先生。他在其专著《宋代盐业经济史》中指出,买扑销盐是宋代四大销盐措施之一,东南海盐区,江西、淮南、荆湖和川峡井盐区都实行过买扑。买扑铺户支取官盐的手段多样,江浙一带的海盐由铺户买扑,通常多限于承揽销售,然而海盐区也曾有过买扑盐的产销的事例。在川峡井盐区普遍存在着将产、运、销几个环节全都包揽的买扑,并且在北宋后期的大型官盐井也允许私人买扑经营。同时,作者认为买扑盐的弊端有三个:一是买扑课额规定偏高;二是买扑者未必都出于自愿;三是买扑者少纳课额,或乘机私贩牟利,亏损官府的正常收入。而宋政府应对这种弊端的措施是对买扑人的资格做出某些限制和禁止私人买扑某些课利较厚的运营事项。从总体上来看,宋朝对买扑井户课额的征敛,比较宽松[4]。由郭正忠先生主编的《中国盐业史》则对宋代盐业中的买扑制做了进一步的提炼[5]。而黎世英先生在《试述宋代盐政》则认为买扑制是宋代盐业的四种商卖制之一,在蔡京变更钞法前,为官办、商人买扑,这样既免除了官卖的麻烦,假手商人,官府又收其净利。[6]

---

[1] 杨师群:《宋代酒课几个问题的再商榷——答李华瑞同志》,《中国经济史研究》1994年第2期。
[2] 李华瑞:《宋代酒的生产和征榷》,河北大学出版社1995年版。
[3] 戴静华:《关于宋代镇市的几个问题》,邓广铭、郦家驹等主编:《宋史研究论文集》,河南人民出版社1984年版。
[4] 郭正忠:《宋代盐业经济史》,人民出版社1990年版。
[5] 郭正忠:《中国盐业史》(古代编),人民出版社1997年版。
[6] 黎世英:《试述宋代盐政》,《江西社会科学》1996年第12期。

3. 关于坑冶业的买扑研究。对宋代坑冶业的研究，当前最深入、最透彻的是王菱菱先生，实际上她也是当前对宋代坑冶业买扑研究较为全面的一个学者。在《宋代矿冶业经营方式的变革和演进》一文里，她对宋代坑冶业买扑的演变起始、演变沿革有比较详尽的介绍[1]。她指出，到宋哲宗时期买扑经营方式遍及铁、金、银、铜、铅、锡六类矿场，开始占据了矿冶业生产中的一席重要地位，并认为买扑制的进步意义在于：第一，冲击了矿冶生产的官营垄断地位，减弱了封建国家以行政手段对生产过程的干预；第二，在一定程度上缓解了封建国家的财政困难；第三，推动了矿山开采和矿产量的提高。王菱菱先生在另一篇名为《宋朝政府的矿冶开采政策》的文章中，对宋代的坑冶业中的买扑研究做了进一步的补充[2]。认为在宋哲宗时期，对私人买扑经营的矿场地的使用权做出比前期更详细的规定，官府不仅是事实上而且在名义上也完全成为土地的所有者；宋神宗时矿冶业经营方式普遍采用买扑制，有其变革的社会基础和理论依据。汪圣铎先生在《两宋财政史》中指出宋代坑冶管理有两种：集中者官监，分散者令坑冶户承卖（即买扑）。[3]

（三）存在问题及展望

近三十多年来国内学者对宋代买扑制度的研究不论是在成果的数量和质量上，还是在研究的深度和广度上都比以前的研究向前推进了一大步。其表现在于：第一，提出许多宋代买扑研究的新问题，逐渐勾勒出宋代买扑制度的轮廓，对在许多经济领域内的诸如酒、盐、商税、坑冶、津渡、陂塘、醋、茶和矾类的买扑形式均做了初步的探讨；第二，在许多问题上达成了共识，并且还开拓了一些新的买扑制度研究领域，如宋代的政府购买买扑制、买扑经营方式等；第三，一些学者还从宏观上对宋代买扑进行了把握，从整体上揭示了宋代买扑的开始、演变、原因和意义等。可以说，近三十多年来所取得的成果使宋代买扑的研究进入到一个新的阶段。

当然，我们也应该清醒地认识到，对宋代买扑制度的研究还有很大的提升空间。目前这方面的不足：一是缺乏理论支持和分析工具。现有的宋代买扑制度研究大多数还处于单个论题的实证研究阶段，还没有上升到理论分析的层面；二是系统性不够、宏观研究较少、定量研究缺乏、研究不够深入。不但从

---

[1] 王菱菱：《宋代矿冶业经营方式的变革和演进》，《中国经济史研究》1988年第1期。
[2] 王菱菱：《宋朝政府的矿冶开采政策》，《河北大学学报》（哲学社会科学版）1998年第3期。
[3] 汪圣铎：《两宋财政史》，中华书局1995年版。

宋代买扑制度整体角度出发的研究较少，而且从宋代买扑制度与宋代社会经济各方面关系的研究也很少见。例如，宋政府对买扑民户的监督和管理，买扑课额的征收和使用，买扑制出现的原因、运作制度和影响，买扑制度在宋代社会经济中的作用和地位等方面都比较薄弱。总的来说，涉及宋代买扑的文章数目虽多，但真正专门论述的很稀少，而有关专著大多仅涉及某一类型的买扑。这与宋代买扑研究本身的特点和资料分散、牵涉面太广有关，研究者的视野与关注点也是一个方面。三是研究面上的不平衡与不深入。现有的宋代买扑制度的成果对酒、盐、坑冶业和商税中买扑的研究，显得较为充分；而对醋、茶、矾和官田宅的买扑研究，则显得较为薄弱。因此，宋代各个经济领域买扑情况的具体细节还有待进一步挖掘。

基于此，笔者认为要使此项研究能够进一步向前推进，还需从以下几方面着手：

第一，在构建宋代买扑制度理论分析的基础上，从制度史的层面推进研究。

第二，加强宋代买扑制度研究的系统性，在进一步深化细节、个案研究的基础上加强宏观研究。从横的方面来看，在对宋代各种形式的买扑作一番比较细致的梳理之后，要提高对它的系统性研究，把宋代买扑制度的研究放在宋代社会经济发展的背景中进行考察；从纵的方面来看，把宋代买扑制度的研究放在我国古代历史长河之中进行考察，尽管对买扑出现的时间有争议，但五代、宋、金、元存在着买扑却是无疑的，在通史的视野下避免孤立式的研究，将会对宋代买扑制度研究产生积极的意义。

第三，通过对宋代买扑制度的研究，从经济史的视角探讨其历史地位及作用。

三、理论方法

理论是学术研究的指路明灯。理论对学术研究的重要性，业师林文勋先生有过精辟的认识，"一个学科理论研究水平的高度决定着该学科发展所能达到的高度，同理，个人理论水平的程度基本决定了个人研究所能达到的高度。"[1]没有理论支撑的历史学研究,只能是考证式的解决一个又一个的孤立问题,不能形成系统的知识,这无论是对自己的学术成长还是对学科的发展都是不利的。

中国经济史研究的泰斗——吴承明先生——也一直强调在经济史的研究中理论方法的重要和"史无定法"。[2]

宋代买扑制度研究属于经济史研究范畴。一般认为,经济史是历史学与经济学的交叉学科。吴承明先生认为:"经济史是研究历史上各时期的经济是怎样运行的,以及它运行的机制和绩效。经济史首先还是史,是历史学的一个分支。"[3]在研究本课题过程中,我主要利用实证主义、诺斯制度变迁理论和博弈论作为分析工具和理论基础。

(一)实证主义

历史学的研究必须以扎实的史料为基础,史料是认识历史的根据,这已经是历史学界的共识。作为研究历史基本方法的实证主义,核心就在于充分占有并准确地解读大量的史料。史学研究的正确结论是要靠充分掌握和准确解释大量史料的基础上,再经过理论分析而最后抽象升华出来的。因此,在写作过程中我一直坚持尊重史料,言必有征,论从史出的我国历史学研究的优良传统,实证主义贯穿于论文的始终。

(二)西方新制度经济史学理论

1. 诺思的制度变迁理论。诺思在对美国和欧洲经济史中的制度变迁进行了广泛的实证研究,尤其是分析了制度和制度变迁与经济增长的关系,国家与意识形态对制度和制度变迁的影响后,构建了以制度、制度变迁和制度创新为主线,以产权理论、国家理论和意识形态理论为分析框架的制度变迁理论。诺斯认为,西方世界兴起的根本原因在于制度,制度的核心是产权,而产权的界定者是国家。国家对产权乃至经济增长具有双重作用:它既可以促进产权的界

---

[1] 《从静止式、平面式研究到动态式、立体式研究——著名学者林文勋教授访谈录》,《历史教学》2006年第10期。
[2] 吴承明先生常说,在经济史研究中,一切经济学理论都应视为方法论;任何伟大的经济学说,在历史长河中都会变成经济分析的一种方法。见于他的论文《经济学理论与经济史研究》,《经济研究》1995年第4期。
[3] 吴承明:《谈谈经济史研究方法问题》,《中国经济史研究》2005年第1期。

定，提高产权的运作效率，也可以导致无效的产权[1]。宋代买扑制度是宋代国家界定并实施的经济制度。在其实施过程中，国家因素起决定性作用。买扑制度的实施过程也就是产权的转移、确定并予以保护的过程。因此，对宋代买扑制度的研究不能忽视诺思的制度及制度变迁理论。

2. 博弈论。20世纪80年代，博弈论作为一种重要的理论、方法和分析工具被引入到经济史研究中。目前，博弈论已经成为经济史，尤其是制度经济史研究中最为重要而且是比较成熟的研究方法。博弈论是指研究决策主体的行为直接相互作用时候的决策以及这种决策的均衡问题的理论[2]。构成一个博弈的基本要素有四个：（1）博弈参与人，既博弈中的决策主体，他的行为目标是通过合理地选择一定的策略使自己的支付最大化；（2）策略，即博弈参加者在给定信息的情况下的行动规则，它规定参与人在什么情况下采取什么样的行动；（3）博弈者的支付，即博弈参与人在一定的策略组合下得到或预期得到的收益，它本身必须是量化的，可以是正值，也可以是负值；（4）均衡，是指所有参与人的最优策略的组合，如果这一组合存在，那就会有稳定的结局。[3]

博弈论就是系统研究博弈问题，并寻求各博弈参与人如何合理选择策略，使自己的支付最大化，从而实现均衡的理论。在博弈论看来，制度既是一种博弈规则，也是博弈均衡的结果。制度代表了在整个时期实际上重复参与博弈的行为人的战略互动过程的一种稳定状态，制度变迁的过程也就是博弈从一种均衡向另一种均衡转移[4]。在历史的制度博弈和制度选择过程中，博弈者的预期，是影响制度选择与制度变迁以及理解长期制度变迁的关键，而博弈者的预期深受其文化信仰或文化传统的影响，也就是说博弈者所受文化信仰或文化传统的影响决定了制度变迁的轨迹和历史路径依赖。

博弈论为宋代买扑制度的研究提供了一种全新的视野。买扑制度的实施就是宋代政府和买扑参与者博弈的过程，买扑制度的变迁就是这种博弈过程由一种均衡向另外一种均衡的变化过程。

---

[1] ［美］诺思：《经济史中的结构与变迁》，上海三联书店1994年版，第20页。
[2] 张维迎：《博弈论与信息经济学》，上海人民出版社2004年版，第2页。
[3] 韩毅：《西方制度经济学史学研究》，中国人民大学出版社2007年版，第74页。
[4] ［日］青木昌彦：《沿着均衡点演进的制度变迁》，《制度、契约与组织——从新制度经济学角度的透视》，经济科学出版社2003版。

四、基本内容和分析框架

史学研究的任务,首先是在占有充分完备史料的基础上详尽而又客观地叙述种种纷纭复杂的历史现象,在此基础上再揭示出隐藏在历史表象背后的规律。宋代买扑制度属于经济制度史范畴,书稿的写作是在充分掌握相关史料的基础上,坚持史学的实证主义精神,同时借鉴经济学的理论方法,在相互联系的整体史观的视野下从四部分渐次展开。

书稿的第一章是对宋代买扑类型做个案考察。宋代买扑现象属于买扑制度研究的基本组成部分。宋代的买扑类型种类繁多,根据其特点我把它分为三大类。第一种是宋代政府特许经营中的买扑类型,这包括酒、盐、津渡、坑冶、茶、矾和醋。第二种是宋代政府采购中的买扑类型。根据实施买扑的主体来区分,我把它分为宋代中央政府实施的买扑,宋代地方政府实施的买扑和军队实施的买扑三类。第三种是官田经营中的买扑。

运行机制是制度史研究的核心。经过长期的实践与探索,宋代形成了比较完善的买扑制度运行机制。书稿的第二章就是对宋代买扑制度运行机制进行深入探讨的结果。宋代买扑制度的运行机制由管理法规、管理机构、课额管理、人事控制四部分组成。

客观、全面、准确地再现出纷繁复杂的历史现象是史学研究的重要任务,具有重大的学术价值。然而,在把握历史现象的基础上揭示出隐藏于其后的作用力,无疑会使原有的学术研究价值大大地向前迈进。几乎贯穿宋代三百多年的买扑制度,其变迁的动力和路径是什么?这是书稿第三章解决的主要问题,也是对宋代买扑制度研究所作的理论分析升华的结果。在梳理清楚宋代买扑制度演变脉络后,一个不得不面临的问题是找出推动它演变的内在动力。我认为,这动力就是宋代市场机制与政府调控的博弈结果。

宋代买扑制度之所以能够长期存在并实施,与它对宋代社会经济的促进作用是密不可分的。书稿的第四章从宋代买扑制度与宋代社会经济的互动关系来考察其历史作用及地位。从历史进程来看,宋代的买扑制度与宋代财政、宋代役法、宋代商品经济及宋代专卖制度有着非常紧密的联系。在分析宋代买扑制度与宋代社会经济的基础上,我们认为,它是推动宋代社会经济向前迈进的重要力量,对其应予以充分肯定。

第一章　宋代买扑类型的个案考察

宋代买扑的类型是宋代买扑制度史研究中的重要组成部分。宋代的买扑广泛存在于当时的酒、盐、商税、坑冶、茶、矾、醋、津渡、陂塘、官田宅、政府采购等经济领域内,是当时一种普遍的经济现象。从宋代买扑类型的特点来看,可以把它分为特许经营买扑、官田宅买扑和政府采购买扑三大类。

第一节　特许经营中的买扑

一、酒[1]

宋承前制,继续实行严密的禁榷制度,力图最大限度地获取专卖收入来调控和干预社会经济并与商人分利。唐宋时期的商品经济已经有了巨大的发展,是我国传统社会中商品经济发展的第二个高峰阶段。与之相适应,这一时期的专卖制度也发生了由官营官销的直接专卖向民制官购商销间接专卖制的转变。酒是宋代政府的专卖产品之一,有宋一代都实行了专卖制度。由于酒生产不受地域制约和消费相对集中的特殊性,导致了宋代酒专卖的民制民销间接专卖和官营酒场直接专卖并存的局面。宋代酒的专卖一般通过两种方式:一为直接专卖,即官营,二为间接专卖,即承包制,而在承包制中,买扑制占据了主

---

[1] 本节重点参阅杨师群:《宋代榷酒中的买扑经营》,《学术月刊》1988年第11期;《宋代酒课几个问题的再商榷——答李华瑞同志》,《中国经济史研究》1994年第2期。李华瑞:《论宋代榷酒制度中的买扑形式》,《西北师范大学学报》(社会科学版)1991年第1期;《关于宋代酒课的几个问题——与杨师群同志商榷》,《中国经济史研究》1994年第2期。李华瑞教授的专著《宋代酒的生产和征榷》,河北大学出版社1995年版。在此予以致谢。

体[1]。酒类的买扑是宋代买扑中起始较早，持续时间最长，地位最重要的买扑类型。

北宋的统一是渐次灭掉各地割据政权而实现的，因而实行酒专卖的时间也有所差异。例如南方的荆湖及岭南地区，开宝四年（971中）宋官方的命令是"诏岭南商税及盐法并依荆湖例，酒曲仍勿禁"。[2]可以看出，北宋建立至太祖开宝四年在上述地区都没有实行酒专卖。随着北宋逐渐统一中国南方，在全国也就实行酒专卖制度了。

宋初的酒专卖是直接专卖与买扑制间接专卖并存的局面。一般来说，宋代酒专卖中课额少的酒场尤其是地方州县的酒场采取买扑制，而各城市课额大的酒场则采取直接专卖即官营方式。真宗时，欧阳修评论天禧、乾兴年间河东路买扑酒户时说道："近又转运司擘画，将课利稍多者四十九处，并已官自开沽。其余衙前百姓买扑者，皆是利薄之处"。[3]那么这个数额到底是多少呢？治平四年（1067年）五月十九日，针对陕西转运司拘收衙前买扑酒坊官营的现象，朝廷乃诏："官监一年不及三千缗以上，即令买扑如故，自今有系衙前买扑场务却欲拘收入官者，其因依听裁。"[4]从上述诏书可以看出：买扑酒坊课额数量在英宗时为三千贯为界，以下买扑，以上则收为官营。当然，某些城市中课额较大的酒场也会实行买扑制。如真宗天禧时，应天府王曾在向朝廷上奏时说言到"府民五户共扑买酒场岁课三万余缗"[5]。仁宗嘉祐时，"先是，京城富民刘保衡开酒场，负官曲钱百余万（文）"[6]。刘保衡买扑的京城酒场欠政府曲钱达一百多万文，其酒场规模应该说是很大的。宋代酒的买扑有两种。一种是买扑酒坊，涉及酒的生产和销售，这是主要形式。另一种只涉及酒的销售，尤其是都市中的零售酒。南宋时，"临安市民沈一，酒拍户也。居官巷，

---

[1] 在《晦庵先生朱文公文集》卷十八中，宋代大儒朱熹在做地方知州时论述宋代酒坊之弊时说："一曰官监，二曰买扑，三曰拍户抱额，四曰万户抱额。"又据《夷坚志》补卷第七记载，南宋时，"临安市民沈一，酒拍户也。居官巷，自开酒庐，有扑钱钱塘门外丰乐楼库，日往监沽，逼暮则还家"。可见拍户也是买扑制的一种方式。万户抱额的具体做法是"以一州或一县通计田亩，浮财物力而均出之，使无官户、民户之殊，城居、村居之异。一概均敷立为定籍，乃为尽善。"这实际上以州、县行政区划为单位再依据资产的多少而确定每户需消费酒的数量，万户在确定州、县酒消费总量的基础上向政府缴纳课额而取得该地生产、销售权的做法，万户抱额与拍户抱额相比仅是取得销售范围和认缴数额的大小之别，实际上也是一种买扑制，因而属于间接专卖酒的方式。

[2] 《续资治通鉴长编》（以下简称《长编》）卷十二太祖开宝四年四月已巳。

[3] 《欧阳修全集·乞免蒿头酒户课利札子》卷一百六，第1772—1773页。

[4] 《宋会要辑稿·食货》二〇之九。

[5] 《长编》卷九十四真宗天禧三年十一月辛未。

[6] 《长编》卷一百八十九仁宗嘉祐四年三月己亥

自开酒庐，有扑买钱塘门外丰乐楼库，日往监沽，逼暮则还家"[1]。买扑酒的经营方式有两种，其一是买扑原官营酒坊，自己制造酒曲再酿酒售卖；其二是从官营酒场卖曲后酿酒售卖。当然，买扑酒户售卖酒的地域范围也是划定的。英宗治平（1064—1067年）年间，"京师赋曲于酒户有常数，数少而用多者不增，不及数者虽督责至破产无以偿，岁课久不增。焘（焘为张焘，当时为权户部副使）请废岁额，严地界为禁，便各量所用，买不拘数，责买者宜广，自是课增数倍"[2]。京师买扑酒户"严地界为禁"，自然就是确定各自的售卖酒范围了。有时，买扑酒户还兼买扑盐。如神宗时，检正中书吏房公事、殿中丞卢秉权发遣两浙提点刑狱，仍专提举盐事。卢秉权在两浙路变革买扑盐的措施是"及募酒坊户愿占课额，取盐于官卖之，月以钱输官，毋得越所沽地"。[3]

宋代酒类的买扑显然是从前代继承下来的。淳化二年（991）八月丁卯朔，诏："两浙诸州。先是，钱俶日，募民掌榷酤，酒醨坏，吏犹督其课，民无以偿。湖州万三千三百四十九瓶，衢州万七千二百八十三瓶，台州千一百四十四石，越州二千九百四石七斗，并毁弃之，勿复责其直。"[4]这则史料说明两个事实：一是太宗时沿用钱俶时的"募民掌榷酤"的买扑方式，二为针对钱俶朝的弊政，当酒醨损坏时，免除两浙路湖、衢、台和越四州买扑者的课额。

太祖开宝九年（976）冬十月的诏书中说"先是，茶盐榷沽课额少者，募豪民主之，民多增额求利，岁或荒歉，商旅不行，至亏失常课，乃籍其资产以备偿。于是诏以开宝八年额为定，勿辄增其额"。[5]然而，在商品经济比较发达，市场化趋势增强的条件不实行官营酒坊的直接专卖是注定难以持久的。"先是，诸州官榷酒酤，官物不足以充用，多赋于民，益为烦扰，仲甫请罢之，仍许民自酿。己卯，下诏……罢官酤酒。仍造曲与民，前所增曲钱三十万并除之。禁诸州不得擅增物价。"[6]这说明：在太宗太平兴国七年，全国诸州的官营酒坊就已经失败，被迫取消了直接专卖政策，而实行卖曲给民间的买扑法。"擅增物价"实际上就是民间买扑酒曲的价格。我们再看一个事例。太平兴国二年（977）冬十月，京西转运使程能奏准在陈、滑、蔡、颍、郢、

---

[1] 《夷坚志·丰乐楼》补卷第七，第1613页。
[2] 《长编》卷二百英宗治平元年三月丁酉。
[3] 《长编》卷二百三十神宗熙宁五年二月戊辰。
[4] 《长编》卷三十三太宗淳化二年八月丁卯朔。
[5] 《长编》卷十三太祖开宝九年冬十月壬戌；《宋会要辑稿补编·榷茶》，第299—300页。
[6] 《长编》卷二十三太宗太平兴国七年八月戊寅。

均、邓、金、房等州,信阳军酒实行官营直接专卖[1]。但是,陈、滑、蔡、颍、鄞、邓、金、房州,信阳军的官营酒坊推行不到二十年(976—994)便被迫改为买扑制。"先是,陈、滑、蔡、颍、鄞、邓、金、房州,信阳军皆不禁酒,太平兴国初,京西转运使程能请榷酤。自能建榷酤之议,所在置官吏局属,取民租米麦给酝酿,以官钱市樵薪及官吏、工人、役夫俸料,岁计所获利无几,而主吏规其盈羡。又酝齐不良洁,酒多醨坏不可饮。至课民婚葬,量户大小令酤,民被其害,州县苦之。岁或小俭,物贵,殆不偿其费。"[2]从上可知,官营酒务存在入不敷出、价高质次和硬性摊派的弊端,收益小于成本。而宋政府也很快做出调整,其办法就是由官营转变为买扑制。"上知其弊,戊申,下诏募民自酤,输官钱减常课十之二,使其易办。民有应募者,检视其资产,长吏及其大姓共保之,后课不登者,均偿之。是岁,又取诸州岁课钱少者四百七十二处,募民自酤,或官卖麴收其值。"[3]

从太祖开宝年间(968—976)起,宋代酒类中的买扑便时兴时废,但总的来说,它一直在两宋时期存在。宋代酒类买扑经历了太祖至真宗时的豪民主之、仁宗时的酬奖衙前等制度探索阶段和神宗及以后的实封投状制度化三个主要阶段。根据酒类买扑课额升降的变化,可以把它分为两个时期,第一个时期是酒类买扑课额下降或相对稳定时期,自开宝年间至大中祥符元年(1008)。第二时期是酒类买扑课额大幅度上升或变动比较剧烈时期,从大中祥符元年到宋末,也就是实行实封投状时期。

在第一个时期里,北宋政府实行酒类买扑政策出发点也并非为了最大限度地攫取酒利,而是为了与民休养生息,减轻战乱对社会经济的冲击,缓和社会矛盾,保持统治的稳定,尤其重视从经济上补偿服衙前重役者的损失。因此,对买扑者身份限制较严,一般只允许非官户即平民和服衙前役者从事酒类买扑,尤其重视对衙前役者的补偿。在酒类买扑过程中,宋代对服衙前役者按役重程度分等级买扑相应大小的酒场,即"先是,牙前法以重、难、积劳差次三等,应格者听指扑买酒场"。[4]真宗景德三年(1006),三司对旧委牙校买扑的酒务"许州豪增课夺之",争论于朝,最后"诏复委牙校如故,仍特遣使谕

---

[1] 《长编》卷十八太宗太平兴国二年冬十月辛未。
[2] 《长编》卷三十五太宗淳化五年夏四月壬寅。
[3] 《长编》卷三十五太宗淳化五年夏四月壬寅。
[4] 《长编》卷一百九十一仁宗嘉祐五年二月乙亥。

旨"[1]。即使是到了宋仁宗时，也是"听诸州衙前及无荫人扑买酒务"[2]。正是为了补偿服衙前重役者，所以这时的北宋政府对买扑酒的课额增加不是那么在意，甚至有时采取降低原官营酒务课额的办法来吸引衙前买扑。太宗淳化五年（994），诏："应天下酒榷募民掌之，减常课十之二，使其易办，勿复遣吏与其间。"[3]就是到了仁宗时期，买扑酒务课额的增加也是有一定限度的，不似实封投状下急剧攀升，要保证买扑者获利。乾兴元年（1022）十二月诏："乡村不得增置酒场，其已募民主之者期三年，他人虽欲增课以售，勿听。主者欲自增，委官吏度异时不至亏负，然后上闻。"[4]当然，这一时期的买扑酒务断断续续，没有持久性。

从真宗大中祥符元年（1008）起，宋代买扑酒务进入到第二个发展时期，即实封投状时期。大约在大中祥符前后，买扑酒务有了较大的发展，这表现在两方面：一是实行买扑酒务地域范围的扩大，不仅在东南、四川等经济发达地区实行，而且还扩大到陕西等沿边地区。大中祥符五年（1012）六月，泾原路都钤辖曹玮言："沿边诸寨许令人户买扑酒店，直于寨外边上开酤，恐隐藏奸恶，乞行停废，从之。"[5]可以看出，大中祥符五年（1012）以前陕西沿边已经存在过买扑酒务。二为出现并推广了类似现代招标投标竞争的办法——实封投状。实封投状买扑法据李心传考订开始于大中祥符元年春[6]。到了宋神宗熙宁年间（1068—1077），该办法已经在全国买扑酒务中得到了广泛的运用，"遍天下扑买"[7]。熙宁五年二月，诏"天下州县酒务，不以课额高下，并以租额纽算净利钱数，许有家业人召保买扑，与免支移、折变"[8]。如果说前一阶段的酒务买扑是为了弥补衙前役的损失，那么这一时期的酒务买扑则单纯是为了获得最高的买扑酒务课额。熙丰变法的重要组成部分之一是免役法。它使以前的衙前役由差役变为政府出钱募役，因此，原有服衙前役者买扑酒务弥补服役损失的做法就失去了存在的基础，被废弃了。实际上，衙前买扑酒务有时

---

[1] 《长编》卷六十三真宗景德三年七月辛丑。
[2] 《宋史·食货下七》卷一百八十五。
[3] 《群书考索》后集卷五十八之六；《宋史·食货下七》卷一百八十五。
[4] 《长编》卷九十九真宗乾兴元年十二月壬戌；《群书考索》后集卷五十八之七；《宋史·食货下七》卷一百八十五。
[5] 《宋会要辑稿·食货》二〇之五。
[6] 《建炎以来朝野杂记·东南酒课》甲集卷十四（第307至308页）（以下简称《朝野杂记》）。
[7] 《长编》卷二百一十七熙宁三年十一月甲午李焘自注。
[8] 《长编》卷二百三十神宗熙宁五年二月壬申。

也难以达到初设此政策的目的,"先是,牙前法以重、难、积劳差次三等,应格者听指买酒场。然富者数得应格,而贫者以事系留,日益困,应募者鲜,至阙额则役乡户为之,民或竭产不足以偿费。(钱)公辅乃取酒场官卖收钱,视牙前役轻重而偿以钱,悉免乡户,人皆便之"[1]。在实封投状下,买扑酒务人员限制较松,除了官吏、官户、军户外,只要"有家业人召保"[2],便可以买扑。谁投状时课额越多,谁就获得买扑酒务的权利。神宗熙宁三年(1070)开封府买扑场务"候限满,当官开拆,取看价最高人给与"。[3]

实封投状下买扑酒务的课额大大多于官府付给募役衙前役人的钱数。哲宗元祐元年(1086),实封投状买扑酒务有一定的衰退,苏辙提到当时"天下坊场钱一岁所得共四百二十余万贯,而衙前支费及招募非泛纲运一岁不过一百五十余万贯"[4]。募役支出仅占坊场钱收入的35.7%(坊场钱中大部分是买扑酒务的课额)。其余未用坊场钱部分储藏起来,部分用于临时性的支出。

宋哲宗元祐元年时还出现酒务买扑中的酌中立额和明状添钱买扑法。酌中立额仅是限制买扑场务课额的数额,其他相关制度与实封投状相同,是对后者的改进。但买扑场务赢利能力有好有坏,全部"一刀切"采用酌中立额难以获得最大的课额。酌中立额仅推行了两年,元祐三年(1088)九月二十九日户部就奏准立明状增钱买扑坊场[5]。户部状称"看详买扑场务,巧弊百端,若只以酌中定额,即沽买兴盛之处,过赢厚利,并不增长价钱,偶值界满未有人承买,却便节次裁减官钱,深虑浸久大段亏减岁入。若许人明状添钱,承买人户自然酌中度合直价钱投数。"[6]同年闰十二月,右正言刘安世评论说:"今则明书钱数,众各见闻,又择价高之人便行给付……臣窃谓坊场、河渡之类,即许民间承买,输纳官课之外,必有余得,乃可为生。今若复开争端,明状买价,人知无益谁肯徒劳。惟是贪迫之人苟求侥幸,一遭凶岁,鲜不破家,赏纳不允,累及同保,则明状之害,有甚于实封者矣。"[7]宋代政府采纳了刘安世罢明状法的建议,明状添钱买扑场务法推行不足三个月。酌中立额和明状买扑法所确定的买扑酒务课额,有的偏高,有的又偏低,政府人为干预所制定的价

---

[1]　《长编》卷一百九十一仁宗嘉祐五年二月乙亥。
[2]　《长编》卷二百一十八神宗熙宁三年十二月乙丑。
[3]　《长编》卷二百一十八神宗三年十二月乙丑。
[4]　《宋会要辑稿·食货》一三之一七、一八。
[5]　《长编》卷四百一十四哲宗元祐三年九月壬申。
[6]　《长编》卷四百一十九哲宗元祐三年闰十二月丙辰李焘自注。
[7]　《长编》卷四百一十九哲宗元祐三年闰十二月丙辰。

格并不能反映买扑场务的真实赢利水平，最后又回到以经济自由竞争为原则的实封投状制上来，经过元祐元年改进的实封投状制，沿用至南宋时期。

南宋建炎年间，为了筹措军费，四川地区在赵开的主持下实行过隔槽法。其办法是"先罢公帑卖酒供结酒，即旧扑买坊场所置隔槽，听民以米赴官自酿，每一斛输钱三千，头子钱二十二，多寡不限数"[1]。隔槽法实际上也是一种买扑法。只不过在这种办法下，宋政府不再确定买扑酒户的售酒地域范围，其销售酒的风险完全由买扑者来承担，短期内政府取得买扑课额激增的良好效果。"旧成都酒务许人户买扑分认，岁课为钱四万八千余缗（建炎三年额）。赵开行隔槽法，所赠至十四万六千余缗。"[2]然而由于其制度缺陷是难以持久的。四川地区的买扑酒务隔槽法，至绍兴八年（1138）已经是"于是隔槽之法已坏，诸郡渐变为官监，而民户坊场率以三十年一榜卖。公私俱困矣"。[3]

南宋时的酒务买扑虽然也采用北宋时实封投状法，但它还是有不小的变化。其一，北宋时不允许与政府有关人员买扑酒务的禁令取消了，政府官员和军队都可以买扑酒务。北宋真宗天禧四年（1020），定陶县尉麻士瑶因"借同邑人姓名买扑场务"被杖杀，"冒名买场务人借词进士王圭等黥面，决配广南、福建远恶州军牢城"[4]。对违法买扑酒务的政府官员的处罚是严厉的，但到了南宋连许多高官都加入到酒务买扑者的行列中来。绍兴二十年（1150）二月，"丁丑，诏诸军赡军回易，令和雇百姓管干，毋得役使官兵。其扑买酒坊酒库，各许立一界，俟届满日别取旨"[5]。这说明军队已经参与买扑酒坊酒库。绍兴二十九年（1159），"殿前司乞诸军买扑酒坊，更立一界，以助军用，从之"[6]。绍兴三十一年（1061）庚申，领殿前都指挥使职事赵密以本军酒坊六十六归之户部。后二日，同安郡王杨存中复以私家扑买酒坊九，及酒本酿具为钱七十二万缗上之。于是岁通收息钱八十万缗有奇。以其半为行在诸军马草之费。时诸军日费刍万束，率为钱千缗，上尝谓近臣曰："自杨存中之罢，朕不安寝者三夕。"[7]这则史料说明两点：一是在绍兴三十一年之前，作为南宋高官的赵密和杨存中是从事过酒务买扑的，并且他们的买扑酒务规模还

---

[1]《建炎以来系年要录》（以下简称《系年要录》）卷二十八，第565页。
[2]《系年要录》卷一百二十四，第2031页。
[3]《系年要录》卷一百二十四，第2031页。
[4]《长编》卷九十五真宗天禧四年夏四月丙申。
[5]《系年要录》卷一百七十一，第2815页。
[6]《系年要录》卷一百八十一，第3000页。
[7]《系年要录》卷一百八十八，第3150—3151页。

很大。杨存中拥有九处买扑酒坊，仅本钱就合七十二万贯，平均一处就达八万贯之多。二是作为南宋高官买扑酒坊对宋廷的军费支出非常重要，宋高宗听说杨存中不买扑酒务，内心焦虑得三晚都睡不好觉。

其二，北宋时的买扑酒务规模较小，年课额在三千贯以下，而南宋时的买扑酒务规模却相对庞大，最高年课额可达十六万贯，是北宋仁宗时买扑酒务规模的一百六十倍，英宗时的五十三倍。天圣四年（1026）陕西转运使提出将课利年额在一千贯以下的酒务、道店、商税，"许人认定年额买扑，更不差官监管"[1]。英宗治平四年（1067），诏："官监一年不及三千缗以上即令买扑如故"[2]。而宋高宗绍兴二十一年（1151），诏："诸军买扑酒坊监官赏格依旧。四万、三万贯以上场务：增及一倍，减一年磨勘，二倍减二年磨勘，三倍减三年磨勘，四倍减四年磨勘。"[3]即使考虑到南宋时期的物价上涨，课额计算方式差异的因素，南北宋时期买扑酒务规模的差距还是异常明显的。

其三，南宋时买扑酒务课额的使用与北宋时有明显的区别。北宋前期的买扑酒务课额先是直接酬奖衙前，或由衙前买扑弥补服役损失，熙丰变法后，改为政府拨买扑酒务课额给服衙前役者，剩余的储存以备不时之需，属于政府的日常开销支出，而南宋时期主要用于军费，这在建炎、绍兴年间尤为明显。

二、盐[4]

盐是一种日常生活必需品，消费量大。宋代流通消费的盐有两种：一是卤水池中依靠自然蒸发制作而成的盐，时人称为颗盐；二是煮海水、或是煮盐井、或是煮卤水而制作成的盐，时人称末盐。盐的产地比较集中，禁榷比较容易。与酒相比，易储存、易运输的优点使宋代盐的买扑具有自己的特点——在运输环节也出现过买扑。

宋承前制，实行盐专卖。与酒专卖相似，宋朝对全国不同地区的盐专卖也有一个渐进的过程。南方的荆湖及岭南地区，开宝四年宋官方的命令是"诏岭南商税及盐法并依荆湖例，酒曲仍勿禁"[5]。可以看出，北宋建立至太祖开宝

---

[1]《宋会要辑稿·食货》五四之三、四。
[2]《宋会要辑稿·食货》二〇之九。
[3]《宋史·食货下》卷一百八十五。
[4] 参阅郭正忠：《宋代盐业经济史》，人民出版社1990年版；《中国盐业史》，人民出版社1997年版；《宋代的盐商与商盐》，载《盐业史研究》1996年第1期。拙作《宋代的买扑盐业》，《盐业史研究》，2010第2期。
[5]《长编》卷十二太祖开宝四年四月己巳。

四年在上述地区都没有实行盐专卖。随着北宋逐渐统一中国南方，在全国也就实行盐专卖制度了。盐专卖的实施为盐的买扑提供了便利条件。

宋代盐类的买扑至少在始于太宗太平兴国元年（976）已经开始了。太宗太平兴国元年十月二十二日，诏曰："先是募民掌茶盐榷沽，民多增常数求掌以归利，岁或荒俭，商旅不行，至亏失常课，多籍没其家财以偿，甚乘仁恕之道，自今并宜以开宝八年额为定，不得复增"。[1]可以看出，北宋前期的盐买扑与酒、茶相似，俱为豪民主之。但宋代盐类的买扑在北宋前期处于零星阶段，真正大规模的盐类买扑是宋神宗熙宁以后。宋代买扑盐主要集中在川陕、两浙路和江南西路三地。

（一）川陕井盐区

该地区的盐类买扑囊括了产、运、销三个环节，并且也是实行盐类买扑经营较早的地区。早在真宗天禧五年（1021）时蜀盐的生产便开始出现买扑法。当时蜀盐"煮井"法规定："煮井则川陕四路，大为监，小为井。监则置官；井则募士民，或役衙前主之"。[2]这也就是说，出盐产量较低的小井由士人或服衙前役者买扑产盐。在这一时期，宋政府对买扑井户课额的征敛比较宽松，丰厚的利润刺激许多人加入到买扑盐户中来。熙宁时，蜀盐私贩难以禁止。神宗为了能禁止蜀盐私贩而想运解盐来制止并取消买扑私井，沈括向神宗进言此事难行，最后不了了之[3]，可见当时买扑私井之盛。另外，在这一时期，许多大的盐井也允许买扑，熙宁九年（1076），一度被没收和填闭的卓筒井，又准许"元句当人情愿承买"[4]。在同年，侍御史周尹也奏言：在"令民愿买陵井盐场"的基础上"勿闭卓筒井"[5]，实际上也是要求允许买扑陵井和卓筒井。文同在"奏为乞免陵州井纳柴状"中称"令本路转运提刑司就用出卖酒坊体例先为相度擘划，请州军公使并军食等盐，乞不于本监支给，召人买扑上件陵井，监官中自可端然收纳羡利，臣当试约之，除利可以霑及买扑人外，依卓筒小井课利五分折纳钱绢，官中并无靡费，岁可获一万三千八百余匹绢帛并见大钱七千二百余贯，及免得酬与监中主当公人等十一处场务及兼内诸般销费共一万八百余贯，其余外州军般盐纲后酬奖尚不在其数内。如此，则七八十万束

---
[1]《宋会要辑稿补编·榷茶》，第299—300页。
[2]《长编》卷九十七真宗天禧五年十二月戊子。
[3]《宋史·食货下五》卷一八三。
[4]《宋会要辑稿·食货》二四之十二。
[5]《长编》卷二百七十九神宗熙宁九年十一月乙卯。

之柴能害于民者尽去而五六万贯之钱能利於国者尽得矣,岂不称朝廷爱养元元之意哉?"[1]文同极力向朝廷建议买扑陵井盐场,是因为他意识到买扑后能给宋廷带来巨大的益处:既可以减省十一处场务官监人员的工资,又可以免除官盐销售费用、运输费用和煮盐所需的每年七八十万束柴禾的费用。买扑陵井后的岁课收入约达"五六万贯之钱"之巨,显然陵井是大盐井。元丰年间,除夔州路十三州及隆、荣、邛诸州官井外,成都、潼川、利州三路十七州盐井,几乎大都实行买扑经营,随着实封投状买扑法在神宗熙宁年间的推广,后来宋代买扑盐也基本上采取了这种方式。神宗熙宁六年(1073),神宗与王安石在讨论如何解决熙河路戍边费用时,赞同已经实行已久的买扑井盐法并预测包顺会继续买扑盐井。王安石曰:"若王韶令人自以私意问包顺:旧日收十千,今日与十五千扑买,如何?度顺与扑买人较计利害之情无异,或当欣然,即收之无害。"[2]绍圣三年三月十八日,为了与华、解、耀州、河中、陕府六州军私盐相抗衡,户部制置解盐司在面对上述六州军"访闻近岁以来,私煎盗贩公行"的状况,提出"今欲将上件六州军酌中立额,官自出卖"的酌中立额买扑盐井的建议。结果,朝廷同意了这一提议。[3]

渡江以后,军费激增,南宋政府为谋求财政收入,对四川买扑盐井课额的争夺不择手段,违规失信于民的做法时有发生。"自军兴后,主管四川盐井的总领所已依官田法召人投买,得钱数万缗,大使司以为未及价,复买之又得钱百万缗入制司。激赏库王子益以为失信,檄止之,大使司乃以总计所负制司广惠仓米三十万石言之于朝,子益议遂格"[4]。显然,王子益阻止大使司的违规买扑四川盐井的做法并没有成功。嘉定元年(1208),(陈)逄孺乃从总领所令民为永业,得钱十万缗,至是大司以为计司过于求酬未当直,再召人实封投买,得钱近百万缗[5]。既明令买扑盐井为永业,又以"求酬未当直"为由再次出卖,政府失信可见一斑。事实上,南宋政府正是不择手段使四川盐课急剧攀升的,绍兴二十六年(1156)十二月甲寅,左朝散大夫知嘉州朱昌裔言:"四川盐酒场务,自建炎中,总领财赋官变法以尽一时之利,应副川陕军食、益势有不得已者。自后累政,惟务增添,逮今每岁共收盐课息钱一千一百余万缗,

---

[1] (宋)文同:《丹渊集》卷二十四之十三。
[2] 《长编》卷二百四十五神宗熙宁六年六月乙未。
[3] 《宋会要辑稿·食货》二四之三一。
[4] 《朝野杂记·四川总制司争鬻盐井》乙集卷十七,第804页。
[5] 《朝野杂记·四川收兑九十一界钱引本末》乙集卷十七,第789—791页。

此之旧额，几四五倍。"[1]

（二）两浙路海盐区

两浙路海盐区的盐类买扑主要是一种涉及盐销售环节的买扑。盐是生活必需品，社会需求量大，经营利润丰厚，若不是官销盐弊端太大，宋政府一般不轻易让私人插手买扑销盐。在熙宁初年，赵抃评论说："衢州扑盐，所收课敌两浙路。"[2]作为非产盐区仅仅是获得盐销售权的一个州，其买扑课额竟然超过产海盐区的两浙路，可见宋政府从买扑销盐中获利丰厚。王安石论述此事时，认为"（赵）抃但见衢、湖可扑，不知衢盐侵饶、信，湖盐侵广德、昇州"[3]，并反对两浙买扑盐。熙宁五年（1072）卢秉提举两浙盐时，推出买扑酒务的人户同时买扑销盐办法："募酒坊户愿占课额，取盐于官卖之；月以钱输官，勿得越所沽地。严捕盗贩者，凡私煎、盗贩及私置煎器罪不至配者，虽杖罪皆同妻子迁五百里，擅还者编隶。"[4]从卢秉的办法可以看出：两浙地区买扑盐的销售改进了熙宁初年衢州扑盐的弊端，买扑盐酒户只有政府授权地区内的盐酒专卖权，且要以月为期限，定时缴纳买扑课额给政府；政府则动用行政力量来保护买扑盐户的合法经济利益。随着熙宁五年，卢秉对买扑销盐方式的改进，两浙买扑销盐终得实行。然而，在高宗绍兴时期，却又规定买扑盐场者不得买扑酒场，否则要面临不同程度的惩罚。绍兴十二年（1142）十月二十八日，祥定一司敕令，所言修立到盐亭户不许买扑坊场，条诸坊场以违碍人。谓应赎若犯徒，或三犯杖，各情重不计赦，前后并见欠官钱物、见任品官、见充吏人、贴书、盐户、巡检司、土军之家。承买者杖一百，诈隐者加一等，即已承买始有违碍而不自陈，以同居无违碍亲戚掌领，尚冒占者准此。若已承买而后为吏人贴书者，又加一等右。[5]

两浙一带的买扑海盐铺户，通常多限于承揽销售，但有些铺户，也包括承揽运输在内，仁宗时沈立、李肃之任浙漕，即"裁官估，罢盐纲，令铺户、衙前自趋山场取盐。如此，则盐善而估平"。[6]当然，涉及买扑产盐的类型在海盐区也出现过，如元祐章元方的买扑产盐方案，即"欲乞废罢诸处买盐场，将

---

[1] 《系年要录》卷一百七十七，总2898页。
[2] 《宋史·食货下四》卷一百八十二。
[3] 《宋史·食货下四》卷一百八十二。
[4] 《长编》卷二百三十神宗熙宁五年二月戊辰。
[5] 《宋史·食货下四》卷一百八十二。
[6] 《宋史·食货下四》卷一百八十二，志一百三十五。

见管亭户，召情愿分等第，令每月纳净利钱，许依旧亭池煎盐出卖。余人愿纳钱煎盐者听"。[1]但一般多被禁止。

（三）江南西路

江南西路的买扑海盐仅涉及销售领域。元丰三年（1080），蹇周辅主管江南西路盐政。蹇周辅把江南西路原许民买扑的盐场"悉籍于官卖之"[2]。显然江南西路盐场的买扑在元丰三年以前就已经实行。元丰四年三月四日，发遣度支副使公事蹇周辅以"缘盐系民食，与坊场不同"的理由奏请废除盐的买扑，实行了"量县大小，户口多寡立年额，官自出卖"的官营直管盐场的办法，结果朝廷从之[3]。然而，官府直管的盐场效率低下弊端很快显现。仅过了七年，哲宗元祐元年（1086）二月时吉州地区的官盐就剩余官盐九十万斤，知州魏伦擘为解决这一难题只好采取"添召有物力铺户承买添增盐数，到年终比较"的买扑办法[4]，又回到元丰三年以前买扑销售盐的轨道上。

三、茶

宋代茶的买扑至少在太宗太平兴国元年（976）已经开始了。太宗太平兴国元年十月二十二日，诏曰："先是募民掌茶盐榷沽，民多增常数求掌以归利，岁或荒俭，商旅不行，至亏失常课，多籍没其家财以偿，甚乘仁恕之道，自今并宜以开宝八年额为定，不得复增。"[5]可以看出，北宋前期的茶买扑与酒、盐相似，俱为豪民主之。茶的生产受自然条件的限制，且产地集中，官府禁榷成本较低，只有在极个别的地区才实行买扑制，故宋代茶的买扑一直处于零星阶段。

宋代茶类买扑可分为三种。第一种是只涉及茶叶销售的买扑。元丰二年（1079）四月二十八日，提举成都府等路茶场司针对凤翔官未置场，私贩公行的情况，乞"鸡雄等场令州县督责买扑人编栏归仁一铺"，在归仁设场买扑售茶，且规定一岁须买扑售官茶数为三十万斤，增及万斤赏钱一千，少则处罚。[6]

第二种是涉及茶叶的加工、销售的买扑。元丰七年（1084），提举汴河司向户部请求说："畿内诸县民间茶铺，亦乞请买水磨官茶，其法施于京师，众

---

[1] 《长编》卷三百六十五哲宗元祐元年二月丁卯。
[2] 《宋史·食货下四》卷一百八十二。
[3] 《长编》卷三百十一神宗元丰四年三月辛卯；《宋会要辑稿·食货》二四之二〇。
[4] 《长编》卷三百六十六哲宗元祐元年二月辛巳。
[5] 《宋会要辑稿补编·榷茶》，第299—300页。
[6] 《宋会要辑稿·食货》三〇之一六。

以为便"。户部"从之,候二年立法"[1]。民户买扑水磨茶,首先要利用水磨对茶叶进行加工,才得以售卖,这种方式与单纯的买扑售茶有明显的区别。民间买扑京师水磨茶,官私互利,"故京师求食茶无夹杂之弊,而茶商无留滞之患,官岁收息计三十万余贯"[2]。可惜,元祐更化时废除了此项政策。但是,买扑水磨茶官私互赢的良好效果已深入宋廷务实派心中。绍圣元年(1094),中书省又向户部送状"乞参酌旧制,重行兴复"买扑水磨茶[3]。崇宁四年(1105),京师水磨茶再由官营改为民间买扑经营。

第三种是涉及茶叶生产的买扑。孝宗隆兴元年(1163)四月二十二日诏:"今后捉到私茶,依龙安县园户犯私茶体例及十斤以上将户下茶园估价,召人承买,将五分收没入官,五分支边,犯人填价。"从都大主管成都府利州等路茶事官请也[4]。把私茶园户的茶园没收入官再估价召人承买(买扑)的方式也许仅在四川地区存在,但在这种方式下,买扑人盈利的方式肯定是通过培育、采摘、售卖茶园里茶叶来完成的,显然这种茶叶买扑方式涉及茶叶的整个生产过程。

宋代政府为了保证买扑茶叶的顺利进行,还设立了一些条例,对违反政府规定的买扑人员,主要是政府官员进行处罚。元符二年(1099)三月二十七,户、刑部参状修立规定:"诸提举官干茶盐官并吏人、书手、贴司及卖盐场监官专秤口,于亲戚辄开茶盐铺及扑认额数出卖于官场卖贩者,各杖一百,许人告,赏钱三十贯。"[5]杖一百,可见严厉。

四、矾

矾也是宋代的专卖品之一。宋代矾的买扑比较少见,仁宗景祐、宝元和庆历年间河东路晋州矾的买扑是一个非常典型的案例。仁宗庆历年间(1041—1048),北宋名臣欧阳修接受三司的委托到河东路晋州调查当地杜升、李庆等六户买扑生矾与晋州通判荣諲、并州秘书丞张日用对晋州官营熟矾的争辩纠纷一案。欧阳修在调查后,向朝廷写了一篇《论矾务利害状》,记载了荣諲和张

---

[1] 《长编》卷三百四十六神宗元丰七年六月乙巳。
[2] 《长编》卷三百四十六神宗元丰七年六月乙巳李焘自注;《长编拾补》卷十一哲宗绍圣元年十月丙寅,第449—450页。
[3] 《长编》卷三百四十六神宗元丰七年六月乙巳李焘自注;《长编拾补》卷十一哲宗绍圣元年十月丙寅,第449—450页。
[4] 《宋会要辑稿·食货》三一之一五。
[5] 《宋会要辑稿·食货》三〇之三一。

日用的辩词以及庆历年间晋州矾的官、民经营矾的状况[1]。数据是枯燥的，但也是最有说服力的。下表记载了有关晋州官营熟矾和买扑生矾的课利情况，我们非常清楚地看到买扑生矾课额远超过官营出售熟矾所得课额。

表1-1　仁宗庆历年间晋州买扑生矾与官营熟矾课额数量对照表[2]

时间	官营熟矾课额数（贯）	杜升等买扑生矾课额数	官营课额与买扑课额比例
庆历元年	57823.83	116838.85	1∶2.02
庆历二年	42018.11	148486.05	1∶3.53
庆历三年	47233.755	158345.35	1∶3.35

也正因为如此，欧阳修才会得出"盖缘熟矾见已课利大亏，若自新官卖，必不能敷及递年与生矾俱卖时常额"，若废止官营熟矾，只让杜升等买扑生矾，"如此，则官中虽岁失三五万贯自卖之利，而于钱、茶十五万旧额却有准的，不至亏陷"的结论。[3]

五、醋

宋代买扑醋比较晚，可能在仁宗时已经出现。仁宗天圣四年（1026）秋七月已经在在陕西路永兴军、秦、坊榷醋。"秋七月，罢永兴军、秦、坊等州新醋务。初，陕西转运司言民间买官糟造醋，颇有遗利，已置务榷之，请推其法天下"[4]。与此同时，宰臣王鲁等奏请："欲只令永兴军，秦、坊州召人买扑酤卖，并其余州军不得官置醋坊。"结果，帝曰："此事尤可行速与指挥。"[5]也就是说，宋仁宗命令大臣们尽快讨论陕西路买扑醋的可行性并尽早实施。因此，我猜测此后买扑醋已经出现。

哲宗元祐七年（1092）八月，以龙图阁学士左朝奉郎的官职被贬到扬州做知州的苏轼向朝廷写了一篇《申明扬州公使钱状》的奏议[6]。在这篇奏议中，苏轼提及扬州公使钱的旧例来源是"右臣勘会本州公使额钱每年五千贯文，除正赐六百贯、诸杂收簇一千九百贯外，二千五百贯并系卖醋钱。检会当日初

---

[1]（宋）欧阳修著，李逸安点校：《欧阳修全集·论矾务利害状》卷一百一十五，中华书局2001年版，第1745—1748页。

[2] 数据来源于《欧阳修全集·论矾务利害状》卷一百一十五。

[3]《欧阳修全集·论矾务利害状》卷一百一十五，第1745至1748页。

[4]《长编》卷一百四仁宗天圣四年秋七月乙丑。

[5]《宋会要辑稿·食货》二一之二二。

[6]（宋）苏轼著，孔凡礼点校：《苏轼文集》卷三十五，中华书局1986年3月第1版，第985—986页。

定额钱日，本州醋务系百姓纳净利、课利钱承买，其钱并归转运司。"[1]即来源于转运司拨付的民间百姓买扑醋钱，显然在此之前扬州已经存在民间买扑醋的经济现象。后来，扬州公使库为获取更多的公使钱而主动向转运司买扑醋坊，即"公使库方始依新条认纳百姓净利、课利等钱承买，逐年趁办上项额钱二千五百贯"[2]。然而，当他知扬州后，扬州的公使库买扑醋后的课额并未达到当初转运司设定的二千五百贯，"今契勘醋库每年酤卖到钱外，除糟米本分并认纳买扑净利、课利钱外，实得息钱每年只收到一千六七百贯至二千贯以来，常不及元立额钱二千五百贯之数，更岂有额外收使之理"？而解决的办法则是"乞逐年更不送纳买扑净利、课利钱，及更不用钱收买官糟，庶得卖醋钱相添支用"[3]，也就是采取公使库直接榷扬州的醋而获取办公经费。需要说明的是，苏轼的这篇奏议中也说道"检准《编敕》，诸州公使库，许以本库酒糟造醋沽卖，即系官监醋务本库愿认纳元额诸般课净钱，承买者听其所收醋息钱，并听额外收使"[4]。可以看出，在哲宗元祐年间前后，实际上不仅仅是扬州地区的公使钱，就是当时全国各地的公使钱也很有可能来源于各地公使库买扑醋坊的收入。

北宋末年，为筹措教育经费，就曾利用过买扑醋坊的课额。徽宗崇宁二年（1103），知涟水军钱景允向朝廷建议大力兴办地方教育，修建学校，而经费来源是"请以承买醋坊钱给用"。结果是，"诏常平司计无害公费如所请，仍令他路准行之"[5]。宋廷显然是采纳了钱景允利用各地买扑醋坊作为办学经费的建议。

六、坑冶[6]

宋代的坑冶生产有金、银、铜、铅、锡、铁等。关于宋代坑冶的管理情

---

[1] 公使钱类似于今天的各级政府机关的接待费用。苏轼在《申明扬州公使钱状》中提及扬州公使钱缺乏时说"窃以扬为东南，实为都会，八路舟车，无不由此，使客难还，馈送相望，三年之间，八易守臣，将迎之费，相继不绝，方之他州，天下所无。每年公使额钱，只与真、泗等列郡一般，比之楚州少七百贯。况今现行例册，元修定日造酒糯米每斗不过五十文足，本州之费，一切用酒折计，又难为将例册随米价高下逐年增减，兼复累经接送知州，实为频数，用度不赡，是致积年诸般欠，约计七八千贯"，显然苏轼时的公使钱与今天的政府机关招待费如出一辙。
[2] （宋）苏轼著，孔凡礼点校，《苏轼文集》卷三十五，中华书局1986年版，第985至986页。
[3] （宋）苏轼著，孔凡礼点校，《苏轼文集》卷三十五，中华书局1986年版，第985至986页。
[4] （宋）苏轼著，孔凡礼点校，《苏轼文集》卷三十五，中华书局1986年版，第985至986页。
[5] 《宋史》卷一百八十五《食货下七》。
[6] 重点参阅王菱菱：《宋代矿冶业经营方式的变革和演进》，《中国经济史研究》1988年第1期；《宋朝政府的矿冶开采政策》，《河北大学学报》（哲学社会科学版）1998年第3期。在此予以致谢。

况，南宋人章如愚记载道："坑冶，宋代旧有官置场监或民承买以分数申于官。旧隶诸路转运司，本钱亦资焉，其物悉归内帑。崇宁以后广搜利穴，榷赋益备，凡属之提举司者谓之新坑冶，用常平息钱与剩利钱为本，金银等物往往皆积之大观库，自蔡京始也。"[1] 从这则史料可以看出：一、承买（买扑）是宋朝坑冶生产的两种方式之一；二、管理坑冶买扑的政府机构在崇宁之前（1102—1106）为诸路转运司，在这之后是诸路转运司和提举常平司共管，具体分工为转运司管理旧坑冶，提举常平司管理新坑冶。实际上，在宋代真正管理坑冶买扑的常设机构是诸路转运司，提举常平司和元符元年（1098）时的提刑司[2]，只是一种短时间的坑冶买扑管理机构。

宋代坑冶生产是逐渐向民间开放的。真宗咸平三年（1000）五月，宰相张齐贤进言解决铜钱缺乏的办法："望择使臣往逐处相度，添价及招诱人户淘采铅锡。"[3] 这种方法是政府采取提高铅锡收购价和其他优惠措施来"招诱人户淘采铅锡"，显然是希望更多的民间人士加入到坑冶生产经营中来。但这只是一种临时性的优惠措施，并未形成一种相对稳定的经营形式。真宗咸平四年（1001），真宗下诏归还秦州柳延义资产，其起因是"初，延义等专主银冶，岁输定课，有司尽籍其家财以偿"[4]。柳延义任职期间"专主银冶，岁输定课"，不能正常向朝廷输课则被"尽籍其家财以偿"，只不过柳延义是在职官吏，且"岁输定课"的银矿结余能够据为己有不能确定，故还不能断定此时出现买扑坑冶。

大约在真宗大中祥符年间，坑冶已经实行了买扑。大中祥符六年（1013）三月己未，诏两京诸路场务、津渡、坑冶等，不得令仕宦之家该荫袭人主掌[5]。前面已经探讨过，豪民主之是宋初买扑的一个阶段，既然已经规定坑冶"不得令仕宦之家该荫袭人主掌坑冶"，显然是已经存在买扑坑冶了，只不过存在于哪种矿产中还不清楚。仁宗至和二年（1055）十一月诏："陕西转运司，同州铁冶，自今召人承买之。"[6] 从这时起，陕西同州铁冶中出现买扑经营。嘉祐三年（1058）袁州贵山官营铁冶务改为民间买扑[7]。嘉祐五年，大姓

---

[1] 《群书考索》后集卷六十二之十五；《宋史·食货下七》卷一百八十五。
[2] 《长编》卷四百九十九哲宗元符元年六月甲辰。
[3] 《长编》卷四十七真宗咸平三年五月丁丑。
[4] 《长编》卷四十八真宗咸平四年夏四月辛亥。
[5] 《长编》卷八十真宗大中祥符六年三月己未。
[6] 《长编》卷一百八十一仁宗至和二年十一月丁巳。
[7] 《宋会要辑稿·食货》三三之四。

程叔良买扑兴国军磁湖铁冶[1]。这三则史料表明，从仁宗后期起，开始出现民间买扑铁矿生产的经营方式。神宗熙丰变法，坑冶允许"召百姓采取，自备物料烹炼，以十分为率，官收二分，其八分许坑户自便货卖"[2]。由上观之，熙丰坑冶买扑法是百姓自筹开采成本，开采出的矿冶产品官府收取20%，其余80%允许开采户自由买卖，这种做法通常也称为熙丰二八抽分法。宋哲宗元祐五年（1090），湖南转运司言："应金、银、铜、铅、锡兴发不勘置场官监，依条立年额课利，召人承买。"结果从之[3]。可以看出在哲宗时期，铜、铅、锡矿场也允许民间买扑。从此，买扑经营方式遍及铁、金、银、铜、铅、锡六类矿场。哲宗以前是宋代坑冶业的兴盛时期，民间买扑经营的规模也较大，如前面提到的陕西同州、韩城铁冶，两场铁冶各达六百万斤[4]。哲宗以后，宋代坑冶业逐渐衰败，民间买扑经营的规模也较小。宣和元年，石泉军江溪沙碛麸金许民随金脉淘采，立课额或以分数取之[5]。北宋末期崇宁、政和、靖康年间允许民间买扑的坑冶是"所收息薄而烦官监"，或为"苗脉微者"[6]。渡江以后，物价上涨，但政府收买民间买扑的坑冶产品价格却不提高，并且这时民间买扑坑冶主要是新发坑冶，经营风险增大，故政府虽想恢复熙丰年间民间买扑的盛况也不大可能，民间买扑坑冶业也日趋衰微。绍兴七年（1137）诏："江浙金、银坑冶并依熙丰法召百姓采取，自备物料烹炼，十分为率，官收二分。然民间得不偿，本州县多责取于民以备上用。"[7]绍兴十三年（1143），有大臣论述东南诸路所管坑冶："或有新发坑冶去处，初有人户买扑，后因破坏产业拖欠课额，被拘留监系者甚众。进者朝廷以人言谓可以增添鼓铸额，乃督责州县兴复废坑冶，必欲管认旧来铜铅之数，州县遵承竭力奉行，间有狡猾之徒趁此骚扰，或欲强占人户山林，或就官中先借钱本，却虚认课额，乃至得钱。见矿材微薄，所得不偿，便自逃窜。其所认数目已为州县定额，无由豁除，缘此多有拖欠。"[8]可见，尽管南宋绍兴年间东南诸路坑冶实行买扑者可以向官府借贷本钱经营的鼓励措施，然而，买扑坑冶的课额一旦被州县地方官上报路

---

[1] 《长编》卷一百九十一仁宗嘉祐五年四月甲申。
[2] 《宋会要辑稿·食货》三四之一六。
[3] 《长编》卷四百四十一哲宗元祐五年四月癸丑。
[4] 《宋会要辑稿·职官》四三之一三五。
[5] 《文献通考》卷十八。
[6] 《宋史·食货下七·坑冶》卷一八五。
[7] 《朝野杂记·金银坑冶》甲集卷十六，第353页。
[8] 《宋会要辑稿·食货》三四之一八。

一级的提点坑冶铸钱司后便不准豁免，需年年上缴，根本不考虑买扑者是否顺利，抑或买扑坑冶是否正常经营，对买扑坑冶的分利完全由熙丰年间的分成制变成定额制，使买扑者完全承担坑冶买扑的风险，官民互利的坑冶买扑竟成为一种苛政。

自熙宁后，宋代坑冶业中的买扑也采用实封投状制，但坑冶业中的买扑与其他行业的买扑相比，在官民分利的方式上有其最显著的特点。坑冶业中的买扑是一种实物分成制，而其他行业中的买扑是一种货币包干制。总的来看，宋代坑冶业中民间买扑矿产品官民分利的比例是二比八，即以十分为率，官得二分，买扑者得八分。绍兴七年（1137），工部言：熙丰时期将金银坑场"召百姓采取，自备物料烹炼，十分为率，官收二分，其八分许坑户自便货卖"[1]。在这种方式中，官府纯得金银矿产品总数的20%，而民户所得80%允许自由买卖，官民双方的利益都得到很好地兼顾。从元祐年间开始，这一比例有所变化，且主要是朝官府收取比例增多方向变化。在个别年份，曾出现过官收六分的现象，孝宗乾道九年（1173），处州承佃银坑者"自备工费采打"，炼出银"六分给官，四分给业主"[2]。官府无偿得到的矿场品是正常情况下二八抽分制的三倍，这严重压抑了民间买扑坑冶的积极性。另外，宋代政府对民间买扑者所获得的矿产品的处置也有变化，神宗时期允许"自由货卖"，哲宗时开始受限制，乃至不允许坑户自由买卖。哲宗元祐元年（1086）十月，陕西转运兼银铜坑冶铸钱司又上奏曰："虢州界坑冶户听得银货除抽分外，余数并和买入官，费用不足，乞依旧抽纳二分，只和买四分，余数给冶户货卖。"[3]这则史料表明虢州民间买扑坑冶的矿产品在正常情况下按规定要全部卖给官府，只不过由于一种偶然因素——当地官府没有那么多买银本钱才允许买扑者自行贸易。政和八年（1118）令"（铁矿）苗脉微者听民出息承买，以所收中买于官，私相贸易者禁之"[4]。明确规定禁止买扑铁冶户自由贸易铁冶制品，必须以中等价格卖给官府。此后，在通常情况下买扑坑冶户必须把矿产品全部卖给官府。这样官府便控制了矿产品的收购价格，使买扑坑冶者获得的利润越来越低，并直接导致了民间买扑坑冶的衰败，南宋政府有时虽采取某些优惠措施也难以再现神宗、哲宗时民间买扑坑冶的兴盛状况。

---

[1]《宋会要辑稿·食货》三四之一六。
[2]《宋会要辑稿·职官》四三之一六八。
[3]《长编》卷三百八十九元祐元年十月丙申。
[4]《宋史·食货下七·坑冶》卷一八五。

七、商税

远在五代后唐时，商税买扑就已经出现。后唐明宗李亶长兴二年（931）八月敕书："自今已后诸商税并委逐州府扑断，依省司常年定额，勾当辨集，冀除生事之端，不爽丰财之理"[1]。宋代的商税是宋代政府为了维持统治的需要，凭借政治权力，按法定的标准向从事商业的人员强制无偿地征收而取得的一种财政收入。《宋史》记载道："行者赍货，谓之'过税'，每千钱算二十；居者市鬻，谓之'住税'，每千钱算三十，大约如此。"过税实际上就是经过关卡时所收的税，税率为2%；住税实际上是交易税，税率为3%。过税的征收比较容易，控制住交通要道便可以；而住税的征收则比较麻烦，其成本较高，故对税额较小的商税进行买扑。宋代的商税收入与坊场、河渡和两税之钱有明显的区别，对此，宋代时人章如愚是这样区别的："严酒曲之禁，使民为之而入其课曰坊场之钱；据津渡之冲要，使民主之而取其筭曰河渡之钱；重门关之防使吏守之而察其货曰商税之钱；凡杂钱、盐钱、物产钱则曰两税之钱"[2]。征收商税的税务名称，四京和南宋的行在临安称都商税院，各州府在南宋称都税务，各州、县、镇称税务或税场。从北宋中期开始，税场、税务可以通用。宋政府为了减少征税成本支出，但又不甘心放弃某些地区的商税收入，因此对各州、县、镇税额较少的税场、祠庙和墟市实行买扑。在南宋时，买扑税场又称税铺。宋代的买扑商税以南宋为盛。

（一）税场

税场是宋代商税中住税征收的基本单位之一，一般设置于州、县市场和镇市中，只有课额比较少的税场才会实行买扑。与酒、盐、茶的买扑在宋初就实行相比，宋代税场的买扑起始时间是比较晚的，但至迟在宋仁宗天圣四年（1026）开始出现，并向全国推行。在这年正月三日，朝廷敕令"逐路转运司相度辖州军外镇道店、商税、场务课利年额不及千贯至五百贯以下处……许人认定年额买扑，更不差官监管，别无妨碍"[3]。应该说，这则史料包含了丰富的北宋商税买扑的内容。首先它指明了诸路转运使是当时管理商税买扑的机构，其次规定了课利年额在一千贯以下的税场才实行买扑。到哲宗元祐年间，连乡村集市也进行商税买扑，即"诸路承买土产税场"。但在元祐七年

---

[1]《册府元龟》卷五百四。
[2]《群书考索》后集卷五十四之二。
[3]《宋会要辑稿·食货》五四之二。

（1092）秋七月七日，诏："罢诸路人户买扑土产税场。"[1]显然废除了全国各地的买扑土场税场。对于宋朝政府来说，买扑税场节省了设置税务、派遣官吏的开支，却可以得到一定的商税收入，有百利无一害。但是，买扑税场者显然是希望从这一活动中获取一定的赢利收入，羊毛出在羊身上，他们最终会把缴纳给政府的买扑税额乃至赢利部分强加给人民身上，阻碍商业的正常流通，扰乱正常的市场秩序，给人民带来祸害。在北宋时期，买扑税场的规模比较大，可达千贯，一般为原官监税务衰败而成，征税的对象也主要是商人，对普通老百姓的危害较小。

渡江后，南宋统治者急于拓广财源。与北宋相比，南宋买扑税场有范围扩大的趋势，尤其是在高宗、孝宗时期。第一，高宗时打破了仅在北宋时州、县地方上设置买扑税场的做法，在京师临安府也曾设置过了买扑税场。高宗绍兴二十六年（1156），户部尚书兼权知临安府韩仲通言："……又本府买扑税钱，并新添河渡，所纳钱物不多，因此邀阻往来之人，欲乞并行住罢。"结果从之。三事皆曹泳所创，及是因星变而罢[2]。第二，设置了户部、御史台、转运司、常平司和州县不同层级主管买扑税场的机构。孝宗乾道九年（1173），有大臣上奏仅温州和台州两地就私设20个买扑税场，并请求朝廷废除。臣僚言："温州平阳县有私置渔野税铺，为豪右买扑，乘时于海岸琶漕小镬等十余所置铺，濒海细民兼受其害。昨来户部住罢已及三年，今豪民诡名又复立价承买。平阳县林志屡乞行废罢，如不欲亏失名钱，本县自甘抱认发纳。又照得台州天台县私置界溪榷木税铺，绍兴十一年已住罢。近台州通判秦姖乞复二铺召人买扑，民被害节次诉于御史台。如孙汝名讼宁海县樟木掘浦二铺，张太诉宁海县菱湖柘浦，王璠诉归安县韶村铺，钱浩诉安吉县回山铺，全梦说讼归安县琏市村铺，刘异讼江阴县申港、长寿乡二铺。如此等类皆是私置难以概举，乞严行约束，故有是命。"[3]从宋廷不同部门对温州、台州各县买扑税场的管理来看，不同层级管理部门的职权是有差别的。户部主管并审查地方州、县买扑税场的设置与废除，御史台负责审察州、县私设买扑税场的违法行为。当然，户部的命令一般通过皇帝诏书的形式得以实现。孝宗乾道年间，朝廷多次下诏废除各地私自设置的买扑税场。孝宗乾道九年（1173）五月十六日，诏：

---

[1] 《宋会要辑稿·食货》一七之二七。
[2] 《系年要录》卷一百七十三，第2855页。
[3] 《宋会要辑稿·食货》一八之六、七。

"应私置税铺并行住罢。如已经住罢不得复置,凡有违戾重寘典宪。"[1]乾道六年(1170)八月十五日,诏:"池州石棣县税务移置邕溪、七溪,两路会口只作一处收税。"令石棣县务更不得重叠,所有留口镇税亦令住罢。所认常平司买扑课利等钱,却令石棣县税务抱认解拨。从本州请也[2]。第三,南宋买扑税场的人员主要是地方豪民。乾道九年(1173)十一月二十三日,诏:"太平州、池州、宁国府、饶州、广德军五州军去处税场并罢。"以江东路转运司申课利微细,皆是大姓豪民买扑,邀击民旅故也[3]。淳熙十二年(1185)七月二日,诏:"省荆门军浰河、武宁、黄泥三处税场。"以前权知荆门军陆洸言三处税额共不过二十七贯三百三十三文,而豪民买扑扰民为甚故也[4]。淳熙十六年(1189)闰五月十四日,诏:"恭州三县管下双石、安仁、石英、蓝溪、董伏、含谷、多昆、双溪八市,泥埠木洞、新兴二镇十处税场尽行住罢。"以守臣宋南疆言皆是乡村豪民买扑拘收税钱,徒以扰民故也[5]。嘉泰三年(1203)六月二十四日,侍御史张泽言:"又县(广州清远县)有原曰石梯、石津,在两山间,田土狭隘,人户耕凿方成聚落。转运司认置二场,召乡豪买扑,自置土典栏头。初无客旅,但将人户所收谷米麻豆之属一一征取,乞下本路提举司体访罢去,以惠远民。"宋廷最后准许了他的请求[6]。豪民买扑容易扩大朝廷规定的住税征收范围,把不该征税的物品也征税,扰乱地方正常的经济秩序。所以许多地方官才会不断上奏要求取消自己辖境内的买扑税场。第四,与北宋相似,南宋时买扑税场课额地方没有支配权,仍然是由中央控制,暂时没使用的称为系省,以备不时之需。淳熙五年(1077)六月十九日,诏:"三省札下诸路转运司诸州,县镇除正额系省场务,见系吏部差官处不罢外,其余创置税场税铺不以有无官监并一切罢去。"从臣僚请也。其后两浙、江西、湖北申到人户买扑场务,虽非吏部差官,缘系常平租额,收到钱皆是起发应副大军之数。诏:"且令依旧,存留扬州、高邮军、盱眙军,亦以走失常平官钱不便为请,亦许存留。"[7]第五,南宋时买扑税场课额低于北宋时。淳熙十二年(1185),荆门军浰河、武宁、黄泥三处税场税额共二十七贯三百三十三

---

[1] 《宋会要辑稿·食货》一八之六。
[2] 《宋会要辑稿补编·商税》,第684—685页。
[3] 《宋会要辑稿·食货》一八之七;《宋会要辑稿补编》·商税,第684—685页。
[4] 《宋会要辑稿·食货》一八之一三。
[5] 《宋会要辑稿·食货》一八之一八。
[6] 《宋会要辑稿·食货》一八之二三。
[7] 《宋会要辑稿·食货》一八之一〇。

文[1]，场均才九贯一百一十六。乾道九年（1173），江东（转）运司上奏请求废除太平州、宁国府、广德军买扑税场的理由便是"课利微细，皆是大姓豪民买扑，邀击民旅故也"。[2]

（二）祠庙

祠庙作为贸易市场由来已久，兴建于唐睿宗时的汴梁相国寺，在宋初已成为繁荣的瓦市。宋代商税中的住税是以商品的交易场所为单位征收的。就作为商品交易的场所来说，祠庙与税场、墟市并无本质上的区别，既然税场、墟市可以买扑，祠庙也有可能买扑。然而，祠庙毕竟是供奉祖先和神灵的宗教场所，在祠庙里允许商品交易、征税有违封建伦理，故宋代祠庙的买扑持续时间不长。神宗熙宁九年（1076），司农寺颁布买扑新法，祠庙依坊场、河渡一样收取净利，以三年为界，其买扑的方法极有可能采取实封投状法。这样，买扑祠庙在全国推广开来。祠庙买扑的课额一般也不高，应天府百姓买扑阏伯庙，岁纳钱四十六千五百文，宋公微子庙岁纳钱十二千文。就在当年，判应天府张方平就以"慢神黩礼，岁收细微，实损大礼"为由，请求朝廷不卖阏伯、微子和双庙三祠庙。神宗震怒批示："司农寺粥天下祠庙，辱国黩神，次为甚者，可速令更不施行。其司农寺官吏，令开封府劾之"[3]。一方面禁止司农寺卖天下祠庙，另一方面又对相关人员进行惩罚。据马端临考证，此后"天下祠庙皆不得鬻"[4]。就这样，宋代祠庙的买扑匆匆出台，又草草收场，前后持续时间不足一年。

（三）墟市

什么是墟市？北宋人吴处厚解释为："岭南谓村市为墟。盖市之所在，有人则满，无人则虚，而岭南村市满时少，虚时多，谓之为虚，不亦宜乎？"[5]淳熙二年（1175）九月二十二日，臣僚言："乡落有号为墟市者，止是三数日一次市合。"[6]由上可以看出，墟市即为岭南地区间隔三日左右交易一次的乡村集市。南宋时的墟市买扑于孝宗隆兴、淳熙年间已经出现，只不过朝廷是命令禁止的。孝宗隆兴时（1163—1164）诏："乡落墟市贸易皆从民便，不许人

---

[1] 《宋会要辑稿·食货》一八之一三。
[2] 《宋会要辑稿·食货》一八之七。
[3] 《长编》卷二百七十七神宗熙宁九年八月壬辰。
[4] 《文献通考·征榷六》卷十九，考一八六。
[5] （宋）吴处厚撰、李裕民点校：《青箱杂记》卷三，第30页。
[6] 《宋会要辑稿·食货》一八之八。

买扑收税。"[1]淳熙二年（1175），有大臣承认"乡落有号为虚市者，止是三数日一次市合，初无收税之法，州郡急于财物，创为税场，令人户买扑纳钱，俾自收税。"[2]事实上在这之前已存在墟市的买扑。而在宁宗开禧、嘉定时，宋廷已经公开认可墟市买扑。开禧元年（1205）六月二日，广东提举陈杲言："广州肇庆府惠州共管墟税八十三场，皆系乡村墟市苛征虐取，甚至米粟亦且收钱，甚为民害"。[3]（嘉定）八年（1215）二月三日，臣僚言："远方墟市之税囊尝禁罢，州县乃令乡民买扑，其苛取及甚于州县"。[4]尽管买扑墟市遭部分官吏的非议，时兴时废，但一直存至南宋末。

南宋时期买扑的乡村墟市，规模偏小、问题却不少。南宋朝廷为获一些蝇头小利，却给乡村老百姓带来巨大危害。按规定买扑墟市的大姓豪民只能对在墟市里交易的货物收税，而墟市里买卖的货物又多是附近村落农民带来的农副产品，如居民日用蔬菜、果实之类[5]。这些农民交易所得原本就少得可怜，在加上征税，无疑是雪上加霜。既然大姓豪民有官府所定的买扑契约为保障，收税时强取豪夺也就不可避免，而有些正直的地方官为了遵守朝廷所定的买扑契约而发出"官司既取其课利，虽欲为小民理直有所不能"[6]的无可奈何的感叹。尤为可恨的是，墟市买扑者还肆意扩大征税对象，把原来不应该征税即不到墟市、税场交易的物品也征税。这种现象在宁宗时期（1195—1224）比较普遍。开禧元年（1205）广州肇庆府惠州买扑墟市税场"甚至米粟亦且收钱，甚为民害"[7]。嘉定八年（1215）二月三日一位大臣的奏折中详细地论述了买扑墟市者扩大征收范围的七种情况：其一是"复计舟筏阔狭纽等力胜钱"；其二是"竹木例止抽分，今抽分之外又以尺寸科格而苛取之"；其三是"滨江之民檐负鱼，鲜止于村落转卖，未尝经涉城市，今有诬其漏税而加之罪者"；其四是"农器旧不税也，今与其他器用一例科税"；其五是"火柴旧不税也，今南方远郡遇有溪籓贩每束例收五、六钱"；其六是"贩夫少檐之征税止于关津，今越数里之外捉税矣"；其七是"舟船运载之税止于五里，今逾二三十里之外栏税矣"。宋廷最后采取该大臣划定买扑墟市征税地理范围的办法解决了这一

---
[1] 《文献通考·征榷一》卷十四，考一四八。
[2] 《宋会要辑稿·食货》一八之八。
[3] 《宋会要辑稿·食货》一八之二三、二四。
[4] 《宋会要辑稿·食货》一八之二七、二八。
[5] 《系年要录》卷一百七十三，第2855页。
[6] 《宋会要辑稿·食货》一八之八。
[7] 《宋会要辑稿·食货》一八之二三、二四。

难题[1]。另外，买扑墟市者之间为了争夺客商收税有时还大打出手，出现"津栏捕捉数十为群，操执利刃，互相斗夺，杀伤人命，狱讼滋蔓"的情况，严重扰乱社会治安。面对买扑税场、墟市所带来的严重社会问题，许多正直的地方官往往上奏请求废罢，甚至提出"如不欲亏失名钱（即买扑税场钱），本县自甘抱认发纳"的主张。[2]

八、河渡

河渡亦称津渡，简称津，是水陆冲要的地方，一般为商旅来往的必经之地。人员、货物流通量越大，河渡的地位就越高。宋代商品经济的繁荣促使整个社会的人员、货物的流动量大增，宋代河渡的地位也达到了前所未有的高度。为了稽查奸细、逃兵、禁物和获取一定的财政收入，宋代政府对河渡实行严格的管理，其方式为官营和民间买扑两种，此外还有非法的私渡存在。本书主要论述民间买扑河渡的情况。

宋初，在某些地区允许私渡的存在，太祖建隆元年（960），沧、德、淄、齐、郓等州界有古黄河及原河、文河，在夏秋涨水之际"听民具舟济渡，官物（疑为勿）取算"[3]。但很快就加以禁止，到太宗太平兴国二年（977），依乾德二年（964）禁黄河私渡法禁止全国的私渡[4]。宋代政府出于便于管理和获取一定财政收入的目的而禁止私渡、设官渡。但河渡受自然条件的限制，有大有小，多数比较分散，分布于荒野僻壤，要想对全部河渡实行官监，不大可能，也没有必要，故对一些人员和货物流通量小、位置偏僻的河渡实行买扑，让民户向政府缴纳一定的课额获得某一河渡一定时间内的管理权，收算以自补，政府则以禁绝买扑河渡附近的私渡来维护买扑者的利益。应该说，从太宗太平兴国二年（977）禁止全国私渡起，就有买扑河渡出现的可能。现存宋代买扑河渡的最早时间，可能是太宗端拱二年（989）。三司言："许州郾城东螺湾渡系百姓买扑，每年纳钱四百五十千"[5]。同年，太宗下诏书："应系官及买扑津渡，如有百（姓）输纳二税经过，并樵渔及孤老贫穷之人往来，并不得收纳渡钱"[6]。规定买扑河渡者对向国家缴纳的二税实物和弱势群体免除渡钱，显

---

[1] 《宋会要辑稿·食货》一八之二七、二八。
[2] 《宋会要辑稿·食货》一八之六七。
[3] 《宋会要辑稿·方域》一三之三。
[4] 《宋会要辑稿·方域》一三之三、四。
[5] 《宋会要辑稿·方域》一三之四。
[6] 《宋会要辑稿·方域》一三之四。

然是已经存在买扑河渡了。神宗熙宁年间，遍天下买扑，宋廷甚至明令各地转运司协调提供船只鼓励百姓买扑河渡，为百姓买扑河渡提供了有利条件。神宗熙宁十年（1077）七月二十七日，司农寺言："今相度诸路应买扑河渡内有溪港等水源浅小至干浅月分，元不曾捐除课利、买名钱去处，委自本州县契勘，申转运提举司相度，据合纽纳课利买名钱数减免，仍禁栏截人旅，并小可渡口不妨过往处相度废罢。若见名中下等人户勾当遇干浅月分，如有官给舟船，许留一名看守支与合得庸钱，余并权暂放罢，庸钱更不支给，并候有水渡载日依旧所赏，公私并济。"从之[1]。南宋时期的买扑河渡在孝宗和宁宗时期比较兴盛。

宋代针对买扑河渡的管理方式变化比较大，大体上在北宋时期主要由诸路转运使监督，地方官吏直接负责，而到南宋时期则转为由诸路常平司和提举司监督，地方官吏直接负责的管理方式。宋代前期买扑河渡的方式，可能是豪民主之，没有具体的办法。在实封投状制出现后，应该是采取了这一办法。

买扑河渡的课额多少与津渡的位置、河渡数量的多少有很大的关系，若考虑到物价上涨因素，似乎在北宋初期的买扑河渡课额最大，因为在这一时期，政府能很好的控制私渡、官渡的数量。太宗端拱二年（989）十二月，许州堰城螺湾渡买扑课额岁纳四百五十千（文）。仁宗天圣四年（1026）七月，冀州堂阳县一干渡买扑课额岁纳六十千（文）；天圣六年（1028）五月，荆南公安县一津渡买扑课额岁纳十九千（文）[2]。渡江以后，诸制废弛，私渡屡禁不止，其数量远多于官渡和买扑河渡，其单个买扑河渡的课额不会太大。淳熙六年（1179）四月二日，淮南运判徐子寅称："真州津渡共二十九处，其中官监一、买扑六、私渡二十二；扬州沿江津渡共五十四处，其中官监一、买扑二、私渡五十一；通州沿江津渡共六十四处，其中买扑二、私渡六十二。"[3]私渡如此猖獗，买扑河渡者的利益也很难得到保证。

民间人士向宋政府买扑河渡目的是为了赢利，其方式是对过往的人员、货物收摆渡费以自偿，摆渡费数量因货因时因地而异，太宗端拱二年（989），一车货物过渡收十五文[4]。仁宗天圣六年（1028），荆南公安县增收渡牛钱，

---

[1] 《宋会要辑稿·方域》一三之六。
[2] 《宋会要辑稿·方域》一三之五。
[3] 《宋会要辑稿·方域》一三之一三、一四。
[4] 《宋会要辑稿·方域》一三之四。

每牛收五十文[1]。买扑河渡有弊端，主要是乱收费，邀击民旅，造成这种情况有三个原因。第一是由于宋代政府的贪婪失误所造成，消除这一弊端的方法是对买扑河渡者实行蠲免。在某些地区的河渡由于水干可直接通过或修筑桥梁时，政府依然向原买扑河渡者收取课额，迫使买扑者把损失转嫁到过往的民旅身上，这在南北宋都时有发生，尤以南宋为剧。神宗熙宁十年（1077）七月二十二日，司农寺建议："今相渡诸路应买扑河渡内有溪港等水源浅小或干浅月份，元不曾捐除课利买名钱去处，委自本州县擎勘，申转运提举司相度据合纽纳课利买名钱减免，仍禁拦截人旅。"从之[2]。嘉泰三年（1203）十一月十一日，嘉定七年（1214）十月四日，先后对南郊文州县，衡州衡阳县造桥后的买扑河渡课额进行蠲免[3]。第二种是买扑河渡者加倍收取河渡钱，应对之策是由直接主管买扑河渡的州县地方官员于河渡上榜示不准加收并处罚违规者。南宋人王之望在湖南时，"臣到任，屡有民旅陈诉津渡艰阻，多取渡钱，寻行勘会。盖缘州县榜卖河渡，实封投状之人，多是过立高价以争必得，既给卖后却以增添官钱为名，加倍收取渡钱。数年以来，此风特甚。今乡村小津渡空行人亦不下收钱一二十，担擎客旅可知，其广阔津渡又可知。今后出卖河渡，实封投状添钱承买价高当给之人，并从本州先次责状，不得增收渡钱，违者依非理邀求条法断罪，令众勒替罚钱，若干关报所属县分，于渡头出榜晓示，许人陈告，以所罚钱充赏，庶得自此止绝。"[4]第三是纯粹的乱收费，宋代政府的应对之策是严加监控乃至废罢。庆元元年（1195）二月五日。臣僚言"奸猾者当水潦汛涨则故作留难，平沙浅濑则不容塞涉，甚者野桥略彴亦掠渡钱资装。"[5]乾道九年（1173）诏："逐路沿江州军，将应干官私渡见官监买扑去处逐一开具申尚书省。"扬州知州王之奇请求"所有官渡乞更令民间承买"[6]。淳熙二年（1185）十二月十八日，湖北提举赵善誉言："乞将本路买扑江陵府亭陂等四十五处河渡尽行废罢。"从之[7]。

买扑河渡的课额一般上缴中央政府，南宋时主要用于军费，但也有用于当地其他项目如社会治安方面的。淳熙四年（1177）八月二十四日，太平州守臣

---

[1] 《宋会要辑稿·方域》一三之五。
[2] 《宋会要辑稿·方域》一三之六。
[3] 《宋会要辑稿·方域》一三之一六、一八。
[4] （宋）王之望：《汉滨集·湖南提举司论河渡奏议》卷五。
[5] 《宋会要辑稿·方域》一三之一四、一五。
[6] 《宋会要辑稿·食货》三八之三三；《宋会要辑稿补编·市易》，第662页。
[7] 《宋会要辑稿·方域》一三之一四。

言："黄池镇河渡从来系百姓买扑，是致盗贼出没，难以禁止，乞从本州买扑课利立渡钱稽查盗贼。"从之。[1]

另外，买扑渡河者仅是获得渡河的管理权，买扑渡河仍属官府控制范畴，因此它还负有查禁违法货物的职能，成为宋代禁榷制度中的一部分。绍兴二十八年（1158）十月十七日，刑部上奏要求买扑渡河者"照引书凿经由渡口、月日、姓名、押字"稽查私茶，如"渡口买扑人受幸不行批引纵放私茶，则与正犯茶人一等科罪"，朝廷从之[2]。乾道九年（1173）三月二日，知扬州王之奇为阻止民间通过买扑津渡路线向金朝走私银，故对朝廷上奏："所有官渡乞更不令民间承买，仍选有心力使臣监渡重立赏罚。"结果，朝廷下诏："逐路沿江州军将应干系官、私渡，见官、监买扑去处，逐一开具申尚书省。"[3]因此，买扑渡河虽不源于禁榷制度，但却是宋代禁榷制度的一个组成部分。

第二节　政府采购中的买扑

一、中央政府

（一）市易务

市易务是熙丰变法中主管市易法的官方机构，在开封、杭州、润州（今江苏镇江）、长安、凤翔等地都曾设置过。一般认为，市易务以平价购买商人滞销货物，在货物价格上涨时再售卖给商人，这样既平抑市场物价又增加政府的财政收入。因此，市易务也就是充当一个由政府控制的、与其他商人瓜分社会经济中商业利润的大商人的角色。神宗熙宁五年（1072）冬十月，王安石向神宗建议市易务承担管理诸司库务的职能，为行人承揽上供物创造条件。而行人买纳上供物的办法就采用了买扑法。熙宁五年冬十月，上曰："今行人扑买上供物亦易尔。前宋用臣修陵寺令行人揽买漆，比官买减半价，不知市易司何故乃致人纷纷如此，岂市易司所使多市井小人耶？"[4]从神宗皇帝的话语中我

---

[1]《宋会要辑稿·方域》一三之一三。
[2]《宋会要辑稿·食货》三一之一二；《宋会要辑稿补编·茶》，第708—709页。
[3]《宋会要辑稿·食货》三八之三三；《宋会要辑稿补编·市易》，第662页。
[4]《长编》卷二百三十九神宗熙宁五年冬十月丁亥。

们可以看出三点：其一神宗皇帝赞同行人扑买上供物的做法；其二熙宁五年的政府购买中存在行人买扑上供物的事实；其三，行人买扑政府采购物资比政府自己到市场上购买大大节约了费用。行人买扑同样物资仅为政府购买支出的一半，也就是节约了50%的政府采购费用。《宋会要辑稿·食货》三八之一、二记录了此事的结果。十二月一日，诏："罢诸路上供科买。"以提举在京市易务言："上供荐席之类六十色，凡系百余州供送，不胜科提，乞计钱数从本务召人承揽，以便民也。"已而中书言："欲令诸司库务，系市易务行人买纳上供物处，令提举市易司管辖。"[1]显然，至年底，宋廷采纳了王安石的建议，由市易务主管令行人买扑了朝廷所需的上供物。

（二）在京窑务

神宗熙宁七年（1071）五月，江陵县尉陈康民请求在京窑务所需的柴禾与石炭（即煤）等能源燃料"除场驿课扑，到外召人断扑，自备船脚。其石炭自于怀州九鼎渡、武德县收市及勾当束窑务。"朝廷的应对之策是诏："除武德县收市不行外，余并从之。"[2]显然是准许了陈康民买扑柴禾与石炭供应在京窑务的请求。

（三）都宰

神宗元丰八年秋（1085）七月，殿中侍御史刘次庄上奏："伏见府界提点范峋于祥符县等许人买扑都宰杀猪、羊及果子牛牙勾当，户部见行举问，及访闻京西路转运副使沉（沈）希颜亦于本部置棚拘拦人户买卖牛马出纳净利。近因陈向到任方行改正，二吏掊克，妄有造立，无有条法。伏望委官根究诣实重行黜降"[3]。显然，刘次庄在神宗元丰时反对买扑都宰奏言表明了一个无可辩驳的事实，那就是开封府界提点范峋曾允许祥符县买扑都宰，京西路转运司沈希颜也在自己辖境内允许买扑都宰。然而，在朝廷委派开封府界提举司和京西路提刑司详细调查后，朝廷在同月二十八日诏，"体量府界提举司许人买扑宰杀猪、羊并果子牛牙及京西转运副使沉希颜拘拦人户买卖牛马纳净利"[4]。也就是说，朝廷允许上述两地继续买扑都宰。

（四）皮剥所

皮剥所是宋代官方在京师设置的屠宰牛、马、驴、骡等家畜供给京师各

---

[1] 《宋会要辑稿·食货》三八之一、二。
[2] 《宋会要辑稿·食货》五五之二一。
[3] 《长编》卷三百五十八神宗元丰八年秋七月甲寅。
[4] 《长编》卷三百五十八神宗元丰八年秋七月甲寅。

级部门以及宫廷侍卫、娱乐人员肉类的一个机构，类似于今天的大型国有屠宰场。皮剥所设置于宋太祖开宝二年（969）。《宋会要辑稿·职官》六之三五、三六记载，皮剥所的设置情况，"开宝二年置，一在嘉庆坊，一在延禧坊，掌划搏马、牛、驴、骡诸畜之死者，给诸司、工匠、亲从、角抵、官五坊鹰犬之食。以三班殿侍二人监领，剥手十五人"[1]。然而，就是在今天看来关乎京师众多部门人员肉食安全的皮剥所，真宗皇帝却在大中祥符七年（1014）五月下诏允许买扑，并规定买扑皮剥所的课额标准。诏书曰："皮剥所断买肉屠户除元定头匹钱外每岁纳净利钱二百贯，逢闰又加百千文。当以三年为满，如未满不得诸色人陈状添课利划夺"[2]。显然，至少在宋真宗大中祥符年间，买扑皮剥所已经存在。与其他类型的买扑一样，买扑皮剥所采用三年一榜卖的分界制并详细规定其课额标准。买扑皮剥所是一项肥差，所以才会出现有人争着买扑但官府却有所克制的情况，即"（界）未满不得诸色人陈状添课利划夺"。真宗之后，未看到买扑皮剥所的史料，但我从宋高宗已设立皮剥所就实行买扑的情况猜测此项政策后来继续实行，并持续了很长时间。

那么，买扑皮剥所者是如何获取经济效益的呢？获取皮剥所买扑的人具有垄断屠宰、开剥京师及部分属县所有食用牛、马权利，宋政府依据政府执政能力来保证买扑皮剥所者的利益。具体来说有两项权利：一是垄断在京出卖死货（牛、马肉类）；二是诸军死马和开封、祥符两县死畜必须送到买扑皮剥所进行屠宰、开剥，并规定诸军令管辖官及合干人，私蓄委本地分都监，近城厢界委自县尉，并合干人并送所属，依不应为从重科罪。[3]

渡江之后，百废待兴，各项制度都需重新创建。高宗绍兴八年（1138）九月三十日，诏："复置皮剥所"[4]。也许是受其北宋买扑皮剥所时出现肉食安全、效率较高、向政府所缴课额顺利的有利于宋廷的情况的影响，设立之后很快就允许买扑皮剥所。同年十二月二十六日诏："皮剥所收到筋皮角，令军器所取拨使用，骔毛令杂卖场出卖。其收到买名、净利价钱等并赴左藏库送纳桩管。听候枢密院指挥本所条划"[5]。买名钱、净利钱都是宋代买扑课额中的组成部分，既然诏书中要求皮剥所的买名钱和净利钱缴纳到左藏库储存，自然是

---

[1] 《宋会要辑稿·职官》六之三五、三六。
[2] 《宋会要辑稿·职官》六之三六。
[3] 《宋会要辑稿·职官》六之三七、三八、三九。
[4] 《宋会要辑稿·职官》六之三七。
[5] 《宋会要辑稿·职官》六之三七。

已经实行买扑皮剥所了。此后，高宗时的买扑皮剥所至少延续到绍兴二十八年（1158）。绍兴二十八年六月九日，驾部言："皮剥所第一界立定马钱处欲权减一分召人承买。"从之。[1]

高宗绍兴年间的皮剥所买扑至少持续了二十多年，其制度日趋完善。与南宋时的其他买扑类型相似，南宋时的买扑皮剥所也采用实封投状法和三年一榜卖的分界制；在买扑权确立之前，需要缴纳不同数额的抵当钱、准备钱、买名钱、净利钱。北宋时期的抵当钱、准备钱、净利钱缴纳到皮剥所，买名钱缴纳到京师所管的开封、祥符两县。绍兴十五年（1145）四月十七日，皮剥所奏言："自绍兴八年第一界人户沈庆氏立定买名钱四百一贯文，净利钱八百一十贯文，准备钱五百五十贯文，抵当钱二千五十贯文，至界终收簇钱一万二千余贯文。"[2]面对绍兴八年后多年买扑皮剥所课额未有增加的状况，高宗绍兴十五年（1145）四月十七日下诏曰："皮剥所将来人户买扑界满日，将四色钱数于第一界立定逐色钱上并行增添一倍立为定额，并一色见钱先次送纳本所垛放。今后逐界准比，内买名、净利，系合入官钱数外，有准备、抵当系人户钱数本所封桩，准备填欠。如界满别无拖欠即合依数却行给还。"[3]明令要求买扑皮剥所课额在绍兴八年基础上增加一倍，即为二万四千贯。需要注意的是，尽管南宋时一般对买扑者的官户身份已经不再限制，但是却禁止荫户和上件做户买扑皮剥所。绍兴十三年（1143）二月二十五日诏："皮剥所召人买扑不许荫与上件作户名之人前来投状入柜，虽开拆定到高，合买许一时同状陈告，依犯人立定钱数，令告人便得承买一界，犯人送纳所属依条所行，所有已纳一界准备、抵当、买名、净利四色钱物并行，没纳入官。"[4]从本府请也。应该说，对违禁之人参加买扑皮剥所采取没收提前四色钱物的措施是相当严厉的。

二、地方政府

除了中央政府通过买扑采购物资外，一些地方政府也采用了此方法。其中比较典型的是绍兴年间洪州城（今江西南昌市）的修建。江南西路在北宋时已经得到较大的开发，洪州城为江南西路的治所。然而，该城在建炎三（1129）年间遭受金人兵火破坏严重。尤其是具有军事防御作用的城墙"城壁摧毁、

---

[1]《宋会要辑稿·职官》六之四一。
[2]《宋会要辑稿·职官》六之四一。
[3]《宋会要辑稿·职官》六之四〇、四一。
[4]《宋会要辑稿·职官》六之三九、四〇。

壕堑堙塞，并无楼橹器具"，城北则是"皆无居民，尽是荒闲田土，地步阔远，"城外为"积沙，高与城齐，可以下瞰城中缓急，难以防守"[1]。在洪州城地方政府的组织协调下，洪州城官民从绍兴七年（1137）正月初五开始修筑了规模为"身长七百一十二丈五尺，根基阔二丈五尺，面收阔一丈八尺"的新城[2]。洪州新城的修筑采用砖筑，"表里并用砖裹砌，及墁砌城面炮台，墁道瓮城亦系用砖裹砌，计用过新砖一百余万"[3]，而这么多的修城用砖，"并系置窑烧变，并令窑户断扑供应"[4]。显然是采用买扑法向民间购买的。

三、军队

北宋时，军队中的战马饲养也采用实封投状买扑法。哲宗绍圣三年（1096）七月，在邢州知县韩均的申请下，对有牧地的县份实行实封投状买扑养马法，其具体做法是："应有监牧地分州县于要便处晓示人户，愿请佃牧地免纳租课为官养马者，听实封于本县投状，逐县置历收接，月终具若干实封状送州，州县并不得开拆，具数申送太仆寺开拆，申枢密院看详取旨施行。"[5] 由上可以看出，北宋哲宗绍圣时的民间实封投状买扑养马法建立了枢密院、太仆寺和地方州县长官的管理机制，其中枢密院总管民户买扑战马事务，而太仆寺和地方州县长官负责其具体实施。

第三节　官田经营中的买扑

宋代官田的买扑与当时的禁榷制度没有联系，不属宋代禁榷制度的一部分。田地属不动产，具有再生产能力，能源源不断地为买扑者带来利益，与禁榷制度下的买扑相比，它的风险较小。官田的买扑比较复杂，它一般采用实封投状法。但是，并非采用实封投状交易官田宅的经济活动都是买扑。政府把官田的经营权和所有权完全出让给民间人士的经济活动是出卖而非买扑，只不过采用了实封投状自由竞争的交易方式罢了，只有采用实封投状法并且民户仅取

---

[1]（宋）李纲：《梁溪集》卷一百一。
[2]（宋）李纲：《梁溪集》卷一百一。
[3]（宋）李纲：《梁溪集》卷一百一。
[4]（宋）李纲：《梁溪集》卷一百一。
[5]《续资治通鉴长编拾补》（以下简称《长编拾补》）卷十三哲宗绍圣三年七月癸巳，第515—517页。

得一定期限内官田的经营权和管理权的经济行为，才是买扑。

一、北宋官田的买扑

（一）北宋官田买扑概况

北宋时期官田经营开始采用租佃制或是直接出卖进行处置。随着买扑制度影响的扩大，其官田经营也逐渐使用了买扑制方法。宋代买扑官田出现较晚，但至迟在仁宗天圣年间已经出现于陕西路，其后逐渐向全国推广。仁宗天圣五年（1027）六月，三司准许陕西转运司杜詹的奏言。其奏言曰："伏见没纳欠拆户绝庄田不少，自来州县形势、乡村有力、食禄之家假名占佃，量出租课。臣体量上件乡村庄田人愿收买耕佃，如有见佃人户多豪幸之辈，只计辖下州军，约得二十八万贯。已来若将重减，却虚抬数，必是并有承买。欲望许选清干官估计实直价例，召人承买已可。"[1]杜詹的奏言表明陕西路的户绝田产最初采用租佃制，后来为防止"豪幸之辈"虚抬课额买扑，希望朝廷选派清廉精干的官员整顿陕西路户绝田产的买扑制度，显然是在这之前买扑户绝田产已经存在了。后来，三司奏："欲其上件条贯编下逐路，将天圣四年以前户绝庄田依陕西例估计实价，召人承佃。"从之[2]。显然是根据陕西路买扑户绝田产的经验向全国推广买扑官田了。熙宁年间，遍天下买扑。元丰年间的法令则规定：诸田宅入常平司者，召人承买，其省庄、退田并不出卖。熙宁十年，福建路没官庄产实行买扑。但至徽宗崇宁三年（1104），停止买扑没官田产。仅过二年，崇宁五年（1106）又开始买扑没官田产。政和元年（1111），有大臣向朝廷建言曰："天下系官田产，在常平司有出卖法，如折纳抵当户绝之类是也。在转运司有请佃法，如天荒、逃田、省庄之类是也。自余闲田名类非一，虽间有出鬻，请佃多为豪户侵冒，望命官总领，除赠学给赐沿边州县官田外，悉召承买。令户部侍郎范坦措置总领"[3]。可见，在北宋末期属于常平司和转运司的天下系官田产全部都实行了买扑制。

北宋福建路官庄田地的买扑是宋代官田买扑的一个重要个案。《淳熙三山志》卷十一详细的记载了这一过程。福建官庄田地来源于五代时期割据福建的王氏政权。对福建路官庄田地的经营，北宋朝廷长期以来采取类似于屯田的策略，把官庄田地租佃给贫民耕种。天禧四年（1020），转运使方仲荀针对福

---

[1] 《宋会要辑稿·食货》六三之一七七。
[2] 《宋会要辑稿·食货》六三之一七七。
[3] （宋）陈傅良：《淳熙三山志》卷十一。

建路官庄田地在租佃旧法下政府财政收益低下的现状，向朝廷建言"请估价许元佃者承买，与限二年偿所得，估直度可三十万缗"实行买扑[1]。但他的建议未被立即采纳。但仅过一年，便宋廷同意了他的买扑官田的建议，并由委派屯田员外郎辛庆忌主持该项政策的实施。此次买扑的官田涉及福建路十二县的官庄、屯田一百零四所，土地面积达一千三百七十三顷八十四亩一角三十八步，原先耕种者二万二千三百二十七人，估卖价值为三十五万二千一百余缗。由于数额巨大，北宋朝廷采取延长民户缴纳买扑课额及蠲免的措施。当然，由于土地肥沃程度不一，肥沃的官田容易被民户买扑，而贫瘠土地则无人买扑。尽管如此，福建路的大部分官田在天禧年间是采用买扑了。

（二）北宋时期买扑官田的来源

北宋时买扑的官田来源主要有以下四种。第一种是自然灾害造成，主要为地震、水灾引起的户绝田。仁宗宝元元年（1038）时河东路忻州官田便是这样。"十一月，河东转运司言忻州地震，民罹覆压，有李赟等二十五家，皆户绝，田产当没官。诏，如异居亲族愿承买者听之，仍减原价十分之三"[2]。宣和四年（1122）五月二日，诏："江南东西路有逃绝及江水坏田，多是虚招税租，监司不问督责州县民力不堪，令转运司并当职官体究根括置籍勾管，仍劝诱归业及召人租佃承买。"[3]第二种是私人在官府里的抵押土地不能按期赎回的。元丰二年（1079）八月十三日，经制熙河路边防财用李宪上奏"以田宅抵市易钱久不偿者，估实直，如卖坊场、河渡法"。宋神宗从之[4]。第三种是因农民不堪重赋逃亡而被没入官的。前面已提及[5]。第四种是因江水、湖水减退而形成的。宣和元年（1119）八月二十四日，农田所奏："应浙西县因今来积水减退露出田土，除人户已业外，限一百日召人实封投状添租请佃，限满拆封给租多之人。"[6]

（三）北宋时期官田买扑的管理机构及其效果

北宋时期买扑官田的管理机构可能是在各地转运司的监控下由地方州县官吏负责实施。而到了神宗时期，则确定了由开封府界提点刑狱司负责的制度。

---

[1]（宋）陈傅良：《淳熙三山志》卷十一。
[2]《长编》卷一百二十二仁宗宝元元年十一月乙未。
[3]《宋会要辑稿·食货》一之六。
[4]《宋会要辑稿·食货》三七之二八。
[5]《宋会要辑稿·食货》一之六。
[6]《宋会要辑稿·食货》六三之一九五。

神宗熙宁七年（1074）三月，诏："户绝庄产委开封府界提点刑狱司提辖，限两月召元佃及诸色人实封投状承买。逐司季具所卖，关提举司封桩，听司农寺移用，增助诸路常平本钱。"[1]

买扑官田是宋代诸种买扑现象中的一种，而买扑制度中的长期使用的买扑方法——实封投状法在真宗大中祥符年间出现，故我猜测北宋买扑官田的具体方法应该是采用这一办法。当然，在哲宗元祐初年曾短期废弃实封投状法。元祐元年八月，户部言："出卖户绝田宅，已有估覆定价，欲依买扑坊场罢实封投状。"从之。[2]

北宋时期对买扑户绝田产有一定的优惠措施和优先权。仁宗宝元元年（1038）十一月，河东路转运司向朝廷上奏忻州地震后李赟等二十五家户绝没官田产的处置办法。"诏，如异居亲族愿承买者听之，仍减元价十之三"[3]。显然这是下诏规定二十五家户绝没官田产的外地亲戚买扑他们的田产优惠实价30%做法。神宗熙宁五年（1072）时则规定买扑已经淤积的官田，若愿意提高买扑价格或是在规定日期前提前缴纳买扑课额，就可以不论是否首先投状都能获取买扑官田的权利。神宗熙宁时，知都水监丞公事侯叔献等言："见淤官田，今定赤淤地每亩价三贯至二贯五百，花淤地价二贯五百至二贯。见有七十余户乞依定价承买，欲作三年限输纳，仍于次年起税，其有愿添钱或近限输纳者，即不以投状先后给之，其续淤官地亦乞依此。"从之。[4]

随着买扑官田进程的延续，为了保障买扑官田的顺利进行和买扑者的合法利益，北宋时期还出现了政府向买扑官田者发放的户贴，作为民户买扑官田的凭证。宣和元年八月二十四日（1119），农田所奏："应浙西州县因今来积水减退露出田土……乡村每围以千字文为号，置簿拘籍，以田邻见纳租课比扑量减分数出榜，限一百日召人实封投状添租请佃，限满拆封给租多之人。每户给户帖一纸，开具所佃色、步、亩四至、着望、应纳租课，比将来典卖听依系籍田法，请买印契书、填交易。"从之。[5] 由上可知，北宋政府颁发给买扑官田者的户帖清晰注明了买扑官田的范围和肥瘠等自然情况、买扑者应该缴纳的课额数量以及户帖在未来官田权益转换中的重要作用。

---

[1] 《长编》卷二百五十一神宗熙宁七年三月己未。
[2] 《长编》卷三百八十六哲宗元祐元年八月丁未。
[3] 《长编》卷一百二十二仁宗宝元元年十一月乙未。
[4] 《长编》卷二百三十神宗熙宁五年二月壬子。
[5] 《宋会要辑稿·食货》六三之一九五。

（四）北宋时期官田买扑对北宋社会稳定的重要作用

与南宋时期的买扑官田课额主要用于军费支出不同，北宋时期的买扑官田的课额则一直作为地方常平司经费，有时用于社会救济，有时则用于籴本钱，对北宋时期的社会矛盾起到了积极的缓和作用。前者如仁宗嘉祐时枢密使韩琦的做法。"初，枢密使韩琦请罢鬻诸路户绝田，募人承佃，以夏秋所输之课，给在城老幼贫乏不能自存者"[1]。后者如神宗熙宁四年（1071）以及七年（1074）诏书的内容。十一月己酉，司农寺言："诸路卖户绝田产钱，乞从本司移助常平籴本。"从之。[2]

传统观点认为：在封建社会中，地主阶级和农民阶级是两大对立阶级，双方的矛盾是不可调和的。但是北宋时期泗县佃户借钱给地主买扑官田的历史事实验证这种陈说具有绝对性。北宋时期，买扑官田者需要向政府缴纳自己认定的以钱币计算的买扑课额。在某些情况下买扑者并未有相应钱财，而是向佃农借款买扑官田，这到底是怎么回事呢？神宗熙宁年间（1068—1077），侯叔献做泗县县尉，泗县的官田中有一个叫李诚庄的官田，官员陈道古在侯叔献的建议下估价一万五千贯交由李诚的孙子买扑。但李诚的孙子并未有如此大量的钱财。侯叔献召集耕种李诚庄的佃户说："汝辈本皆下户，因佃李庄之利，今皆建大第高廪，更为豪民，今李孙欲买田而患无力，若使他人得之必遣汝辈矣。汝辈必毁宅、撒廪离业而去，不免流离失职，何若醵钱借与诚孙，俾得此田，而汝辈常为佃户，不失居业，而两获所利耶？"佃户皆曰："愿如公所言。"结果佃户们凑钱借给李诚的孙子买扑了李诚庄的官田[3]。李诚庄的佃户为什么要借钱给李诚的孙子买扑自己耕种的官田？显然是侯叔献分析的李诚的孙子买扑他们耕种的官田与他们结成了一种共利双赢的密切关系打动了他们。

---

[1] 《长编》卷一百八十六仁宗嘉祐二年八月丁卯。
[2] 《长编》卷二百二十八神宗熙宁四年十一月己酉。
[3] （宋）魏泰著，李裕民点校：《东轩笔录》卷八，第92—93页。

二、南宋官田的买扑

（一）南宋买扑官田概况

南宋初期，宋金战争和钟相、杨么起义导致南方战乱频繁，人民流离失所，政府却借机掌握了大量的户绝田地。宋政府采取多项措施解决南宋初年严重的财政赤字问题。买扑官田便是在这种形势下应运而生的。当然，南宋时买扑官田的范围有一个逐渐扩大的过程。建炎元年（1127）五月一日敕文："止合出卖崇宁以来因买扑坊场、河渡及折欠官物没纳田产，如委实元祐公案不见，欲依本官所乞依原体例纽折出卖。其应昌占系省管田宅之家指挥到日，限半月，许人户陈首，依祖来租课输纳佃赁，如无旧额，即此近邻立定租课为准。如违限不首并依见行条法。"从之[1]。从这条敕文来看，北宋崇宁年间以来的部分经营困难买扑者的抵当田产被没官，并被南宋政府再次买扑给他人。建炎四年（1130）二月三日，两浙的永嘉县知县霍蠡称："本州四县见管户绝抵当诸色没官田宅数目不少，并系形势户诡名请田，每年租课多是催头及保正长代纳，公私受弊。欲乞量立日限召人实封投状请买，限半月拆封给最高之人，内有林灵素没官屋宇为原估价高，累榜无人承买，乞行下本州减价出卖。"朝廷结果下诏"并依两限本月。今来所卖田宅系要赡军支用，全在州县当职官吏协力措置，如敢高抬下估，亏损公私，遣官按视比近田土舍宅，稍有高下，官员取旨窜责人吏，杖背配海岛。"[2]从这则史料可以看出，建炎四年宋廷把买扑官田的范围扩大到了民户的抵当没官土地上。由于买扑官田课额用于急需的军费开支，还发布了严厉法令来约束官员买扑官田。同年七月九日，户部言："湖州见卖拘籍到蔡京等田产，遵依指挥出榜立限召人赎买。如累榜不售，即乞量减价，其地且令租佃人承佃，侯有承买人离业，所贵不致荒废，自余州县亦乞依此。"从之[3]。显然是南宋初的买扑官田范围扩大到了违法高官的没官土地上。绍兴元年（1130）六月，江浙、湖广、福建诸路都开始大规模的买扑官田。"戊午，诏江浙、湖广、福建诸路各委漕臣一员，措置出卖官田"[4]。绍兴五年（1135）春正月丁未，诏"诸路州县系官田舍，委守令取见元数，比仿邻近田亩所收租课，及屋宇价值，量度适中钱数，出榜召人实封投

---

[1]《宋会要辑稿·食货》六一之一、二。
[2]《宋会要辑稿·食货》六一之二。
[3]《宋会要辑稿·食货》六一之二。
[4]《建炎以来系年要录》卷五十五，第974页。

状承买，拘催价钱起发"[1]。显然是到了绍兴五年，南宋政府控制的官田全部都实行了买扑。

尽管高宗朝大规模、长时间地进行了官田买扑。然而，官田，尤其是没官田地的产生和数量是动态的。到孝宗初年，宋廷又积累了大量的官田。孝宗乾道二年（1167）闰七月二十五日，户部侍郎曾怀言："诸路未卖没官田产，计价钱一百四十余万贯。今欲乞下逐路常平司从实估价再限一季召人承买，二税与免十之三。"从之[2]。尽管考虑到物价上涨的因素，但未能买扑的官田产的价格就达一百四十余万贯，其买扑官田的总量一定极为可观。

高宗、孝宗时期是南宋官田买扑的兴盛时期。经过半个多世纪的买扑，宋政府控制的官田越来越少，在社会稳定的情况下因犯罪估籍或违法交易及户绝田产入官者毕竟有限。到光宗、宁宗朝（1190—1224）时，官田的买扑日趋消亡，仅有少量的官田产进行买扑了。贾似道当政时，南宋政府甚至反过来低价强制从民间收买田地，即所谓的"公田法"。

（二）南宋买扑官田的来源

第一种是户绝田产。户绝田产是买扑官田的主要来源，从南宋初年至南宋中期一直绵延不绝。建炎四年二月三日，知永嘉县霍蠡："本州四县见管户绝抵挡诸色没官田宅数目不少，并系形势户诡名请田，每年租课多是催头及保正长代纳，公私受弊。欲乞量立日限，召人实封投状请买，限半月拆封给最高之人，内有林灵素没官屋宇为原估价高，累榜无人承买，乞行下本州减价出卖。"[3]绍兴六年二月庚戌，诏江浙闽广诸路总领卖田监司，榜谕人户，依限投买乡村户绝，并没官急贼徒田舍，与江涨沙田海道泥田。昨为兼并之家，从小租额佃赁者，永为己也，更无改易，仍令户部与监司州县，毋得申请少有更改，用三省奏也[4]。绍兴二十九年（1159）七月五日，户部提领官田所言："浙江等路没官户绝等田宅，近承指挥州委知通，县委令丞措置出卖，及委逐路常平官总领督责。今欲将未卖田宅并依条出榜，许实封投状。"同时，该机构还向朝廷提出了详细的买扑官田的方案，并得到了宋廷的同意。[5]

第二种是因各种原因而产生的荒田。绍兴三十年（1160）正月四日，湖

---

[1]《系年要录》卷八十四，第1374页。
[2]《宋会要辑稿·食货》六一之三〇。
[3]《系年要录》卷九十八。
[4]《系年要录》卷九十八，第1614页。
[5]《宋会要辑稿·食货》六一之二二、二三、二四。

南提举常平司何份言:"乞将本路州县未卖荒田更不依元祐定价钱,并许人户自行坐所买田段四至,随乡原例量度,任便着价实封投状,给最高之人。"于是,户部言:"荒田无人开垦去处,若与已经开垦熟田亦例估定价钱,召人承买。窃虑轻重不均,难以出卖尽绝,欲下本司依所乞施行,仍取见诣实,多方措置出卖,拘收价钱起。"从之[1]。绍兴二十六年(1156)三月二十八日,户部言:"京西、淮南系官闲田多系膏腴之地,盖为人户初年开垦费用浩大,又放免课子年限不远,是致少人请佃。今欲转运司行下所部州县多出文榜招诱,不以有无拘碍之人并许逐指射请佃,不限顷亩,给先投之人,其租课依绍兴七年十一月指挥送纳。自承佃后,沿边州县与免租课十年,近里次边州县将本州官钱买牛具、种根应副,佃人三年之外每年还纳价直二分入官。"上曰:"如此甚善,但穷民下户乍来请佃荒田,因如何变得牛具并种粮,若不从官中借贷,恐未免为虚文,终是开垦稀少,后并令官中假贷可行,下诸处相度于合支钱内破。"[2]实际上是南宋政府对买扑官田给予耕牛和种粮的鼓励措施。孝宗乾道五年(1169)七月二十八日,户部尚书曾怀等言:"浙西、江东、淮东三路有沙田、芦场、草场等多系有力之家占佃,包裹宽余亩步未曾起纳租税,经打量各有宽剩。乞委逐路漕臣措置,将昨来人户自供出数参照比近等则,估纽价直,令占佃人承买,仍照逐等色额起理税赋。"诏:"户部将昨来人户自供出宽剩,并包裹及占佃实数闻奏。"[3]

第三种是违法高官的没官田产。建炎四年(1139)七月九日,户部言:"湖州见卖拘籍到蔡京等田产,遵依指挥出榜立限召人赎买。如累榜不售,即乞量减价,其地且令租佃人承佃,侯有承买人离业,所贵不致荒废,自余州县亦乞依此。"从之。同年(七月)十三日,发运副使宋晖还向朝廷建议对蔡京等田产"乞依隐匿户绝财帛法计所直,准盗论断罪,仍许人告,以所告田产准价给三分充赏,所贵杜绝奸弊,诏应官吏干系人欺隐根括不尽不实或小出价钱并依二月三日指挥断罪,仍许人告,赏钱一百贯文。"[4]

第四种是官庄及营田。高宗绍兴二十九年(1159)四月,宋廷下令买扑两浙转运司所管官庄田四万二千余亩,营田九十二万六千余亩。孝宗乾道二年(1167),宋廷下令户部侍郎曾怀等人提领买扑江西路营田四千余顷。淳熙六

---

[1] 《宋会要辑稿·食货》六一之二五。
[2] 《宋会要辑稿·食货》六三之二〇三、二〇四。
[3] 《宋会要辑稿·食货》六三之二一五。
[4] 《宋会要辑稿·食货》六一之二。

年（1179）"诏诸路转运、常平司，凡没官田、营田、沙田、沙荡之类，复括数卖之。"[1]

（三）南宋买扑官田的管理机构及考核

经历南宋初年一段时间的探索后，至高宗绍兴年间已经形成了一套严密的官田买扑管理机构。尚书省是主管官田买扑的最高行政部门，户部则是尚书省中分管官田买扑的部门，户部中的提领官田所是主管官田买扑的具体部门。户部以下则由各路常平司和提刑司主持官田买扑，具体到地方上则是州由知州、县由县丞负责实施。除此之外，为保证官田买扑的正常进行，南宋还设置了监察机制，御史台监察户部及诸路常平司，提刑司监督常平司是否依法进行官田买扑，而诸路常平司则监督各地州县是否依法进行官田买扑。

绍兴二十九年（1159）七月五日，提举常平官在充分调查后通过法令确定了官田买扑的具体实施办法。一、官田买扑课额的确定办法、时间限制及缴纳买扑课额的时间。为了优待现佃人户，开始是由"州县官躬亲监督，依乡源体例、肥瘠高下估定实价与减二分"，确定数额后由现佃人买扑。但由于受地方豪强的阻挠，后改为最常时限为两个月一批次的实封投状办法，现佃人仍享受最高价减20%的优惠政策。课额的缴纳时间则大致确定为180天。二、确定官田买扑权不能增价流转原则，若违反则没收买扑者缴纳的全部官田买扑课额，并以其中三分之一奖励告发人。三、允许现佃买扑官田，且现佃人具有同等价格的优先权。现佃人若是开垦的田地，则补偿给买扑课额的20%。四、对投买官田者最后却不愿买扑官田的处罚措施。"人户投状承买官田宅，拆封日见得著价最高合行承买，却称不愿买者，依已降指挥以所著价十分追罚。一分入官，仍给卖；以次著价最高人又不愿亦追罚一分钱"。五、官田买扑的信息通知到当地每家民户，诸路常平司负责官田买扑信息的正常传播，若常平司监察不力则由提刑司弹劾惩处。即"今来措置止系补圆未尽事件，即不冲改前来指挥，欲下两浙、江东西、湖南、福建、两广、西川提举常平司，疾速行下所部州县要闹及乡村坐落去处晓谕民户通知，无令藏匿。若常平司不检察，乞令提刑司觉察按劾"。[2]

南宋时期对主持官田买扑官员也制定了详细的惩奖办法。在地方上一般由提刑司和常平司进行监督和惩罚。绍兴二十九年（1159）七月五日，针对户

---

[1]《宋史·食货上二》卷一百七十三。
[2]《宋会要辑稿·职官》四三之三三、三四、三五。

部提领官田所所上奏的官户、势家坐占官田的违法情况，要求依据实价估价买扑官田的申请，朝廷诏令："逐路提举常平官躬亲督责，严行检察欺弊，如能率先出卖数多，仰户部具申尚书省取旨优异推恩；或出卖数少，当行黜责。州县当职官能用心措置，亦于已立赏格外增重推赏；或稽违不职，令常平官按劾闻奏，重作施行。"[1]可以看出，此时的诏令是从宏观上强调要对州县地方官员买扑官田中出现的问题进行规范，但并未有具体的措施。马端临在《文献通考》中对此事有细致的记述，"各路提举司督察欺弊，申严赏罚。县卖十万缗，州二十万缗，守令各进一秩。余以次减磨勘，最稽迟者贬秩。"[2]也就是说，买扑官田的总体状况是以州、县地方官员的政治前途联系在一起的，成为他们政绩的重要考核部分。当然，也正因如此，有的地方官员才会不顾自己主管地区官田买扑的实际情况而虚报数据向朝廷邀赏。绍兴三十一年（1161）春正月壬寅，右正言王淮弹劾魏安行任江西吉州知州期间虚报买扑官田数额引起社会骚动时说："朝廷尝立赏格，给卖官产，以劝赴功之人，而吉州所申，与提举官所言，高下辽绝，朝廷为之罢提举官，逮今逾年，而所减三十万缗，犹未可尽。近者永丰之民，詣御史台诉科卖官田之弊，至是有已输钱未尝请射田者。盖其始作俑倡为欺罔者，魏安行其人也。安行初守滁州，尝以垦田数千顷邀赏于朝矣。"当时的左朝敬郎徽州知州洪适也对此评论说："赏可慕，民独不可爱邪，乃戒属邑有虐吾弱者，必劾。"结果朝廷罢免了魏安行的江南东路转运副使之职。[3]

（四）南宋买扑官田的人事控制

在对官田宅买扑人身份限制上，南北宋两朝也有明显的差异。北宋限制较严，南宋限制较松。当然，这也有一个发展过程。哲宗元祐六年（1091），工部对官田宅的买扑人员做出规定并对违法人员进行处罚："监司及当职官员、吏人、并州县在任官员或更人、公人，各不得承买官估卖之物及请佃承买官田宅，违者徒二年。"为求进一步准确、具体，增强可操作性，又解释为"即本州见吏人、公人、非当职及管而请佃承买官田者，各杖一百。吏人、公人仍许人告，估田宅物价三分中给一分充赏。其请佃及买而未得者，各减三等。"[4]总的看来，主要是限制官吏买扑，这也许是出于不与民争利和防止官方人员买

---

[1] 《宋会要辑稿·食货》六一之二二、二三、二四。
[2] 《文献通考》卷七。
[3] 《系年要录》卷一百八十八，第3145—3146页。
[4] 《续资治通鉴长编》卷四百六十一哲宗元祐六年秋七月壬戌。

扑降低官府买扑课利收入的考虑。元祐三年（1188）二月十四日，北宋重臣章惇用其子章援的名义违法投状承买昆山县朱迎等四户的抵当田产，结果被刘安世多次上奏要求朝廷惩办。[1]

南宋绍兴二年（1132）九月十九日，诏："两江转运判官张致远躬亲前去取索浙西提刑司行遣出卖官田……除本州县官吏、公人外，应官户诸色人并听承买。"[2]规定当地官吏和公人不能买扑本地官田。仅过了两年，就有了突破。绍兴四年三月（1134），权主管殿前司公事、镇江建康府淮南东路宣抚使韩世忠乞承买平江府（今苏州地区）朱勔南园及请佃陈满塘官地一千二百亩[3]（朱勔南园时已被拘收入官）。显然，这时某些政府高官可以参与到买扑官田宅的行列中来。到绍兴二十六年（1156）三月二十八日，户部言："京西、淮南系官闲田……今欲转运司行下所部州县多出文榜招诱，不以有无拘碍之人，并许踏逐指射请佃不限顷亩，给先投之人。"[4]这已经取消了对官吏买扑官田的限制。南宋政府放宽乃至取消官户对官田宅买扑人的限制是不得已之举，南宋政府急需用钱，但官田宅的买扑课额一般较大，普通民户根本就没有经济支付能力买扑，而在中国古代贵则富是通常现象，南宋官吏买扑官田宅屡禁不止，与其让官吏以偷偷摸摸、打擦边球的方式买扑还不如用监督的方式来杜绝官吏买扑官田宅的弊端更有效，这样官府和官吏都能从中获利。

当然，需要注意的是，南宋时期也并非对买扑官田没有限制。为了便于对地方的控制，首先是对地方豪强买扑官田是有所制约的。这种制约表现在两个方面。其一，按照当地土地买卖的实际价格召人买扑官田，扩大能够买扑官田民户的范围。其二，是以官方行政的力量确保官田买扑的进行是在公开、平等、自由竞争的条件下进行的。宁宗庆元元年（1195）八月十八日，有大臣向朝廷建议时说："窃见江东转运、提举司相度没官田产，欲截自绍熙四年住卖，以后将续拘收到者依乡原定价召人承买。窃详没官田产为因犯罪估籍或违法交易及户绝无人承引者悉合入官，召人承买往往悉归豪强有力之家，若照常平令尽以没官田产估卖，则欲不及民而利归公上，莫此为便，乞下诸路转运、常平司照江东两司所申事理，每季根刷州县籍没到应干田产屋宇置籍依乡原体例估价召人实封投状增价承买。"诏："依其卖到钱，令诸路提举司认数，令

---
[1] 《历代名臣奏议》卷一百七十九。
[2] 《宋会要辑稿·食货》六一之五。
[3] 《系年要录》卷七十四，第1229页。
[4] 《宋会要辑稿·食货》六三之二〇三、二〇四。

项桩管专充常平籴本，不得妄行支借用，如违并依擅支常封桩钱米法。"[1]诏书仅提到买扑官田课额的使用情况，想必是听从了该大臣的建议。

其次，南宋政府规定对涉及公共水利灌溉的官田不得买扑，买扑官田者也不能只考虑自己利益而损害公共利益。绍兴二十九年（1159），户部奏："在法潴水之地，众共溉田者辄许人请佃承买，并请佃承买各以违制论。乞下平江府明立界至，约束人户毋得占射围裹有。"从之[2]。宁宗时大臣卫泾在自己的奏折中曾提及乾道五年九月的法律，其规定到"矧惟国朝成宪，应江河、山野、陂泽、湖塘、池浃与众共者不得禁止及请佃、承买，官司常切觉察，如许人请佃承买并犯人纠劾以闻，及潴水之地辄许人请佃承买人各以违制论，立法之意可谓明白"[3]。并强烈要求严格按照法律规定办事。

（五）南宋买扑官田的鼓励措施

官田宅买扑带给南宋政府的收益是比较显著的。但由于官田买扑后暂时归买扑人占有，买扑人的户等上升，各项负担也随之增加。另外，官田的买扑受地理位置和自然条件的限制，有荒田和熟田的区别，买扑者还需要对买扑后的官田再投资，这些因素都影响着官田买扑的顺利进行。到绍兴末年，官田的买扑在一些地区陷入停滞状态，为扭转这种局面，南宋政府采取了一些措施减免买扑人的负担，吸引民户买扑官田宅，这些措施概括起来有以下两种。

第一种是对买扑官田租课即买扑课额和两税的减免。绍兴二十六年（1156）三月八日，户部建议"京西、淮南系官闲田买扑者，自承佃后沿边州县与免租课十年，近里次边州县与放免五年"，甚至宋高宗说过要对从四川向买扑荒田者提供官方贷款，以便这些买扑者有钱买牛具和种粮[4]。后来，户部对江南一带买扑官田课额超过五千贯以上者免二年二税。孝宗乾道九年（1173）闰正月七日，在江东提举张郯的请求下，朝廷下诏："出卖官田如实系荒闲无人耕种或有人户承买者，免五年十科税赋。"[5]

第二种是对买扑官田者差役的减免。宋代服各种差役按户等高低进行，确定户等的主要依据就在于财产，尤其是土地。户等越高，按政府规定服的差役就越重，许多人因畏惧服重役而不敢买扑官田。绍兴二十八年（1158）十月

---

[1]《宋会要辑稿·食货》六一之四二、四三。
[2]《姑苏志》卷十二。
[3]《历代名臣奏议》卷二百五十三；《后乐集》卷十三。
[4]《宋会要辑稿·食货》六三之二〇三、二〇四。
[5]《宋会要辑稿·食货》六一之三三。

十七日，邵大受上奏请求依据买扑官田价格不等而减免买扑官田者的力役，户部部分采取了他的主张，规定："置官差物力欲一千贯以下免一年，以上免二年，五千贯以上免二年二税。"[1]孝宗乾道九年（1173）闰正月二十六日，南宋朝廷又以减少服役以及和买的政策来吸引浙东地区民户买扑官田。其诏曰："浙东提举司将人户承买官产一千贯以上免差役三年，五千贯以上免五年，和买并免二年。其二税、役钱自今计数供输。"[2]

（六）南宋买扑官田课额的用途

南宋时官田买扑课额的用途与北宋差异较大。与北宋时期的官田买扑课额一般用于各地常平司经费不同，南宋时的官田买扑课额一般用于军费支出。建炎四年（1130）二月诏书曰："今来所卖田宅系要赡军支用，全在州县当职官吏协力措置。"[3]绍兴五年（1135）正月三日，有大臣曾说道诸路州县买扑官田"其卖到价钱，仰诸路提刑司总领，起发赴行在送纳，内不通水路变转轻赍充赡军支费"[4]。随着宋金战争的逐渐停息，到了绍兴二十六年（1156），诸路官田买扑的钱"七分上供，三分充常平司籴本"[5]。值得注意的是，南宋时买扑官田还成为鼓励人口繁衍的一项调节政策。孝宗乾道五年（1169）后，福建路普通民户因贫困出现了溺子风气。淳熙三年二月四日，吏部尚书韩元吉写了一篇札子说"乞行下诸路将出卖未尽田山等并与住卖，依旧召人承佃输纳官租，奉圣旨权住卖，令见佃人依旧且行承佃，其已承买约钱未尽与展限一季，本部今勘当欲依本官所陈事理施行，符常平司一依今来都省批状指挥施行。今来常平司见尽数究实，根据上件田产。欲乞圣慈特降睿旨，许令于民户寺观、绝产田并与住卖，召人承佃将所收租利与安抚司所置官庄及常平、义仓钱米通融，以充一路养子之费，庶几实惠及民，风俗一变，以广朝廷好生之德，不胜幸甚。"[6]应该说，韩元吉的札子清晰地表明了自己的立场，那就是请求朝廷停止出卖官田，而采取买扑官田的方式，而买扑官田的课额则用做救济福建路民户抚养孩子的费用。

中国传统社会中历代对官田的经营形式一般采用出租和屯田的方式。屯田

---

[1]《宋会要辑稿·食货》六一之一九、二〇；《系年要录》卷一百八十，第2991—2992页。
[2]《宋会要辑稿·食货》六一之三二。
[3]《宋会要辑稿·食货》六一之二。
[4]《宋会要辑稿·食货》六一之一三、一四。
[5]《宋史·食货上一》卷一百七十三。
[6]《历代名臣奏议》卷一百十七。

是"国家为了某种特定的政治、军事和经济目标，组织和动员社会流动的劳动人口，垦种国有荒地和边陲土地的劳动形式，有军屯、民屯和商屯之分"[1]。屯田方式的官田经营方式一般适用于下列两种情况：一是适用于战乱时期；二适用于以国防目的及开发边疆的历代边疆地区。因此，相对而言，中国历代官田的经营并不是以屯田为主。随着契约租佃制在宋代的普遍推广，在宋代官田的经营方式中出现了代表历史发展新趋势新的改良形式，即买扑制。当然，由于在官田经营中推行买扑制需要具备一定的历史条件，诸如社会经济中商品经济比较发达，政府对社会经济的调控松弛有度，政治比较清明等等。而这些历史条件在南宋中后期逐渐散失，故买扑官田也逐渐消失于南宋后期的历史迷雾中了。尽管如此，我们也不能忽视南宋时期对官田经营方式新探索所做出的努力。

---

[1] 王玉茹：《中国经济史》，高等教育出版社2008年版，第33页。

第二章 宋代买扑制度的运行机制

运行机制是宋代买扑制度研究的重要组成部分，由保障其实施的法规，宋代政府的买扑管理机构，宋代政府对买扑课额的管理制度以及宋代政府对买扑制度中的人事控制等四方面组成。通过对宋代买扑制度运行机制的研究，我们更能清晰地认识宋代买扑制度的规范性。

第一节 宋代政府颁布的买扑法规

一、抵当和招保制

抵当制度在宋代政府诸种买扑管理制度中是最先产生的。民间买扑者经营能力有大有小，经营或管理过程中的各种风险是无法预知的。一旦买扑者经营或管理不顺利，不仅政府实行买扑的意图很难实现，而且政府相关的前期投入也存在损失的危险，为了规避这种风险。宋代政府在买扑中推行了抵当和招保制度来减少损失。

抵当制度出现较早，远在五代时期的后唐政权时就已经出现。长兴元年（930）二月，诏："……应诸道商税、课利、扑断钱额去处，除纳外年多蠲欠枷禁征收，既无抵当并可放免。"[1]从这条诏书来看，后唐在这之前就在诸道实行的买扑制度中实行了抵当制度。开宝三年（970），诏令买扑坊务者必须由官府拘收抵当，这是现有最早的宋代关于买扑中抵当制度的记载[2]。宋初

---

[1] 《册府元龟》卷四百九十二。
[2] 《文献通考·征榷六·杂征敛》卷十九。

开宝九年（976），对买扑茶盐榷酤亏失常课者籍其资产以备偿[1]，已明确指出当时的抵当主要是买扑者的家产货财。至淳化五年（994）四月，已形成比较完善的抵当和招保制度。该年，太宗针对官榷酒务的弊病，"戊申，下诏募民自酤。输官钱减常课十之二，使其易办。民有应募者，检视其资产，长吏及其大姓共保之。后课不登者，均偿之"[2]。"检视其资产……后课不登者，均偿之"就是抵当制，"长吏及其大姓共保之"就是招保制。熙宁年间"遍卖天下坊场"，神宗下诏规定"许有家业人召保买扑"[3]。允许"有家业人"买扑，显然是隐含实行抵当制的。自此之后抵当和招保制度与买扑如同孪生兄弟一样并存至南宋末。

什么是抵当与招保？对此，许沛藻先生早就明确指出抵当是用作经济保证的承买者（即买扑者）及保人的货财的通称[4]。招保是买扑民户招揽同意为自己提供经济和名誉担保的活动，担保人要署实名并亲自陪同买扑人赴州县实封投状，对所担保的买扑者经营亏损负有连带赔偿责任。也就是说，若买扑民户经营不顺利，自己资产没官不够时，担保人必须拿自己资产赔偿政府损失。充作抵当的财产主要是田宅，景祐元年（1034）包括城郭草市冲要、道店产业和金银匹帛丝绵之类[5]。招保比较容易理解，而抵当则较为复杂。抵当制具体包括哪些内容呢？元祐五年（1090）户部是这样说的："抵当财产限十日差官躬亲检视，内产业须验契估定，不得过契钱，并亲自见本家尊长、义居者，见应有分人各令供状。若义居愿同共抵当者，仍供非尊长抑勒，如不愿者，令供不侵己分财产。限二十日毕，并置籍拘管。若有折欠，出卖不敷，如本主并保人填纳不足者，勒元检估吏人、牙人均补。如有情弊而检官知情者，准此供抵当。若同财之人不愿，及年二十以下者，听准分法除出己分财产，其因抵当人及蒙昧尊长，或将同分不愿人财产及妄指他人财产充抵当者，徒二年；未得者，杖一百；官司知情与同罪。若擅将己分财产充抵当及借请官钱，如检估官吏不令有分人知委，并官司不候检估便行支借，若有少欠，于犯人处追理；

---

[1] 《长编》卷十七太祖开宝九年冬十月壬戌；《宋会要辑稿·食货》三〇六一；《宋会要辑稿补编·榷茶》第299—300页。
[2] 《长编》卷三十五太宗淳化五年夏四月壬寅。
[3] 《长编》卷二百三十神宗熙宁五年二月壬中。
[4] 许沛藻：《宋代买扑坊场管理制度述论》，邓广铭、漆侠主编《中日宋史研讨会中方论文选编》，河北大学出版社1991年出版。
[5] 《宋会要辑稿·食货》二〇之八。

不足者，勒检估支借吏人均补。其检估支借官及干系人有情弊者，准此。"[1]从这则史料可以看出以下三点。第一，元祐五年完成买扑抵当的时间约一个月，并有簿书存档。其程序是买扑民户和保人如实申报，再由政府检估吏人和牙人评估确定。第二，若买扑民户出现折欠，出卖抵当后仍不够偿还时，则由保人、原检估吏人牙人顺次偿还。第三，明确规定抵当必须是买扑民户真正有所有权的财产，有争议财产和政府贷出的官钱不能算做抵当，并对违反者追究相关责任。除了上述三点外，宋代买扑中的抵当制度还包括另外两项内容。其一，充作抵当财产的数额最低为买扑场务课额及本钱的2倍。《熙宁编敕》规定买扑场务者的抵当产业"估计倍纳入官"[2]。一般而言，抵当的价格大大高出买扑课额总额。北宋时期买扑皮剥所要求"入纳抵当钱一万五千贯，屋业金银充所在垛放；准备钱三千贯，见钱本所垛放；买名钱二千贯，开、祥两县送纳；净利钱三千贯纳本所。"[3]买扑课额此时包括买名钱和净利钱之和，显然，抵当钱为买扑课额的3倍。其二，对充作抵当的财产分布范围有限制，一般为本州财产，最远不能超过邻州财产。元祐元年（1088）六月七日敕节文规定买扑者"抵产不得出邻州之外"[4]。尽管有这样严格的规定，还是会出现抵当没官时与原估价不一致的情况，一是买扑民户勾结吏胥邻保，抵产只及一千贯则虚增抵产之数高估为二千贯[5]。二是货币升值所造成，元祐年间货币升值，物轻币重，原估价为一千贯的抵产，后来只值七百贯[6]。前者是人为所造成可以避免的，后者是无法预料的。

抵当和招保制只有在买扑民户经营和管理困难时才发挥作用，一旦买扑民户不能正常向政府缴纳自己认纳的课额，政府首先勒令买扑者把买扑所得赔偿官府。仁宗嘉祐四年（1059），京城富民刘保衡买扑酒场拖欠官府曲钱一百余万文，"三司遣吏督之，宝衡得钱即输官，不复入家。"[7]如果买扑民户通过这种方式还不能清偿欠额，则拘收抵当赔偿。宋代政府对没官的抵当处理办法，总的看来有出卖抵当和租佃赎回抵当的做法，二者在不同时期交替出现。

---

[1]《长编》卷四百五十三哲宗元祐五年十二月戊申。
[2]（宋）苏轼：《苏轼文集·论积欠六事并乞检会应招所论四事一处行下状》卷三十四，总第961页。
[3]《宋会要辑稿·职官》六之三七、三八。
[4]《长编》卷四百四十九哲宗元祐三年闰十二月丙辰，李焘自注。
[5]《长编》卷三百七十六哲宗元祐元年四月乙卯。
[6]《长编》卷三百九十四哲宗元祐二年春正月辛酉。
[7]《长编》卷一百八十九仁宗嘉祐四年三月乙亥。

仁宗嘉祐时期（1056—1063）采用租佃抵当的办法，对买扑者的"拘收产业仍许子利相兼充折纳官"[1]。买扑者还拥有抵当的所有权。元丰六年（1083）实行出卖抵当的做法，买扑者丧失了抵当的所有权[2]。绍圣（1094—1098）和元符（1098—1100）年间恢复了嘉祐旧法。元符元年九月敕：府界诸路场务抵当折纳田宅，更不出卖，并召人赁佃[3]。建中靖国元年（1100）四月三日，对拘没入官的抵当赎回有更加详细的规定：一是在没有人继续买扑的情况下，允许无欺弊的原买扑者继续买扑，赢利后纳钱赎回抵当；二为原买扑者租佃自己没官的抵当，以租佃额赔偿买扑欠额后赎回[4]。如果拘收买扑人的抵当还不能清偿欠额，则勒令保人代偿。欧阳修曾提到河东（路）有的买扑酒户破产，其保人陈明代纳课利二十五年的不合理事实。[5]

二、分界制

分界制指的是买扑者向政府缴纳一定数量的课额，获得一定时限内某种买扑经营权和管理权的制度。分界制既是宋代政府管理买扑的基本制度之一，也是判断买扑与出卖的根本标准。买扑者一般只获得买扑对象的经营权或管理权，买扑对象的所有权则被宋代政府牢牢控制，宋代政府可自由确定买扑时限的长短，由此来调高买扑的课额，增加财政收入。

分界制开始的时间比较早，其时限一般为三年。早在开宝九年（976）冬，太祖便诏令承买（买扑）者以三年为限[6]。乾兴元年（1022）十二月诏："……乡村不得增置酒场，其已募民主之者，期三年。"[7]熙宁九年（1076），宣徽南院使、判应天府张方平称司农寺对祠庙依坊场、河渡法收取净利，并三年为界[8]。元祐五年（1090），尚书省言："承买场务，三年为界满。"[9]渡江以后，未见有三年一界的史料，但分界制仍存在，其时限很有可能也为三年。绍兴二十六年（1156）二月，诸军扑买酒坊酒库，各许立

---

[1]《宋会要辑稿·食货》五六之三二。
[2]《长编》卷三百三十八神宗元丰六年八月甲戌。
[3]《长编》卷五百〇三哲宗元符元年冬十月癸卯。
[4]《宋会要辑稿·食货》五六之三二。
[5]《欧阳修全集·乞免蒿头酒户课利札子》卷一百一十六，第1772页。
[6]《朝野杂记·东南酒课》甲集卷十四，第307—308页。
[7]《长编》卷九十九真宗乾兴元年十二月己卯；《群书考索》后集卷十八之七。
[8]《长编》卷二百七十七神宗熙宁九年八月壬辰。
[9]《长编》卷四百三十八哲宗元祐五年二月壬子。

一界[1]。绍兴二十九年（1159）春正月癸未，殿前司乞诸军买扑酒坊，更立一界[2]。连具有官方背景的军队买扑酒坊都实行分界制，民间买扑者也肯定实行了分界制。分界制的时限并非一成不变，有时会超过三年。遇有灾伤，官府为了鼓励民户买扑亏损酒场，临时规定以四年为一界，如天禧二年（1018）闰四月丙申。诏："灾伤州军买扑酒场年课不登，如岁满愿仍旧沽卖者，听展限一年。"[3]当然，在特定时期，买扑坊场还曾在四川地区实行过三十年一界的分界制。绍兴八年十二月（1138），四川民户坊场率以三十年一榜卖，即以三十年为一界，结果公私俱困。[4]

分界制具有保证政府与买扑者权益相对稳定的作用，在一界之内，不论买扑者经营、管理状况如何，买扑者都必须把原先约定的课额数量缴纳给政府，而政府也不能随意终止买扑者的经营权或管理权。开宝九年冬诏"仍戒当职官吏勿得信任小民一时贪利妄增课额"[5]。乾兴元年诏乡村已买扑的酒场"他人虽欲增课以售，勿听"[6]。以诏书的形式来维护买扑者的利益。

三、实封投状制

实封投状制是宋代买扑的主要形式。宋初的买扑，没有统一的方法，一般是在诸路转运使监督下由州县地方官吏自行决定的，即"募豪民主之"。且在这一时期，宋代政府财政收支状况比较好，对买扑课额不是很在意，后来令服衙前重役者买扑酒务以自偿，有的衙前自己经营，有的又转卖给他人经营，收取一定的费用。随着宋代政府财政困难的增大，对买扑课额的增加开始关注。景德三年（1006），三司就曾允许州豪增课夺取旧委牙校买扑经营的酒务[7]。通过增课，宋代政府可以获得更多的财政收入，有能力买扑经营的民间人士也可获得一定的收入，是一种双赢的局面。但是，买扑经营的持续存在必须以这种官民双赢的存在为前提，因为官民双方都想获得最大的收入，若没有一种比较好的制度来加以调节，买扑就很难进行下去。政府增课太大，买扑者不能获益，便无人愿意买扑；政府增课幅度太小，有违政府实行买扑的初衷。实封投

---

[1] 《系年要录》卷一百七十一，第2815页。
[2] 《系年要录》卷一百八十一，第3000页。
[3] 《长编》卷九十一真宗天禧二年闰四月丙申。
[4] 《系年要录》卷一百二十四，第2031页。
[5] 《朝野杂记·东南酒课》甲集卷十四，第307—308页。
[6] 《长编》卷九十九真宗乾兴元年十二月己卯。
[7] 《长编》卷九十九真宗景德三年七月辛丑。

状便是适应这种形势而出现的调节买扑者和官府之间关系的官民分利的制度。

据李心传的考证，宋代的实封投状买扑法出现大中祥符元年（1008）春[1]。熙宁年间（1068—1077），"遍卖天下场务"，实封投状在全国也得以推广，具体时间是什么时候呢？熙宁三年（1070）十一月、十二月，陕西常平仓司、开封府界提点先后奏请在诸般场务中实行实封投状[2]。元祐二年（1087）殿中侍御使吕陶奏言坊场"盖累界放卖，至今凡十五年，其始则有实封投状，竞利争占，虚增价直，诈通抵产之弊"[3]，据此可以推测，在公元1072年（熙宁五年），实封投状开始在全国实行。

通过对宋代的相关史料的梳理后我们发现，当时的实封投状大致包含以下五个必须的依次步骤。一、估价。宋代政府对将要出卖给民间人士的产业或经营管理权估定一个价格，在此基础上任由有力之人添价承买。实封投状下场务的第一界估价是在半年前依据"自来私买价"所定的，以后各界在界满前一年依前几界的祖额而定。买扑官田宅的估价一般由转运诸司监控，交由州县官吏依"乡原体例"或"照邻比田则"完成[4]。买产之家的大姓借机勾结州县官吏降低估价，宋代政府对此现象严厉禁止。二、出榜。宋代政府把买扑对象的情况和估价由转运司或州县官吏于"要闹处"或"要害处"公开告之民众，甚至派人逐户通知。有时为了吸引民间买扑，对原估价还减数出榜。绍兴二十九年（1159）二月二十二日，权户部侍郎赵令詪言："出卖没官田宅见有承佃去处，令知通令佐监合干人估定实价与减二分，如估直十贯即减作八贯之类，分明开坐田段坐落顷亩，所估价直出榜晓示，仍差耆保逐户告示。"[5]当然，也有一些承买人买通政府官员藏匿榜示，只以估价数买扑成功，但这为宋代政府所不允许，常委逐路提刑司官检察[6]。三、投状。出榜之后，在一定期限内允许民间人士写具实状，注明本人真实姓名、买扑价格、资产数、户等、所在地声望、抵当家业物数和一名委保主户的真实姓名等内容与保人一起赴州县政府部门密封投状，政府按投状先后顺序置印历拘管。这个时间长短不一，大致在一个月以上。神宗熙宁年间为两个月，元祐年间为两个月，宣和元年（1119）

---

[1] 《朝野杂记·东南酒课》甲集卷十四，第307—308页。
[2] 《长编》卷二百一十七神宗三年十一月甲午；《长编》卷二百一十八神宗熙宁三年十二月乙丑。
[3] 《长编》卷三百九十四哲宗元祐二年春正月辛酉。
[4] 《宋会要辑稿·食货》六一之四二、四三，六三之二一五、二一六。
[5] 《宋会要辑稿·食货》六一之二〇、二一。
[6] 《宋会要辑稿·食货》六一之二八、二九。

官田投状时限为一百天。绍兴年间（1131—1162）官田投状时限为一个月。绍圣三年（1096）养马投状限为一个月。在规定期限内无人投状，政府则降低估价再次出榜召人投状，"若减及五分以上，无人承买，即申提刑司差官与本州县再减出榜如上法。减及八分，无人承买，申提刑司审察权停闭讫奏。"[1]

四、拆封。投状期限到了后，买扑养马的投状全部由太仆寺开拆，并告之枢密院，由枢密院最终定夺买扑人。其他投状由监司、州县政府官员在办公地点公开拆封，即"据所提投状开验，著价最高者方得承买。"如后下状人添起价数，即取问先下状人，如不愿添钱，即给后人。如果著价相同，一是按投状的日期先后，给先下者买扑。一般看来，先下状人在某种程度上有优先权。二是给抵产数多之人。三是给虽然抵当家业少，但愿预纳三年净利钱者。最后结果，公示给百姓知晓。五、确立。拆封公开找出最高出价者后，政府还会优先考虑无拖欠官钱的买扑者，听依所添价接续别立界承买。甚至有时还会优惠最高价20%的价格给原买扑者。买扑者竞争成功后，政府会出具给买扑者官方凭证，即帖。在帖上会写明官民双方的权责：政府保证买扑者的买扑经营权、管理权或所有权；买扑者按期交纳买扑课额（相当于今天的合同）。买扑者向政府交纳课额有时以日为限，有时以年为限。若买扑者获买扑权后又不想买扑，则罚所著价的十分之一入官。如果买扑者不能按规定期限缴足课额，政府将收回买扑权，买扑者原交钱充公，有时还拘买扑者家产和勒令保人代偿。[2]

实封投状制是以公开、公平、自由和透明为原则，以经济竞争为手段买扑政府事务和产业的经济运作制度，与今天的政府利用投标制度完成的政府购买和拍卖制有很大的相似性。历史的发展证明，实封投状制是一种比较先进的经济运作制度。宋代实封投状制下出现的弊端，部分由该制度的不完善引起，但更多是由宋代政府机关贪婪腐败和效率低下所造成的。

实封投状制使政府获利颇丰，但也出现了一些场务败阙，买扑民户家破产竭的情况。买扑场务不能正常进行，对官民双方都没有好处。北宋政府为了改变这种状况，还试图改进实封投状，先后实行了酌中立额制和明状买扑制。元祐元年（1086）六月六日，针对实封投状下买扑场务败阙，买扑课额难以如期

---

[1]《长编》卷四百四十六哲宗元祐五年八月丁酉。
[2]《长编》卷二百一十七神宗熙宁三年十一月甲午，卷二百一十八神宗三年十二月乙丑，卷二百二十神宗熙宁四年二月乙巳，卷四百一十九哲宗元祐三年闰十二月丙辰李焘自注，卷四百三十八哲宗元祐五年二月壬子；《宋会要辑稿·食货》六一之五、一三、一四、二〇、二二、二三、二四，六三之一九五；《长编拾补》卷十三绍圣三年七月癸巳。

上缴的状况，详定役法奏准罢实封投状制，实行降低买扑场务价格的酌中立额制。其具体办法视不同情况有异，"若累界有增无减，即取累界中次高一界为额。前后拖欠数多及累界无人承买，比最高价亏及五分以上者，具相度减定申州与转运司，次第保明申省。仍立界满承买抵当约束，余并依旧条。"[1]依此和李焘注文可推测元祐元年买扑场务中已全部废罢实封投状，改用酌中立额。酌中立额仅是限制买扑场务课额的增加，其他相关制度与实封投状相同，是对后者的改良。但买扑场务赢利能力有好有坏，全部"一刀切"采用酌中立额各级政府难以获得最大的买扑课额。酌中立额仅推行了两年，元祐三年（1088）九月二十九日户部就奏准立明状增钱买扑坊场[2]。户部状称"看详买扑场务，巧弊百端，若只以酌中定额，即沽买兴盛之处，过赢厚利，并不增长价钱，偶值界满未有人承买，却便节次裁减官钱，深虑浸久大段亏减岁入。若许人明状添钱，承买人户自然酌中度合直价钱投数。"[3]显然，户部认为酌中立额亏损政府买扑课额，而实行明状买扑则可以杜绝此问题。然而，同年闰十二月，右正言刘安世评论明状买扑时说："今则明书钱数，众各见闻，又择价高之人便行给付……臣窃谓坊场、河渡之类，即许民间承买，输纳官课之外，必有余得，乃可为生。今若复开争端，明状买价，人知无益谁肯徒劳。惟是贪迫之人苟求侥幸，一遭凶岁，鲜不破家，赏纳不允，累及同保，则明状之害，有甚于实封者矣。"[4]北宋政府采纳了刘安世罢明状法的建议，明状添钱买扑场务法推行不足三个月就结束了。酌中立额所确定的承买价，有的偏高，有的偏低，政府人为干预所制定的价格并不能反映买扑场务的真实赢利水平，最后又回到以经济竞争为原则的实封投状制上来，经过元祐元年改进的实封投状制，沿用至南宋时期。

四、准备钱制度

准备钱是宋代政府要求买扑者在确定买扑权前必须缴纳给官府的一笔现钱，类似于今天的企业启动资金。准备钱与买名钱、净利钱、抵当钱一并在买扑权确立前缴纳给宋代政府。需要注意的是，准备钱似乎仅在皮剥所买扑中才

---

[1] 《长编》卷三百九十四哲宗元祐元年六月癸巳，李焘注：按八月二十三日户部言，出卖户绝田宅，已有估覆定价，欲依买扑坊场罢实封投状。从之。
[2] 《长编》卷四百一十四哲宗元祐三年九月壬申。
[3] 《长编》卷四百一十九哲宗元祐三年闰十二月丙辰，李焘自注。
[4] 《长编》卷四百一十九哲宗元祐三年闰十二月丙辰。

出现过。高宗绍兴八年（1138年）九月三十日，高宗下诏重新设置了皮剥所。同年十二月二十六日，高宗在允许皮剥所买扑的诏书中列举北宋时期的情况称："一在京日出卖死货系本所置柜封所，限一月人户实封投状在柜。如限满台捏赴所属开拆，取逐色价高者为定，买扑三年一界，入纳抵当钱一万五千贯，屋业金银充所在垛放；准备钱三千贯，见钱本所垛放；买名钱二千贯，开、祥两县送纳；净利钱三千贯纳本所。本所今措置欲柜台捏赴尚书驾部郎中厅封锁用迄给付，本所限半月召人口情愿，立定逐色钱数及每头匹死货全腔价钱实封投状赴柜内收胜，候限满赴驾郎中厅前开拆，取逐所立钱最高者为定，其合纳抵当、准备、净利钱、买名钱物并赴所，所桩管送纳外，权以一年为界买扑。"[1]应该说，上述诏书清晰地显示了皮剥夺买扑中确实存在准备钱，并且还有具体的数额及与抵当、净利钱和买名钱之间的比例关系，即15：3：2：3，准备钱的数额与买名钱、净利钱大致相同。此后，皮剥所买扑中就一直存在着准备钱制度，并与抵当钱、买名钱、净利钱一同被列为是皮剥所买扑课额中的四色之一。高宗绍兴十五年（1145）四月十七日诏："皮剥所将来人户买扑界满日，将四色钱数于第一界立定逐色钱上并行增添一倍立为定额，并一色见钱先次送纳本所垛放。今后逐界准比内买名、净利，系合入官钱数外，有准备抵当系人户钱数本所封桩，准备填欠。如界满别无拖欠即合依数却行给还。"[2]

五、会计制度

按照时间顺序，一般把会计分为古代会计、近代会计和现代会计三种。15世纪以前的会计，习惯上称为古代会计。古代会计以官厅会计为主，民间会计处于非常次要的地位。人们对官厅会计的一般认识是：主要服务于奴隶主和封建王室从事赋税、财政支出及其财产保管的会计。会计的基本职能有两个，即会计核算和会计监督[3]。宋代是一个商品经济比较繁荣，财政收支数量剧增的朝代。早在太宗时期，宋政府财赋收入即是盛唐时的两倍。就地方而言，两浙岁入在南宋时期又有了巨大增长，"祖宗盛时，两浙岁入钱三百三十余万

---

[1]《宋会要辑稿·职官》六之三七、三八。
[2]《宋会要辑稿·职官》六之四〇、四一。
[3] 会计核算是指对经济活动进行确认、计量、记录，并进行汇总、报告的工作，也就是通常所说的"记账、算账和报账"。会计监督是指通过预测、决策控制、分析考评等具体方法，促使经济活动按照规定的要求运行，以达到预期的目的。见于张瑞稳编著《会计学》第2—3页。

缗……淳熙末两浙岁输左内藏库钱至千二百万缗"[1]。南宋淳熙末期的两浙岁入又是北宋最盛时的近四倍。宋代财赋收入的大出大进催发出比较完善的官厅会计制度，宋代的买扑也被纳入到官厅会计制度中。

在熙宁七年（1074）以前，宋代政府并无专门的机构来考校天下财赋的收支情况。同年十月十六日，在韩绛的请求下，神宗下诏："三司置仓计司，以宰臣韩绛提举"。仓计司的职能是考校"天下户口、人丁、税赋及场务、坑冶、河渡、房园之类祖额年课及一路钱谷之数。"[2]仓计司是宋代政府设立的第一个中央会计机构。熙宁八年（1075）司农寺主管拘卖坊场、河渡、盐井、碾硙后，由诸路提点刑狱司对买扑的对象进行备案，再与司农寺一起检查核对。元祐元年（1086），在户部尚书厅置都拘辖司负责原三司所管场务和本属户部所辖的场务，实际上对北宋全部的场务俱有管辖权。最初都拘辖司郎官每年按季四次点检场务，而户部所属的寺、监也按季四次点检，后来改由户部所属的寺、监按季点检，差都拘辖司郎官监督的办法。政和年间（1111—1118）又改由诸路转运司检查各地买扑的方式[3]。宋代政府的会计制度对于买扑的管理，主要体现在对帐目的核查上。除了上面所提到的由中央会计机构派政府官员到各地核查外，还包括要求各地按统一格式向中央会计机构汇报买扑账目。建炎四年（1130）七月十三日，发运副使宋晖在评论官田买扑弊端时称："浙西召人承买收赎没到蔡京等田产，既无文籍稽考，即官吏得以为奸，别生欺隐。"[4]显然，在正常情况下的买扑应该有文籍上报供上级部门核查。

第二节　宋代政府设立的买扑管理机构

宋代以"冗官"著称，职权相互重叠，且人浮于事，官制较为复杂，故宋代买扑的管理机构变化也比较大。总的看来，宋代买扑的管理机构在中央先后有三司、司农寺和户部，在地方有诸路转运司、常平司提刑司和州、县地方机构。

---

[1]　《朝野杂记》甲集卷十四，第308页。
[2]　《宋会要辑稿·食货》五六之一八、一九。
[3]　《长编》卷二百六十七神宗熙宁八年八月壬子；《长编》卷三百八十五哲宗元祐元年八月甲辰；《长编》卷三百八十九哲宗元祐元年十月庚寅；《宋会要辑稿·食货》四九之二六；《宋会要辑稿·食货》五六之二六。
[4]　《宋会要辑稿·食货》六一之二。

一、中央机构

在宋代的中央机构中，除了三司、司农寺和户部有明确的管理各项买扑的职能外，某些机构也有此职能，如熙丰年间设立的差役司、工部和刑部。神宗熙宁三年（1070），朝廷同意了中书所说的"开封府优轻场务，令府界提点及差役司同共出榜，召人承买，仍限两月内许诸色人实封投状，委本司收接封掌。候限满，当官开拆，取着价最高人给与。仍先次于榜内晓示百姓知委"的建议[1]，差役司成为具有主持京师开封府买扑场务的职能。绍兴七年（1137），工部请求对江州等处金银坑冶亦依熙丰二八抽分[2]。绍兴二十八年（1158）十月十七日，刑部上言要求处罚没有尽职稽查私茶的江渡买扑者，朝廷从之。[3]

（一）三司

盐铁、度支、户部合称为三司，其行政长官称为三司使。三司出现于唐朝后期，一直以来是唐末、五代中央管理财政事务的主要机构[4]。宋承前制，也设置了"总天下财赋"的三司，下辖盐铁、度支和户部，分别有行政机关勾院和开拆司，并设置分部判官主管。三司的职权在仁宗嘉祐年间明确为"每岁上天下岁赋之数，自今一会其亏赢以闻"[5]，是北宋时期管理全国财政经济的中央机构。但至太祖开宝五年（972）十二月，太祖"诏并盐铁，户部为一，度支如故"[6]。三司中的盐铁司和户部司已经合并了。真宗咸平六年（1003），在著作郎、史馆陈尧咨的建议下，真宗皇帝把盐铁、度支、户部三司的办事机构——勾院合三为一，由陈尧咨兼领[7]。从宋初至元丰官制变革前（960—1081），三司是主管全国买扑的中央机构。李心传说："国朝承五季之旧，置三司使以掌天下利权，宰相不与。王荆公为政，始取财之柄归于中书（即户部）。"[8]李心传的说法比较模糊，王安石掌权应该说是在神宗熙宁年间就已经开始了。但神宗元丰四年（1081），权发遣度支副使公事塞周辅仍奏罢江南

---

[1] 《长编》卷二百十八神宗熙宁三年十二月乙丑。
[2] 《宋会要辑稿·食货》三四之一六。
[3] 《宋会要辑稿补编·茶》十、十一。
[4] 李锦秀先生在其《唐代财政史稿》（北京大学出版社2001年版）中的考证认为，唐代三司格局真正确立的时间是唐宪宗元和二年（公元807年）。
[5] 《长编》卷一百八十八仁宗嘉祐三年冬十二月己巳。
[6] 《长编》卷十三太祖开宝五年十二月乙卯。
[7] 《长编》卷五十五真宗咸平六年秋七月甲辰。
[8] 《朝野杂记》甲集卷十七之二。

西路买扑盐场[1]。说明三司中的度支司仍然存在，并发挥着管理盐类买扑的职能。故《宋史》记载为"元丰正官名，（财计）始并归户部。"[2]从上可知，《宋史》的记载更为可信。神宗熙宁五年（1071）二月时遍天下买扑，场务、坑冶、河渡和房园之类买扑是其主要组成部分。三司中的仓计司则是考校买扑场务、坑冶、河渡和官田课额的专设部门。神宗熙宁七年（1074）十月，宰相韩绛就曾任职三司仓计司，"以天下户口、人丁、税赋及场务、坑冶、河渡、房园之类祖额年课，及一路钱谷出入之数，去其重复注节，岁比较增亏，及具废置名件钱物羡余横曹等数"[3]。

三司对全国买扑的管理职能有下列四方面。第一，确定并保证买扑场务课额的缴纳。一般情况下只会增加买扑者上缴的课额，而不会减少。太宗太平兴国元年（976）十月，太宗诏书曰："应买扑四场务人，自来多有增添将家业抵产，及至得场务主持，额钱多却不辨其所役纳家业，又全不直元故价钱。令三司自今只管认见年定额，更不添许长买扑。"[4]真宗景德三年（1006），三司曾允许州内豪强增课夺取牙校买扑的酒坊[5]。仁宗嘉祐六年（1061）八月，三司在全国买扑场务"岁课多亏"的情况下，仍然"终不为减旧额"，也就是不减免亏损买扑场务的课额[6]。第二，增设或废止买扑场务。神宗元丰二年（1079）夏五月，三司请求在潭州浏阳县永兴银场设置酒税，选派官员监临。结果，朝廷同意了这一请求[7]。需要说明的是，两宋时期，为保证买扑课额的按期缴纳，政府一般会派官员定期或不定期的去查看较大规模的买扑产业的经营或管理情况，上面所提到的选派官员监临酒税就是这种情况。神宗元丰四年（1081），权发遣度支副使公事蹇周辅上奏废除江南西路买扑盐场[8]。第三，考核全国买扑课额的增减状况，监督地方官员买扑的情况。仁宗嘉祐六年（1061），三司对天下买扑场务达五年以上并有亏损的课额一直不予减免，结果是仁宗下诏由龙图阁直学士杨畋才得以减免[9]。到了神宗熙宁七年（1074）时，则专设的三司仓计司来负责这一事务。对地方转运使买扑事务的监督由三

---

[1] 《长编》卷三百一十一神宗元丰四年三月辛卯；《宋会要辑稿补编·盐》第758页。
[2] 《宋史·职官志三·户部》卷一六三，。
[3] 《宋会要辑稿·食货》五六之一八、一九。
[4] 《宋会要辑稿·食货》五四之一。
[5] 《长编》卷六十三真宗景德三年七月辛丑。
[6] 《长编》卷一百九十四仁宗嘉祐六年八月丙子。
[7] 《长编》卷二百九十八神宗元丰二年夏五月壬辰。
[8] 《长编》卷三百一十一神宗元丰四年三月辛卯；《宋会要辑稿补编·盐》第758页。
[9] 《长编》卷一百九十四仁宗嘉祐六年八月丙子。

司使控制。神宗熙宁六年（1073），"诏三司委官比校淮南等七路酒税课利增亏以闻"[1]。两宋时酒税课利既包括官营，也包括民间买扑的。三司显然具有监督地方官员买扑酒坊的状况的职权了。第四，三司对买扑课额使用结果进行评述并提出自己的改进建议。神宗熙宁年间改革增加官员俸禄的来源是对买扑酒坊课额上增加贯税钱，每一贯增收50文。熙宁六年（1073）十二月，三司对自己所管的欠缺吏禄十七万一千五百十三缗向朝廷请示。结果神宗下诏"以熙宁四年后坊场税钱拨还，不足则以市易、市例等钱补之"[2]。神宗熙宁九年（1076），三司使沈括在考察两浙路实行利用买扑坊场、河渡课额补偿乡间服衙前、耆户长、散从官重役者情况后，提出减免下户免役钱的建议。[3]

由上可以看出，三司对买扑制度的管理主要侧重于买扑课额的征收、使用和做好对下级相关机构和官员的监督工作。

（二）司农寺

司农寺设置于北宋初期。熙丰变法前的司农寺是一个闲散的机构，权微事少，其行政长官地位也不高。"司农寺掌供籍田九种及诸祀豕及蔬果、明房油、平籴之事，止以常参官二人，判寺事。"[4]熙宁三年（1070）五月，神宗下诏废止了原主持变法的中央机构——制置三司条例司，并以原闲散的司农寺接管了其职能，作为主持熙丰变法的中央机构。变法派的重要人物吕惠卿、曾布都曾做过司农寺最高长官——司农寺判官。同时，随着熙丰变法的逐渐展开，司农寺还成为这一时期重要的中央财政经济管理机构[5]。熙丰年间"遍天下买扑"，在司农寺的领导下，北宋中央政府对买扑的管理制度做出了了进一步的完善和发展，为宋代买扑制度的实施打下坚实的基础。

司农寺在熙丰时期对买扑的管理职能体现在以下几方面。第一，在全国普遍推行买扑制，即通常所说的"遍天下买扑"。第二，推行实封投状制，以制度化手段促进买扑的进行。同时，也确保各项买扑制度的顺利实施。据李焘在《长编》记载，推行该制度的时间大概在熙宁五年（1072）二月[6]。元

---

[1] 《长编》卷二百四十七神宗熙宁六年九月庚辰。
[2] 《长编》卷二百四十八神宗熙宁六年十二月壬申。
[3] 《长编》卷二百七十九神宗熙宁九年十一月戊寅。
[4] 《宋会要辑稿·职官》二六之一。
[5] 王曾瑜先生在《北宋的司农寺》（《宋史研究论文集》，1987年年会编刊）一文中考证了熙丰年间司农寺的六项职权：即颁发、修订和实施新法条例，领导和监督各路常平司系统，主管部分财政，成为与三司并列的重要财政机构，和籴，赈贷和负责农田水利法的实施。
[6] 《长编》卷二百二十神宗熙宁四年二月丁巳，李焘自注。

丰二年（1079）三月，神宗同意司农寺追缴败折场务中保人应该缴纳的买扑课额建议[1]。第三，设立新的买扑类型，如祠庙。熙宁九年（1076），宣徽南院使、判应天府张方平言："司农寺言近降新制，应祠庙并依坊场、河渡募人承买，收取净利。管下五十余祠，百姓已买阙伯庙，纳钱四十六千五百，宋公微子庙十二千，并三年为一界。"[2]第四，管理买扑课额。熙宁八年（1075），司农寺申请旧酬奖衙前的买扑坊场、河渡等钱应该归中央并加以管理。结果神宗下诏"买扑坊场等钱并别桩管，许酬新法以前牙前及依条支赏，并依常平法给散外，不得他用。违者徒二年，不以去官赦降原减。其以军人代役人者，令许所代役人合给工食及支酬等钱，亦别行桩管。其坊场钱，令司农寺下诸路岁发百万缗于市易务封记，仍许变易物货至京"[3]。至元丰初，司农寺已经对常平、免役、坊场等钱物具有管辖权。元丰二年（1079）九月，三司与司农寺抢夺买扑、官兼和非折酬衙前场务所增收钱的归属。司农寺向朝廷争辩道"官监场务外皆是新法拘收钱，不当入三司，乞留以助募役，兼岁入百万缗于市易各封桩，若失此钱，恐不能继"[4]。最后宋廷同意了司农寺的请求。买扑课额中的买名钱，在元丰年二年诏书中命令要求由司农寺来管理[5]。第五，确定买扑课额的用途和储藏。司农寺所管理的买扑课额一般用于临时性支出，如军费、治河费用及和籴费用。元丰二年（1079）四月，神宗下诏："司农寺出坊场钱十万缗赐导洛通汴司，增给吏兵食钱，内以二万缗给范子渊为固护黄河南岸薪刍之费。"[6]同年八月，朝廷同意了司农寺丞吴雍挪用诸路免役坊场钱到粮食丰收的江淮等路和籴的请求[7]。司农寺所管的部分买扑课额有时会被转移到皇帝的个人财产——内藏库中。熙宁八年（1075），下诏"司农寺岁支坊场钱三十万缗，都提举市易司岁支息钱二十万缗赏内藏库"[8]。元丰二年十二月二十三日诏曰："逐路应发坊场钱百万缗，令司农寺分定逐路年额立限于内藏库寄纳。"[9]

---

[1]《长编》卷二百九十七神宗元丰二年三月壬辰。
[2]《长编》卷二百七十七神宗熙宁九年八月壬辰。
[3]《长编》卷二百六十八神宗熙宁八年九月癸酉。
[4]《宋会要辑稿·职官》二六之一二、一三。
[5]《宋会要辑稿·职官》二六之一二。
[6]《长编》卷二百九十七神宗元丰二年夏四月庚戌。
[7]《宋会要辑稿·职官》二六之一二。
[8]《长编》卷二百六十八神宗熙宁八年九月。
[9]《宋会要辑稿·职官》二六之一三。

(三)户部

两宋时期的户部有两个系统，一个是三司之一的户部，另一个是尚书省中六部之一的户部，这里所说的是后者。宋初以来，作为六部之一的户部未有实权。《宋史》卷一百六十三户部条称"国初以天下财计归之三司，本部无职掌，只置判部事一人。"但神宗元丰年间官制改革后，户部却成为唯一的掌管全国财赋的中央机构。元丰改革后的户部分设为左、右两曹。其中左曹分为户口、农田和检法三案，检法案又分设有二税、房地和课利三科；右曹分为常平、免役、坊场、平准、检法和知杂六案。课利科的职责是"掌诸军酒课，比较增亏，知、通等职位姓名，人户买扑盐场酒务租额酒息，卖田投纳牙契"。常平案"掌常平、农田水利及义仓振济，户绝田产，居养鳏、寡、孤独之事"[1]。可以看出，户部左曹检法案中的课利科、户部右曹中的常平及坊场案是宋代中央政府管理买扑的具体部门。绍圣（1094—1098）以后，户部所属的某些监司也直接管理某些买扑。绍圣三年（1096）三月十八日，户部制置解盐司请求对西北解盐区的六州军盐实行买扑[2]。元符元年（1098），管理坑冶买扑的提刑司、提点坑冶铸钱司"条画闻奏及申户部"[3]。崇宁三年（1104）十月十三日，熙河路提举司向户部上奏本司差官体量坊场河渡的情况[4]。当然，户部左右曹分管买扑的职权并非一成不变。建炎元年（1127）六月甲申，在太学生李廷彦的请求下，诏："尚书户部右曹所掌坊场免役等法及所辖库务并归左曹，以尚书总领。"[5]由户部左曹取代了原户部右曹所辖的买扑事务，且由户部尚书直接总领，但这仅是非常时期的特殊现象，到绍兴五年（1135），又恢复为户部左右曹分管买扑事务的常态。绍兴五年后，户部左曹中的检法案课利科"掌诸军酒课……人户买扑盐场、酒务租额酒息"，户部右曹中专设坊场案来管理坊场类的买扑[6]。南宋时期户部管理买扑的职能与北宋相似，变化不大。

作为元丰官制改革后的户部沿袭了原三司对全国买扑事务的大部分管理职能，但也发挥了一些新的功能。第一，强调用立法乃至设立新的政府机构的制

---

[1]《宋史·职官志三·户部》卷一百六十三。
[2]《宋会要辑稿·食货》二四之三一。
[3]《长编》卷四百九十九元符元年六月甲辰。
[4]《宋会要辑稿·刑法》二之四四。
[5]《系年要录》卷六，第164页。
[6]《宋史·职官志三·户部》卷一六三。

度化手段来管理买扑事宜。神宗元丰七年（1084）夏四月，户部上奏道："本曹每岁收支常平、免役、场务、义仓金帛米数，及田产已佃未佃，已卖未卖，水利或增或减废，前此未有以勾考。乞从本部立法。"结果朝廷同意了户部加强立法管理买扑事务的建议[1]。哲宗元祐元年（1086），户部又言："旧三司所管场务、官制行后，并不曾差官点检，欲乞除依条所辖寺、监季点外……如不系本部所辖场务，亦依此关所属点检。迄报本部。"结果朝廷同意在尚书厅设置都拘辖司差官点检户部所管的买扑场务[2]。第二，监督地方诸路官吏顺利完成买扑事宜，并制定了相应的奖惩办法。这又包括两方面。其一，对较多完成买扑事宜的州县地方官员向朝廷提出奖励申请。绍兴年间，户部提领官田所负责江浙等路没官户绝田宅的买扑活动，该所又交派地方上的知通、县令、县丞来措置买扑官田宅。绍兴二十九年（1159）七月五日诏书曰："逐路提举常平官躬亲措置没官户绝等田宅，如能率先出卖数多，仰户部具申尚书省取旨优异推恩"[3]。其二，差人要求诸路地方官员在规定时间内把买扑课额按时缴纳，若所差之人办事不利则加以严惩。崇宁三年（1104）十月十三日，户部批准了熙河路提举司加强对买扑坊场、河渡课额管理的请求。其奏言说道："契勘本司自来差官体量坊场、河渡，获检察灾伤，获被朝旨，分定州军选差官，结绝刑禁等事……兼坊场、河渡系出纳净利钱，若所差官逗留日月，枉有积压官钱。盖是自来别无违碍，不许申乞占留，依限起发，辄推避及为申者并科杖一百，罪徒之。"[4]绍兴七年（1137），朝廷同意了户部侍郎王俣希望诸路主管官吏约束常平额钱使用的请求[5]。其中提到的"拘籍户绝投纳抵当财产、出卖坊场河渡和桩收免役宽剩钱"等三种情形都属地方买扑课额。第三，扩大买扑人员的身份限制，促进买扑顺利进行。北宋时期一般不允许现职官吏、官户和军队参与买扑，但至绍兴二十七年（1157），户部面对诸路州县买扑场务停闭较多的状况向高宗建议"今相度欲除见欠官钱物，及见充吏人贴司巡检司士兵军员之家外，其余不以有无拘碍，并许实封投状承买。候界满无欠少，听依条接续"。实际上就是放宽买扑参与人的政治身份限制，力图使买扑场务顺利进行。高宗皇帝批示道："坊场名课，朝廷所仰补助岁计，若不以有无拘碍，

---

[1]《长编》卷三百四十五神宗元丰七年夏四月丙子。
[2]《长编》卷三百八十五哲宗元祐元年八月甲辰。
[3]《宋会要辑稿·职官》四三之三三。
[4]《宋会要辑稿·刑法》二之四四。
[5]《系年要录》卷一百九，第1769页。

庶几接续不致败阙，宜从之。"[1]显然，高宗从买扑坊场是宋代中央财政支出的重要补充的高度同意户部该请求的。第四，具有预支买扑课额应对宋代中央财政困难的职权。自熙丰以来，坊场买扑课额一般用于募役钱，但多有宽剩。宽剩买扑课额的使用于其他事项就由户部决定。绍兴三十一年（1161）冬十月，宋廷准许了户部侍郎刘岑等人"乞借江、浙、荆湖等路坊场净利钱一界，计钱三百八十万缗，以备赏军"的请求。[2]

二、地方机构

（一）路

宋代路一级管理买扑的机构主要有转运司、常平司和提刑司。除此之外，其他的一些部门如提举市易司、提举汴河司、提举茶场司、提举学事司，在某些时候也涉及买扑的管理。

1. 转运司

宋代中央机构对各项买扑事务的管理侧重于总政策的制定，真正比较直接具体管理买扑事务的是诸路转运司。宋代的转运司有时也称为漕司。转运司的最高行政长官称为转运使。转运使的基本职能是经度一路财赋、漕运钱谷。据郑世刚先生所说，宋代初置路分转运使是在太祖乾德元年（963），到乾德四年（966）诸路已普遍设立转运使[3]。随着买扑在宋代财政中的地位不断提高，大约在仁宗天圣年间，买扑纳入到转运使的管辖范围之内。转运司管理买扑的具体职能包括以下六种。第一，奏请某种类型买扑的设废。神宗熙宁九年（1076）十一月，侍御使周尹称"闻昨成都府路转运司以相度卖陵井盐场"[4]。淳熙五年（1178）六月十九日，诏令诸路转运司废罢"除正额系省场务，见系吏部差官处"之外的所有的税场、税铺[5]。第二，制定民间买扑场务收为官监的标准。总的看来，这一标准在逐渐升高。天圣四年（1026）正月三日，诸路转运司相度所辖州军外镇、道店、商税、场务课利年额超千贯者转为官监[6]。治平四年（1067）五月十九日，在陕西转运司请求下，衙前买扑酒场

---

[1] 《系年要录》卷一百七十七，第2934页。
[2] 《系年要录》卷一百九十三，第3239页。
[3] 郑世刚：《北宋的转运使》，邓广铭、郦家驹等主编，《宋史研究论文集》，河南人民出版社1984年版。
[4] 《长编》卷二百七十九神宗熙宁九年十一月乙卯。
[5] 《宋会要辑稿·食货》十八之一〇。
[6] 《宋会要辑稿·食货》五四之三、四。

课利年额超过三千贯才转为官监[1]。第三，对某些易于管理或课额较大类型的买扑直接召人买扑。如至和二年（1055）十一月，诏："陕西转运使，同州铁冶，自今召人承买之。"[2]宣和四年（1122）五月二日，诏："江南东西路有逃绝及江水坏田，多是虚招税租，监司不问督责州县民力不堪，令转运司并当职官体究根括置籍勾管，仍劝诱归业及召人租佃承买。"[3]第四种，监督州县官吏召人买扑。在一路之内实行买扑的类型和数量众多，转运司不可能派属官一一亲自办理，有些临时性的和课额较少的买扑往往在转运使的监督下由州县官吏完成。仁宗庆历四年（1044），包拯评论地方官吏管理买扑茶盐酒税只求课额增加时说道，"天下茶盐酒税，逐处长吏曲徇转运使之意，以求课额羡溢，编民则例遭配买，商族则倍行诛剥，为国敛怨，无甚于此"[4]。元丰二年（1079）二月，提举成都府等路茶场司针对凤翔官未置场，私贩公行的情况，"乞鸡雄等场令州县督责买扑人编栏归仁一铺"，在归仁设场买扑售茶。哲宗元祐元年（1086）二月，吉州知州魏伦"擘画逐年增剩盐九十万斤，已措置均敷，添召有物力铺户承买添增盐数，到年终比较。"[5]第五，使用朝廷下拨的买扑坊场钱。神宗熙宁十年（1077）四月，诏"以淮南东路坊场钱五万缗借转运司，为今年冬衣及南郊赏赐盐本钱"[6]。同年八月，诏给河北东路坊场钱十万缗，付转运司增修霖雨所损州县城、仓库等[7]。哲宗元祐五年（1090）正月，诏京西路提刑司拨十二万贯坊场名额付转运司，不用出卖条约，从本司队宜经书，资助岁用[8]。第六，管理并储藏买扑课额中的课利钱。大观元年（1107）六月十日，宋廷下诏同意了淮南转运司奏所奏请买扑坊场、河渡课额课利钱和净利钱增长幅度相同的办法。淮南转运司的奏言中提到"又买扑坊场、河渡课利入转运司，净利入提举常平司"[9]。显然，转运司和常平司对买扑课额中的不同组成部分的管理是明确的。

---

[1] 《宋会要辑稿·食货》二〇之一〇。
[2] 《长编》卷一八一仁宗至和二年十一月丁巳。
[3] 《宋会要辑稿·食货》六一之六。
[4] 《长编》卷一五一仁宗庆历四年八月乙卯。
[5] 《长编》卷三六六哲宗元祐元年二月辛巳。
[6] 《长编》卷二八一神宗熙宁十年四月丁未。
[7] 《长编》卷二八四神宗熙宁十年八月戊子。
[8] 《长编》卷四三七哲宗元祐五年春正月戊子。
[9] 《宋会要辑稿·食货》四九之二八、二九。

2.常平司

常平司又叫提举常平司（亦称仓司），是神宗熙宁初年在地方上新设的机构之一，路一级的官员称为提举常平官，州一级的官员则称为常平管勾官。随着熙丰变法的逐渐展开，其事权也逐渐扩大。熙宁九年（1076）后，主要管理诸路常平仓、农田、水利和差役等诸事。同年十月十二日诏："常平钱谷，庄产，户绝田土，保甲、义勇，农田，水利，差役，坊场、河渡，委提举司专管。"[1]然而，渡江以后，常平司时废时置，就是在其设置时职权也大大缩小了。南宋初年，常平司先后并入提刑司和茶盐司。高宗建炎二年（1128）六月十四日诏："诸路提举常平司并归提刑司。"[2]绍兴五年（1135）闰二月十二日诏："诸路提举常平并入茶盐司，仍以提举茶盐常平等公事为名，内无茶盐去处依旧令提刑兼领。"[3]

常平司对宋代买扑的管理职能具有自己的特点。第一，常平司主要管理与役法密切相关的酒坊类型的买扑。神宗熙宁三年（1070）十一月，宋廷同意了陕西路常平仓司奏请本路"衙前人买扑酒税等诸般场务"实行实封投状制买扑法[4]。当然，常平司管理买扑的职能不仅仅是对奏请买扑酒务坊场买扑的变革，同时也具有维护买扑酒税坊场者的合法权益的作用。宣和六年（1124）三月四日，提举荆湖北路常平等事郑廷芳向朝廷上奏，要求制止各地州县官吏令买扑酒场户卖供给酒及荐送人酒的不合理现象。宋廷下诏："见任官将所得供给酒抑配，令酒场户出卖者以违制论。"[5]第二，常平司管理的酒税坊场买扑课额有时用于社会救济。宋代常平司的基本职能救灾、救荒和社会救济。常平司管理的是与役法紧密相关的酒税坊场，自然也就具有掌管酒税坊场买扑课额的职能。当然，酒税坊场的大部分买扑课额已经用于酬奖衙前等民间重役。剩余部分在神宗熙宁年间各由常平司和司农寺各占一半。熙宁九年（1076）十二月诏："自今宽剩役钱并买扑坊场等钱，更不给役人，岁终具羡数申司农寺，余应系常平司物常留一半。"[6]常平司管理的那部分坊场宽剩钱有时成为边境州县的国防费用，一般则用于社会救济上。神宗元丰七年（1084）十二月十六

---

[1] 《宋会要辑稿·职官》四三之四。
[2] 《宋会要辑稿·职官》四三之一三。
[3] 《宋会要辑稿·职官》四三之二三。
[4] 《长编》卷二一七神宗熙宁三年十一月甲午。
[5] 《宋会要辑稿·刑法》二之九〇。
[6] 《长编》卷二七九神宗熙宁九年十二月庚子。

日诏:"常平、免役、场务钱谷剩余数,提举常平司立限移于帅臣所在及边要州封桩。"[1]高宗绍兴末期,京师临安府向朝廷上奏缺乏收养乞丐费用,朝廷同意了户部提出的让常平司转拨浙西诸州未用的坊场宽剩钱十二万缗应付的做法。[2]

3.提刑司

提刑司是宋代掌管一路刑狱的地方行政机构,南宋时又称为宪司,其行政长官称为提点刑狱公事。提刑司最初是转运司的属官,真宗时独立成为地方行政机构。需要注意的是,宋代的提刑司也具有管理地方财政经济的职能。大约在神宗熙宁年间,提刑司开始涉及管理宋代的买扑,并持续到高宗时期。提刑司管理宋代买扑的职能包括下列四种。第一,明确规定负责户绝庄产的实封投状制买扑。神宗熙宁七年(1074)三月,诏:"户绝庄产委开封府界提点刑狱司提辖,限两月召元佃及诸色人实封,投状承买。"[3]第二,取代原常平司管理买扑坊场课额的职能,全权管理诸路买扑坊场、河渡所得课额以及用于酬奖衙前重役的钱物[4]。提刑司的这一职能从哲宗元祐元年(1086)三月开始。哲宗元祐元年三月,详定役法所言:"诸路见行出卖坊场、河渡等,并应合支酬召募衙前使用钱物,未有所隶"。诏令提点刑狱司主之[5]。应该说,这则史料对提刑司如何管理买扑坊场、河渡课额是模糊的。同年十二月,诏开封府界并诸路提刑司:"元丰已前免役、坊场钱物,令户部别封桩,逐季具数申本曹点检,缴申尚书省注籍,其擅支借,并依常平钱法。"[6]实际上,这是进一步理顺对买扑坊场钱物管理办法,即买扑坊场钱物首先由户部封桩储藏,并在每个季度把详细的数额报给提刑司,提刑司加以确认数额无误后再报以尚书省才算结束。第三,对各地不能顺利经营或管理的买扑者向朝廷提出减免等优待措施,保障各地买扑的持续进行。哲宗元祐二年(1087)八月,朝廷采纳提点利州路刑狱公事岑象求蠲免买扑场务者罚钱一半的建议[7]。高宗绍兴二十八

---

[1] 《宋会要辑稿·职官》四三之六。
[2] 《系年要录》卷一八六,第3120页。
[3] 李焘:《长编》卷二五一神宗熙宁七年三月己未。
[4] 李焘在《长编》卷四三七哲宗元祐五年春正月戊子条中的自注说:"旧录云:熙宁裁节衙前,所费官酬其直,以坊场官自出卖,收其赢入常平,以禄役人及助敛散,公私皆便。自元祐初,乃以隶提刑司"。尽管李焘只提及买扑坊场在地方上的管理管理机构演变情况,但从其他史料上可以看出,买扑河渡也在常平司和提刑司的管理范围之内。
[5] 《长编》卷三七二哲宗元祐元年三月甲戌。
[6] 《长编》卷三九三哲宗元祐元年十二月丙戌。
[7] 《长编》卷四○四哲宗元祐二年八月丁亥。

年（1158），浙东提点刑狱公事邵大受向朝廷上奏三个提议，即"乞承买官产者，免物力一年；至三年已给卖后，不许执邻取赎；旧六十日输钱不足者，钱没官，别召人投买，今倍其日。"结果朝廷也都采纳了[1]。第四，审核减价无人买扑的坊场及河渡，若减价为估价的20%仍无人买扑则关停该坊场及河渡。神宗元丰七年（1084）诏："（坊场、河渡）无人承买者，许自陈损其钱数，明谕以召人愿增价者听，若不售则更减之，减及八分而不售者，提刑司审核，权停闭。"[2]

（二）州（府、军、监）、县

州、府、军、监为路以下的州级地方行政区划。地方上的府、州、军、监和县各级政府是实行买扑的基层机构，直接负责买扑的实施和课额的催缴工作，他们与买扑者的关系也最紧密。早在开宝四年（971），宋太祖就曾下诏要求以"所收课利擅贷于民，以归息利"的诸路州、府买扑场院人员停止其挪用买扑课额的不法行为，明令"自今所收课利钱旋赴省库送纳，不得积留，擅将出放违者当出籍及决杖配隶，告者赏之。"[3]宋代州（府、军、监）、县地方政府管理买扑的职能主要有以下五点。

第一，保障本地区买扑的顺利进行。真宗天禧三年（1019）十一月，应天府知府王曾上奏乞赐蠲减"府民五户共扑买酒场的积欠岁课"[4]。神宗熙宁五年（1072）二月，朝廷同意了知都水监丞公事侯叔献等所说的续淤官地"不以投状先后，而以添钱或近限输纳"的官田买扑法[5]。绍兴元年（1130），朝廷同意了临安府节度推官史祺孙所提"乞募进纳补官之家投买"两浙未卖五百多所坊场的建议[6]。除了上述采取减免败阙买扑酒场和扩大买扑者身份范围的手段外，府一级地方政府有时还亲自主持买扑的进行。神宗熙宁三年（1070）十二月，中书要求"开封府优轻场务，令府界提点及差役司同共出榜，召人承买，仍限两月内许诸色人实封投状"。结果朝廷同意。[7]

第二，向朝廷奏请设置或废止某种类型的买扑。神宗熙宁七年（1074）五月，神宗下诏同意江陵县尉陈康民请求的在怀州九鼎渡买扑石炭（即生煤）供

---

[1]《系年要录》卷一八〇，第2991—2992页。
[2]《文献通考》卷十九。
[3]《宋会要辑稿·食货》五四之一。
[4]《长编》卷九四真宗天禧三年十一月辛未。
[5]《长编》卷二三〇神宗熙宁五年二月壬子。
[6]《系年要录》卷四四，第800—801页。
[7]《长编》卷二一八神宗熙宁三年十二月乙未。

应在京窑务所需生火燃料的做法[1]。神宗熙宁九年（1076）司农寺颁布买扑新法，应天府的祠庙依坊场、河渡一样采取实封投状买扑。就在当年，应天府判官张方平就以"慢神黩礼，岁收细微，实损大礼"为由，请求朝廷不卖阏伯、微子和双庙三祠庙。神宗震怒批示："司农寺粥天下祠庙，辱国黩神，次为甚者，可速令更不施行。其司农寺官吏，令开封府劾之"[2]。最后废止了全国祠庙的买扑。

第三，派官员监督买扑酒务的经营，按时收缴买扑课额。监督买扑酒务的经营这一职能持续时间比较短。仁宗天禧四年（1020），开封府界提点诸县公事张应物以"诸县酒务，多为豪民买扑，坐取厚利"为名，要求"自今请差官监榷，仍委三司保举。"实际上也就是派官员监督原有的开封府诸县买扑酒务的经营状况，朝廷竟然同意了他的请求[3]。买扑制本质上是一种经济契约关系。既然已经把酒务的经营权承包给民间的买扑者，就不应该派官府行政人员干预其自由经营。开封府的管理酒务买扑的这一职能起到一种负面的作用，自然持续时间也不长，到仁宗天圣七年（1029）便废止了这一错误做法。

第四，收缴地方买扑者的买扑课额。买扑课额一般是由买扑者分三年向州、县地方政府缴纳。但随着与州治所距离的远近和支移、折变路途的远近而时间有所不同。神宗熙宁七年（1074）正月一日，诏："诸务场所收课利除县寨合截当留外并于军资库送纳，其在州钱数多者即次日，少者即五日一纳。外县镇寨次月上旬，里外买扑场务次月内并纳。若支移折变往别州三百里外，即许每季一纳，仍限次季内纳足，违者各杖六十。买扑在州官监酒课利钱并五日一纳"。[4]

第五，向朝廷提出买扑课额的用途。徽宗崇宁二年（1103），知涟水军钱景允请求用买扑醋坊钱作为各地建立学校的费用[5]。当然，州、县级地方政府也可以获得一部分买扑课额用于补充地方办公经费。神宗熙宁七年（1074）正月一日诏书中说："诸务场所收课利除县寨合截当留外并于军资库送纳"[6]。诸务场所收课利买扑课额的一部分，既然是"合截当留外并于军资库送纳"，

---

[1] 《宋会要辑稿·食货》五五之二一。
[2] 《长编》卷二七七神宗熙宁九年八月壬辰。
[3] 《长编》卷一〇八仁宗天圣七年十二月壬子。
[4] 《宋会要辑稿·食货》五四之四。
[5] 《文献通考》卷十七。
[6] 《宋会要辑稿·食货》五四之四。

自然是拥有一定的买扑课额支配权了。马端临在《文献通考》中也说"至淳化（990—994）中，而买扑酬奖之法次第举矣，买扑之利归于大户，酬奖之利归于役人。州县坐取其赢以佐经费，以其剩数上供，此其大略也。"[1]

第三节　宋代政府买扑课额的管理制度[2]

一、对买扑课额的征收和管理

本节所说的买扑课额是指买扑者向宋代政府缴纳自己认定的钱物。不同类型的买扑课额称谓不一，其中最复杂的是酒场买扑课额。

宋代酒务的买扑课额包括课利钱、净利钱和买名钱。其中课利钱出现最早，并贯穿宋代买扑制度始终。开宝三年（971）正月，太祖曾诏令"禁止诸路州府买扑场院人员以所收课利钱，擅贷于民，以归息利"。课利钱指的是什么呢？我们认为，这应该结合酒务买扑的过程来理解。在前面我们已经探讨过宋代酒务买扑的渊源是专卖制度，是在官榷难以实行、官榷课额太少或是为酬奖衙前的一种措施。显然，买扑酒务的课利钱与官榷酒课有密切的联系。李华瑞先生通过对相关史料的梳理后，比较有见地的认为买扑酒务中的课利钱就是是官府向买扑者征收的酒课钱[3]。也就是说，买扑酒务的课利钱实际上就是原官榷时获得纯利润，即酒税。只不过在买扑条件下，需由买扑者酬奖衙前或是缴纳给官府而改称为课利钱罢了。净利钱和买名钱是在酒务采取实封投状买扑下出现的新的买扑课额的组成部分。熙宁五年（1072）买扑酒务"不以课额高下，并以租（祖）额纽算净利钱数"[4]，此处的祖额指的就是旧有的课利钱。因此，净利钱实际上是以一定比率的课利钱来计算的。课利钱已经是买扑酒务者上缴的纯利润了，以它来计算的新的买扑课额自然是没有任何成本的净利

---

[1]　《文献通考》卷十九。
[2]　本节是在拙作《宋代政府对买扑课额的征收、蠲免和使用》（《思想战线》2009年第5期）一文基础上修改完成。
[3]　李华瑞：《宋代酒的生产与征榷》，河北大学出版社1995年版，第220页。
[4]　《长编》卷二三〇熙宁五年二月壬申。李华瑞先生在《试论宋代工商业税收中的祖额》（载于《中国经济史研究》1999年第2期）认为，祖额是官府为获取较为稳定的工商业税收而确定的一种计划指标。诸课利场务（包括买扑场务）所立的祖额不是一成不变的，而是随着各地课利收入增减的情况作适当的调整，成为三年或五年期内征收课利的计划指标。

了。大观元年（1107）六月十日，宋廷下诏同意了淮南转运司的奏言。其奏言道："买扑坊场、河渡课利入转运司，净利入提举常平司，遇酷卖不行，即依条均减。如坊场兴盛，则买扑人惟添净利，更不增添课利。欲乞应人户买扑坊场、河渡第三界满无拖欠，愿增钱二分置卖者，纽添课利钱二分，其合别召人亦据所添净利钱数纽添课利钱，其钱并别桩管，专充移用"[1]。淮南转运司的奏言中透露出来两个信息，一是酒务买扑课额中的不同组成部分管理的机构不同，转运司管理课利钱，常平司管理净利钱；其二，买扑者认纳的净利钱增长幅度超过了课利钱的增长幅度。实际上，熙丰变法后买扑酒务中不仅仅净利钱增长幅度超过课利钱，就是总额也大大超过了后者。《淳熙新安志》记载徽州所属6个县的53处买扑酒坊场，一界所得净利钱为36769贯，而课利钱仅为5187余贯。买扑酒务课额中净利钱急剧增长实际上是中央财政与地方财政支出博弈的结果。课利钱由转运司管理，其支配权为中央。净利钱由常平司管理，其支出不论是在社会救济、役法亦或是农田水利方面收益的自然大部分是地方。酒务买扑的直接实施者——地方官员自然倾向于增加净利钱了。而地方官员的倾向影响了买扑者的选择。至于买名钱则争议较多。叶适在《平阳县代纳坊场钱记》中说"自前世乡村以分地扑酒，有课利、买名、净利钱"，把三者并列，说明它们之间是有明显差异的。有的学者认为买名钱是和实封投状制密切相关的一种新规定，数额不定，由扑买者在买扑之始一次纳足[2]。有的学者认为买名钱就是课利钱，"买名课利钱"是人户向政府购买一定地区卖酒特权的税钱，"名"是指"坊场名额"[3]；有的学者认为买名钱就是净利钱[4]。还有的学者认为买名钱即指在实封投状买扑下从起售价添至获得承买权的价数的那部分差额[5]。应该说，对买名钱的第二种和第三说法都是不太准确的，第四种说法在第一种说法的基础上较准确的概述出它的涵义。因此，所谓的买名钱就是在实封投状买扑制度下，买扑课额中的政府估价与实际成交价之间的那部分差额。

由于买扑课额的高低是用货币数量的多少来衡量的，买扑者向政府缴纳的买扑课额以货币形式也就显得极其自然。但也许是宋代钱荒因素的制约，宋代买扑课额以物的形式也不少，甚至有可能是主要的形式。景德三年（1006）以

---

[1] 《宋会要辑稿·食货》四九之二八、二九。
[2] 裴汝诚、许沛藻：《宋代买扑制度略论》，《中华文史论丛》1984年第1辑。
[3] 包伟民：《宋朝的酒法与国家财政》，《宋史研究集刊》第2辑。
[4] 纪凡：《论北宋户部体制的结构与功能》，《河北学刊》1992年第1期。
[5] 李华瑞：《宋代酒的生产与征榷》，河北大学出版社1991年版，第223页。

前，东、西两川的商税盐酒课利若以十分为计，则五分输银帛，二分入金，剩余的三分很有可能就是实物。景德三年六月，真宗下诏称"东、西两川地区商税盐酒课利所纳二分金益罢之，其愿纳者听"[1]。这说明当时四川地区商税盐酒课利的缴纳形式以实物为主。神宗时期，诸路坊场钱有时变换成货物再上缴京师。熙宁八年（1075）诏："其坊场钱，令司农寺下逐路岁发百万缗于市易务封记，仍许变易物货至京。"[2]似乎把坊场钱变换货物运送到京师当作是一种优惠措施。元丰三年（1080），这已变成政府的一种主动行为，当年闰九月诏："中书以司农寺、京东西、淮、浙、福建路常平并坊场积剩钱相度可起发数，委提举司依元丰赦召人入兑，便计置物货上京。"[3]元祐元年（1086）三月，宋廷面对四川地区坑冶业中"铸钱有限，铁货积滞"的情况，允许买扑坑冶户"以合纳净利钱折纳铁，应副铸钱，愿输见钱者听"的缴纳课额的变通办法[4]。十二月，又诏："诸路元丰七年以前坊场、免役剩钱，除三路全留外，诸路许留一半，余召人入便随宜置场和买。"[5]宋代的买扑者除了要按预定课额缴纳给政府外，有时还要缴纳课额之外的费用，实际上是一种苛税。这在南北宋均有，以南宋初期比较常见。熙宁四年（1071）正月二十八日，诏："三司应买扑酒曲诸坊场每贯纳税钱五十文，仍别封桩，以禄吏人。"[6]绍兴元年（1131），两浙酒坊于买扑上添净利五分，季输送户部[7]。两浙地区的买扑酒坊户明令要求添加原买扑课额中净利钱的50%。绍兴十七年九月（1147），坊场河渡净利抽贯税钱十分之四[8]。对全国的坊场、河渡总额的净利钱又增加40%。

宋代买扑课额的输送一般按就近原则，赴本地州县输送系省，有时也被要求支移、折变。南宋初，军事斗争频繁，买扑酒坊的课额大部分要求直接交送至京师，即"以十分为率，七分赴行在，三分应副漕计"[9]。买扑课额缴纳的时间也有明确的规定。"诸务场所收课利，除县寨合截当留外，并于军资库

---

[1] 《长编》卷六十三真宗景德三年六月戊寅。
[2] 《长编》卷二百六十八神宗熙宁八年九月癸酉。
[3] 《长编》卷三百〇九神宗元丰三年闰九月戊申。
[4] 《长编》卷三百七十一哲宗元祐元年三月戊辰。
[5] 《长编》卷三百九十三哲宗元祐元年十二月戊申。
[6] 《宋会要辑稿·食货》二七之二四、二五；《宋会要辑稿补编·商税》第677页；《文献通考·征榷四》卷十七；《宋史·食货下七》卷一百八十五。
[7] 《宋史·食货志下七·酒》一八五。
[8] 《系年要录》卷一百五十六，总2539页。
[9] 《文献通考·征榷四》卷十七，考一七一；《宋史·食货下》卷一百八十五。

送纳，其在州钱数多者即次日，少者即五日一纳。外县镇寨次月上旬，里外买扑场务，次月并纳，若支移折变往别州三百里外即许每季一纳，仍限次季内纳足，违者各杖六十。其官监场务仍置州印历随钱取，库务监官往来通押买扑在州官监酒课利并五日一纳，从编敕所定也。"[1]可以看出：买扑课额的缴纳时间按数量、地点和距离有别而长短不一，最短为一天，最长为一季，即三个月。

宋初的买扑课额部分属于中央，部分属于地方支配，属于中央的部分贮藏在地方，称系省，由买扑场院管理，买扑场院人员负责系省买扑课额的监管，有时他们还会挪用系省买扑课额放贷收息。开宝四年（971）正月的诏书明令反对这种挪用公款的行为[2]。从熙宁年间（1068—1077）以后，买扑课额一般全部上缴中央政府，地方没有支配权，章如愚称："熙宁以来，坊场、河渡、白地、房廊、坑冶、市舶、农田、水利各置提举而利权不在州县矣。"[3]李心传言："神宗用王荆公计，凡摘山、煮海、坑冶、榷货、户绝没纳之则与常平、免役、坊场、河渡禁军榷额地利之资悉归朝廷。"[4]熙宁年间的坊场、河渡等买扑课额"委提举司专管勾，转运使副、判官兼领"[5]。而新法所增加的买扑课额，如祠庙等由司农寺直接管理。元丰二年（1079）九月二十九日，诏："鬻官监场务钱属三司外，乡村场务买名钱依旧入司农寺。"[6]元丰元年（1078）以前缴纳给中央政府的买扑坊场钱由市易务保管，而市易务又由司农寺管辖，实际上司农寺对买扑坊场钱有管理权。在这之后，坊场钱直接缴纳设置于开封或祥符县的内藏库寄账封桩，由这两县的县佐负责保管[7]。由于买扑坊场钱主要用于酬奖衙前役者，节余较多，"（元丰）三年，遂于（司农）寺南作元丰库贮之，几百楹，凡钱帛之隶诸司，非度支所主，库藏之数益广欲以待非常之用。"[8]元祐元年，买扑坊场钱物又改由户部注籍封桩管理。蔡京执政后，坑

---

[1] 《宋会要辑稿·食货》五四之四。
[2] 《宋会要辑稿·食货》五四之一。
[3] 《群书考索》后集卷五四之五。
[4] 《朝野杂记》甲集卷十七之七、八。
[5] 《长编》卷二百七十九熙宁九年十二月甲午。
[6] 《宋会要辑稿·食货》五六之二一；《长编》卷三百神宗元丰二年九月甲午。
[7] 《长编》卷二百九十五神宗元丰元年十二月戊午。
[8] 《群书考索》后集卷六十四之十三。关于元丰库设立时间和起因有不同说法，李心传《建炎以来朝野杂记》甲集卷十七之七、八则记为"（元丰）五年，又取苗役羡财为元丰库，直隶朝廷，在内藏之外"。内藏库设于开封或祥符县，则元丰库也在开封或祥符县。《宋史·食货下七》卷一七九·食货·会计条记为："时又有元丰库，则杂储诸司羡余钱……久之，坊场钱益多，司农寺请发百万缗输中都。元丰三年，遂于司农寺南作元丰库贮之，以待非常之用。"司农寺位于汴京城里，元丰库也在汴京城里。从坊场钱专款专用和临时性支出特点来看，章氏说比较肯信，故《宋史》从之。

冶买扑中的课额贮存于大观库[1]。这一时期的买扑课额虽说总体上由中央政府控制，但在各部门之间似乎有明确的分工。例如，大观元年（1107）六月十日的诏书里就称"又买扑坊场、河渡课利入转运司，净利入提举常平司"[2]。渡江之后买扑课额的管理总的来说由户部负责，但就具体管理的各部门变化较大。例如就酒坊的买扑课额来看，《宋史》里就说："渡江之后，屈于养兵，随时增课，名目杂出，或主于提刑，或领于漕司，或分隶于经、总制司，唯恐军资有所未裕"[3]。其支配权也有了明显的变化，自熙宁至北宋末，买扑课额绝大部分由中央控制。渡江以后，地方州县获得的买扑课额的支配权越来越大。

二、对买扑课额的蠲免

买扑课额是由民户认纳的，必须在一定的期限内缴纳给政府，宋代政府为此还设立抵当和招保制来确保此事，但由于种种原因，宋代政府对某些买扑民户认纳的预期课额采取免除的办法，即蠲免。蠲免的请求一般由主管买扑的各级部门提出，但最后由朝廷决定。被蠲免的民间买扑课额中，有的是积年日久，实在难以收回的，有的却是可以收回而政府主动放弃的。从宋代的情况来看，政府对民间买扑课额的蠲免主要有以下几种类型。第一种是由灾伤引起的蠲免，包括水灾和战乱。天禧二年（1018）二月诏："两浙灾伤州军场务亏课者，主典并免科罚。"[4]元丰元年（1078）十二月诏："大名府永济镇被水灾醋户依酒场被水蠲买名钱。"[5]渡江前后，社会动荡，宣和三年（1121）二月初五日诏："应两浙、江东路被贼（方腊起义军）烧劫州户，自复业日户下以前、见欠诸般租赋公私窄负一切并予出放。"[6]隆兴三年（1165）三月十七日诏："真州六合县人户因虏人侵扰烧劫残破，其合纳税赋特予展免二年，其人户承买坊场、河渡拖欠净利亦予除放，见承买人仍令提举司量予蠲免。"[7]从以上可以看出，因水灾而蠲免的数额较小，而因战乱而蠲免的数额较大，甚至有时是将全部买扑课额免除。第二种是宋代政府出于政治原因而主动放弃民

---

[1]　《群书考索》卷六十二之十五。
[2]　《宋会要辑稿·食货》四九之二八、二九。
[3]　《宋史·食货下七·酒》卷一百八十五。
[4]　《长编》卷九十一真宗天禧二年二月己巳。
[5]　《长编》卷二百九十五神宗元丰元年十二月甲寅；《宋会要辑稿·食货》七〇之一七二。
[6]　《宋会要辑稿·食货》七〇之一七二。
[7]　《宋会要辑稿·食货》六三之二四。

间拖欠和预期买扑课额的蠲免，主要有以下三种：一、笼络边境民心类，如天圣六年（1028）冬十月，罢河北缘界河买扑酒税名额[1]。二、因照顾有特殊政治关系的人实行的蠲免，如元祐四年（1089），皇太妃亲属，滑州韦城县百姓侯偊买扑酒务亏欠政府课利，在中书舍人曾肇的请求下，诏："侯偊所少欠课，特许将子利充数，与均作七年，仍免差人监催，余人不得援例。"[2] 三、新皇帝即位时的蠲免，宋代新皇帝即位，一般会大赦天下，除了赦免罪犯外，有时还会蠲免租赋和官私债负，民间买扑课额亦在此列，这在哲宗即位和孝宗即位时比较显著。元祐元年（1086）九月，"大飨明堂。开封府界，诸路场务，先为实封投状争添价钱买扑，致后来敷纳不前，除已收纳抵当产业外，保明闻奏，当议等第特行蠲放。"[3] 绍兴三十二年六月十三日登极赦："官司债负，其间有积年未纳之入房债租赋、和买、役钱及坊场、河渡等钱，截止绍兴三十一年以前并予除放。"[4] 隆兴元年（公元1063年）十月十二日，诏蠲免扬州一年坊场钱。隆兴二年（公元1164年）七月，蠲淮东内库一年坊场钱。十二月，德、音、楚、滁、濠、庐、光州、盱眙、兴化军管内并扬、成、西、和州、襄阳、德安府、信阳、高邮军人户承买坊场、河渡拖欠净利、课利亦予除放，见承买人令提举司相度量予蠲减。[5] 新皇帝即位时对买扑课额的蠲免一般比较彻底，除了蠲免以前拖欠的买扑课额外，对现存未收的买扑课额也蠲免。第三种是正常的蠲免，即蠲免拖欠日久，宋代政府想尽一切办法也不能收回的买扑课额。这种蠲免从北宋初至南宋末都经常进行，造成买扑课额拖欠的原因多种多样，有的是买扑后经营困难。如欧阳修请求蠲免河东买扑酒户课利时称："（买扑酒户）家业已破，酒务不开，而空纳课利，民间谓之蒿头供输。臣昨至忻州，据百姓陈明状称，元有盖顺天禧四年买扑酒务，至乾兴元年身死家破，什保人陈明等蒿头代纳，至今二十五年"[6]。有的是买扑本身包含一定不可预测的风险，如坑冶业中的买扑，若没有矿产也要缴纳买扑课额。有的是买扑垄断管理权已消失，政府仍要收取买扑课额，在河渡买扑中，原河渡因水干或修筑桥梁后可以自由通行，但河渡买扑课额照常缴纳。有的是坊场已经败

---

[1] 《长编》卷一百〇六仁宗天圣六年冬十月乙酉。
[2] 《长编》卷四百二十五哲宗元祐四年夏四月壬戌。
[3] 《长编》卷三百八十七哲宗元祐元年九月辛酉。
[4] 《宋会要辑稿·食货》六三之二〇。
[5] 《宋会要辑稿·食货》六三之二一、二二。
[6] 《欧阳修全集·乞免蒿头酒户课利札子》卷一百一十六，第1772页。

阙，界满无人承买，宋政府仍勒令原买扑人继续缴纳买扑课额。

宋代政府对民间买扑蠲免的主要形式是直接蠲免买扑者认纳的课利钱、净利钱、买名钱等课额，但除了这种形式之外，还有以下三种隐性形式。第一种是延长买扑时间，但不增加原课额，如天禧二年（1018）闰四月诏灾伤州军买扑酒场年课不登，如岁满愿仍旧沽卖者，听展限一年[1]。第二种是免除支移、折变。支移是指民户把向政府缴纳的税赋运到政府指定的地点，折变就是政府借口一时的需要，让民户把本来应交纳的物产折为钱交纳，或把应交纳的钱折成特品交纳，在折价时政府强行规定不合理比价，使农民每折一次就要增加一次负担。宋代的支移和折变是人民的一项沉重负担，民间买扑者向政府缴纳的课额也要求支移和折变。熙宁五年（1072），诏天下州县酒务，不以课额高下，并以租（祖）额纽算净利钱数，许有家业人召保买扑，与免支移、折变[2]。元祐六年（1091）批准户部请求：原官监和败阙买扑场务的课利钱不得支移、折变[3]。第三种是免除买扑者的力役和两税，这主要是针对南宋时期官田宅的买扑者。绍兴二十八年（1158）十月十七日，户部奏准官田宅买扑者"置官差物力欲一千贯以下免一年，以上免二年。五千贯以上免二年二税"。庆元五年（1199）十二月二十四日，买扑沿淮之境间田旷土者免三年二税。[4]

需要注意的是，宋代政府对买扑课额的蠲免是有差异的，一般状况是属于地方支配使用的蠲免较多，而属于中央支配使用的则蠲免较少。哲宗元祐五年（1090），朝廷同意了户部郎中高铸的"败阙场务，乞只减净利，庶不亏系省课额"的请求[5]。因此，属于中央使用，即在地方系省的买扑课额中的课利钱一般不蠲免，而大多数用于地方使用的净利钱则蠲免比较多；属于买扑者认定的买名钱一般不蠲免，而买扑者不能顺利缴纳买扑课额被处罚的过限罚钱则蠲免较多。

三、买扑课额的使用

买扑课额总数在宋代财政收入中所占比例不大，但由于专款专用或临时开支，一般能起到雪中送炭之功效。宋代买扑课额使用比较广泛，但主要

---

[1] 《长编》卷九十一真宗天禧二年闰四月丙申。
[2] 《长编》卷二百三十神宗熙宁五年二月壬申。
[3] 《长编》卷四百六十七哲宗元祐六年冬十月丙辰。
[4] 《宋会要辑稿·食货》六一之一九、二〇、三〇、三三；《宋会要辑稿·食货》六之二〇。
[5] 《长编》卷四百四十二哲宗元祐五年五月戊辰。

用于以下三种：役法、营利性开支和军费。役法开支是宋代买扑课额的最基本用途。熙宁年间遍卖天下场务，特别是坊场的目的就是想用坊场买扑钱来雇募重难衙前。熙丰年间的坊场、河渡钱用于衙前役多有剩余，至元祐年间（1086—1092），坊场、河渡钱除了支酬衙前和应付其他役事之用。在元祐七年（1092），其他役事包括差役、官雇弓手和壮丁。就在同年，坊场、河渡中仅有20%用于衙前，80%用于其他役事。各地坊场、河渡钱收入不均，一州一路有狭乡役频县份，坊场、河渡钱除了用于本州役事之外，若有剩余，还要支援上一级地区的役事[1]。与前代相比，宋代政府的商品经济意识比较强，因而经营着大量的营利性产业，这种营利性产业的本钱有时就来自于坊场买扑钱，主要有茶本钱、市易务本钱、盐本钱和常平籴本钱。茶本钱。熙宁四年（1071），神宗与大臣讨论茶法之弊。七年，即诏趣（李）杞据见茶计水陆运致，又以银十万两、帛二万五千（匹）、度僧牒五百付制之，假常平及坊场钱，以著作佐郎蒲宗闵领其事。崇宁元年（1102），左仆射蔡京言："……买茶本钱以度牒、末盐钞、诸色封桩、坊场常平剩钱通三百万缗为率，给诸路，诸路措置，各分命官。"诏悉听焉[2]。市易本钱。熙宁八年（1075）二十六日诏："司农寺支坊场钱三十缗为郓州市易务本钱。"[3]盐本钱。熙宁十年（1077）四月，诏："以淮南东路坊场钱五万缗借转运司，为今年冬衣及南郊赏赐盐本钱。"[4]崇宁元年（1102），蔡京议更盐法，乃言东南盐本或阙，滞于客贩，请增给度牒及给封桩坊场钱通三十万[5]。常平籴本钱。绍圣元年（1094）正月，户部言："淮东提刑司奏乞于本路户部封桩并续收到坊场钱内拨赐三十万缗充常平籴本支用，除助役钱外，于所乞坊场钱内拨赐。"从之[6]。第三种比较大的用途是军费开支。从熙丰年间一直延续到宋末，南宋初年的买扑课额几乎全部用于军费。建炎元年（1127）八月，京畿转运判官上官悟请悉发诸路坊场钱为行在赡军费，诏："诸路提刑司具见在常平钱物数以闻。"[7]建炎三年（1129）三月十四日，两浙转运副使王琮等言："本路利源

---

[1] 《长编》卷四百七十七哲宗元祐七年九月丙戌。
[2] 《宋史·食货志下六·茶下》卷一八四。
[3] 《宋会要辑稿·食货》三七之二三；《宋史·食货志下八·市易》卷一八六。
[4] 《长编》卷二百八十一神宗熙宁十年四月丁未。
[5] 《宋史·食货志下四·盐中》卷一八二。
[6] 《长编拾补》卷九哲宗绍圣元年正月辛酉。
[7] 《系年要录》卷八，第198页。

唯酒税与买扑坊场课利亟收最多,近令逐旋起发应副车驾巡幸支用。"[1]建炎四年(1130)十二月,自(张)浚入蜀,尽起诸路常平坊场钱以赡军[2]。绍兴四年(1134)冬,令江浙常平司预借一界买扑净利钱应付大兵急阙[3]。后来的诸路坊场钱仍优先支遣大军。宋代用于军费的买扑课额具体使用多种多样,有的用于购买军事物资,如军粮、战马和战马草料和军粮。熙宁年间多次用坊场钱购买军粮、草料。熙宁九年(1076)正月二十一日,诏:"赐秦凤等路常平坊场免役剩钱一十万贯,令转运司津制赴熙河路应付籴买刍粟。"绍兴十三年(1143)春正月,川陕宣抚副使郑刚中奏准:由成都府路提刑转运司合桩坊场、鼓铸、食茶税钱三色再添其他钱凑足四十万缗,买马一万八千七百五十匹[4]。绍兴三十年(1160),殿前司既献酒坊一百六十五,户部因请以其净利钱三十六万缗专充马草本钱,而以递年合降本钱收籴马料,从之。大抵马草钱七十余万[5]。有的用于修理城池。熙宁十年(1077)八月,诏:"给河北东路坊场钱十万缗,付转运司增修霖雨所损州县城、仓库等。"[6]有的用于某些军队人员的安置费。元祐元年(1086)四月,又诏:"府界诸路,按试差到弓手,合造银楪子并支坊场、河渡、头子钱,仍以一路通融应付,依元丰令。"[7]元丰三年(1080)二月,诏"司农寺借坊场钱十万缗给开封府教大保长之费,以销减退军六指挥请受钱偿之。"[8]

宋代买扑课额除了以上三种主要用途外,还用于一些临时性的支出,这又有以下几种。水利工程的兴修。元丰二年(1079)夏四月,诏:"司农寺出坊场钱十万缗赐导洛通汴司,增给吏兵食钱,内以二万缗给范子渊为固护黄河南岸薪刍之费。"[9]元丰三年(1080)二月,在宋用臣请求下,诏给坊场钱二十万缗,仍伐并河林木以足梢桩之费来治理洛水入汴至淮河道[10]。治安费用。元祐二年(1087),诏:"捕盗赏支坊场钱。"[11]淳熙四年(1177)八月

---
[1] 《宋会要辑稿》食货四九之三六。
[2] 《系年要录》卷四十,第750页。
[3] 《系年要录》卷八十二,第1343页;卷九十五,第1575页。
[4] 《长编》卷二百七十二神宗熙拧九年春正月戊寅;《宋会要辑稿·食货》三九之二四。
[5] 《朝野杂记·行在诸军马草》甲集卷一五,第335页。
[6] 《长编》卷二百八十四神宗熙宁十年八月戊子。
[7] 《长编》卷三百七十四哲宗元祐元年四月辛卯。
[8] 《长编》卷三百〇二神宗元丰三年二月己巳。
[9] 《长编》卷卷二百九十七神宗元丰二年夏四月庚戌。
[10] 《长编》卷三百〇二神宗元丰三年二月丙午。
[11] 《长编》卷三百九十八哲宗元祐二年夏四月癸巳。

二十四日，太平州守臣言："黄池镇河渡从来系百姓买，是致盗贼出没，难以禁止，乞从本州买扑抱认课利量立渡钱机察盗贼。"从之[1]。熙宁新法所增吏禄。熙宁四年（1071）正月二十八日，诏："三司应买扑酒曲诸坊场每贯纳税钱五十文，仍别封桩，以禄吏人。"[2]尽管禄吏人的税钱并非直接是坊场钱，但却是因坊场钱而从买扑者手中征收的，也可以算做是买扑课额。元祐二年（1087），诏："以坊场税钱尽充吏禄，毋得他用。"[3]赏赐钱。有地方政府赏赐钱和中央政府赏赐钱两种。熙宁十年（1077）四月，淮南东路坊场钱五万借转运司，"为今年冬衣及南郊赏赐盐本钱"。七月，诏："河北、河东、陕西五路常平免役坊场剩钱毋得起发上京及应副别路，惟留本路，以备边赏。"[4]元祐七年（1092）稽查私茶的专拦若"自能告首者免罪，外之赏钱三百贯文，以卖酒场钱充。"[5]绍兴三十一年（1161）冬十月，借江、浙、荆湖等路坊场净利钱三百八十万缗以备赏金[6]。买帛和礼仪支出。"元丰以来，诸路预买绸绢，许假封桩或坊场钱，少者数万缗，多者数十万缗。"[7]元丰三年春正月，诏："司农寺给坊场钱十万缗下成都府造大驾卤簿仪物，先给五万缗不足故也。"[8]暂时没有使用的坊场钱，就贮藏在中央专库里。元丰三年（1080）未设元丰库以前，贮藏于内藏库。元丰库设立后，坊场、河渡买扑钱贮藏于元丰库中。元丰库废弃后，又贮藏于内藏库。熙宁八年（1075），诏司农寺岁支坊场钱三十万缗，都提举市易司岁支息前钱二十万缗偿内藏库，具元年以来诸司直借钱物数以闻故也[9]。元丰五年（1082）三月十一日，诏"司农寺趣诸路提举司起发常平拜坊场积剩钱五百万缗输元丰库"[10]。淳熙十一年（1184）十月一日，诏浙东路合纳内藏库坊场钱可依自来立定祖额。[11]

---

[1] 《宋会要辑稿·方域》一三之一三。
[2] 《宋会要辑稿·食货》一七之二四、二五；《宋会要辑稿补编·商税》，第677页；《文献通考·征榷四》卷十七，考一七一；《宋史·食货下七》卷一百八十五。
[3] 《长编》卷三百九十四哲宗元祐二年春正月辛酉。
[4] 《长编》卷二百八十一神宗熙宁十年四月丁未；《长编》卷二百八十三神宗熙宁十年七月丁巳。
[5] 《长编》卷四百七十七哲宗元祐七年六月己卯。
[6] 《宋史·纪第三二·高宗九》卷三二。
[7] 《宋史·食货志上三·布帛》卷一七五。
[8] 《长编》卷三百○二神宗元丰三年春正月丙子。
[9] 《长编》卷二百六十八神宗熙宁八年九月乙酉。
[10] 《宋会要辑稿·食货》五二之一四。
[11] 《宋会要辑稿·食货》五一之六、七。

第四节　宋代买扑制度的人事控制

宋代买扑制度中的人事控制包括两方面，一是针对在地方上主持买扑的官吏，二是针对参与买扑的人员。通过对买扑的实施者和参与者的管理，宋代比较有效地推进了买扑制度的顺利实施。

一、对主持买扑官吏的人事控制

宋代政府对买扑实施者的管理主要通过两个方面来体现。一是选拔并任命官员主持买扑，二是通过考核政绩来管理并对相关违法官员进行惩处。北宋时对派遣到地方主持买扑官员的选派有三种类型。第一种是选拔没有受到处罚的京朝官担任。真宗咸平六年（1003）诏书曰："京朝官任河北路诸州通判、盐场务及募职州县官，其令选乡贯在本路，历任无赃罪者充。"[1]第二种是选拔识字并且比较精明的内品官充任。真宗大中祥符四年（1011）诏书说："先差内品往诸州勾当场务，其内品皆是克复广南后即选识字强明者任之"[2]。当然，在上述两种人员不足的情况下，只好由诸路转运司、提刑司派人充当或是由州县官吏兼任了，并且这种方式占据了在地方上主持买扑官员的绝大多数。其中转运司、提刑司派人充当的是买扑课额数额巨大且课额亏减的场务，州县官吏兼任则是买扑课额数额较小的场务。哲宗元祐五年（1090）二月，宋廷下诏地方上买扑课额达三万贯以上的课利场务，若出现连续两年亏减时，准许转运司和提举司重新派官监管。[3]

除了从源头上控制主持买扑官员的选拔外，宋代政府还对其日常工作和工作政绩进行考核。神宗元丰六年（公元1083年）四月，神宗下诏同意了大理少卿吕少廉对全国诸路课利场务监官上班时间的建议。规定若所监场务课利比祖额亏少的，上班时间为早入暮出（即日出前后至日落前后）；若所监场务

---

[1]　《长编》卷五十五真宗咸平六年秋七月庚寅。宋代场务的经营中既有官营的也有买扑的，故对场务的任职官员的选拔和管理可以看做是对买扑主持者的选拔与管理。
[2]　《长编》卷七十六大中祥符四年十月己巳。
[3]　《长编》卷四百三十八哲宗元祐五年二月戊午。

课利与祖额相同，则上班时间为卯入申出（即上午7点至下午3点）[1]。可以看出，上班时间的长短和主持买扑官员所辖的场务的买扑课额是否顺利实现是紧密联系在一起，若顺利则上班时间较短，若果不顺利则上班时间也就延长了。这无形当中也就督促了买扑实施者的工作效率。当然，如果所监管买扑场务的课额出现亏减，主持买扑的官员不仅仅要受到上班时间的延长的惩罚，而且会遭罚扣俸禄乃至降低职权的严厉处罚。仁宗康定元年（1040）诏书则曰："天下州县课利场务，自今逐处总计，大数十分亏五厘以下，其知州、通判、募职、知县各罚一月俸；一分以下，两月俸；二分以上，降差遣。其增二分以上，升陟之"[2]。这说明，主持买扑场务的官员，若所监管买扑场务的课额为祖额的95%，则相关的知州、通判、募职、知县被没收一个月的工资，若为祖额的90%则被没收两个月的工资，若为祖额80%以下就要被降职了。当然，上述严厉的处罚措施针对不同等级的官员又有所差异，通常是主持买扑的官员官位比较高或是为武臣时就减轻处罚了。真宗大中祥符六年（1013），规定"茶盐酒税及诸物场务，自今总一岁之课合为一，以祖额较之，有亏损，则记分数。其知州军、通判，减监临官一等区断，大臣及武臣知州军者，止罚通判以下"[3]。

二、对买扑者的人事控制

宋代对买扑者的人事控制实际上就是限定哪些类型的人可以参与买扑。这种限制包括财产限制和政治身份限制。其中财产限制一直存在，而政治身份限制则经历了一个从严格逐渐走向宽松的过程。

（一）对买扑者的财产限制

宋代政府对买扑者的财产限制主要是限定在经济方面。财产限制是宋代政府对买扑者人事控制的基本手段。财产限制包括两方面，一是抵当，二为缴纳买扑课额的能力。抵当财产限制一直贯穿宋代买扑的始终，并在宋初的"募民主之"和"酬奖衙前"买扑阶段为宋代买扑人事控制的唯一手段。宋初对茶盐酒等专卖税较少或是官榷亏损者募民买扑，确定买扑权前要求买扑者首先缴纳抵当，并规定抵当多者优先获得买扑资格。"募民主之"买扑阶段中，仅有少量人群能够买扑，且主要为乡间的豪民。两宋时期的豪民不同于两汉时期的

---

[1] 《长编》卷三百三十四神宗元丰六年四月戊申。
[2] 《长编》卷一百二十七仁宗康定元年六月辛亥。
[3] 《长编》卷八十一真宗大中祥符六年秋七月辛亥。

豪强，他们已经很少有政治特权，注意依赖于较多的财富横行乡里。显然从事的买扑的豪民财产状况肯定不差。在"酬奖衙前"阶段实行的买扑者主要为乡村资产较多的衙前。衙前役为民间重役，一般由第一、第二等户承担，而依据邢铁先生考证认为宋代划分户等的是资产和人丁[1]。在现实中有时则以税钱多少来划户等。宋人说过"盖诸县大半以税钱多少立为户等，有自一贯至于十贯以上，或自五贯至五十贯以上并为第一等"[2]。当然，有的衙前自己没有时间或是没有能力经营官府许可的买扑场务而又收取一定的转让费转给其他人，衙前转让时肯定也会考虑对方的财产状况。可见，不论是哪种形式，在"酬奖衙前"阶段的买扑者是有明确财产限制的，即为一、二等户，这既是该阶段买扑的户等限制，也是财产限制。熙丰变法广泛推行实封投状买扑后，宋代政府实施买扑的目的已经从初期的"不与民争利"发生了巨大的转变。哲宗时的侍御史吕陶所指出当时实行买扑后的课额使用状况是"一以募人执役，二以给公家之用"[3]。即由以前的酬奖役法变为酬奖役法和补贴岁用并重，并且买扑课额中"公家之用"所占的比例还越来越大。显然，宋朝政府熙丰变法后推行买扑的目的之一是想获得较大的财政收益，故对买扑者认纳的买扑课额数量与实际支付能力非常关注，认纳买扑课额越多和支付能力越强的人在买扑权确立的过程中占据了优势。因此，此后的宋代政府对买扑者的财产限制又增加了对买扑课额增减变化和支付能力的内容。当然，从史料记载中我们并未看到宋代政府对买扑者财产限制中的具体的数额。但是我们可以仍然大致判断出买扑者的财产状况。哲宗元祐二年春（1087），殿中侍御史吕陶在评论实封投状买扑对社会造成的冲击时说"大率一县之内，上中等户因买坊场及充壮保而失业破产者，十常四五"[4]。显然，在乡村参与买扑者应该是宋代五等户中的第一、第二、第三等户，也就是地主和自耕农。

（二）对买扑者的政治身份限制

太宗至道三年（997）九月，监察御史王济上疏说："榷酤未宽，则民多犯禁而为盗，且山海酒麹之利，皆民所共，今尽夺之，是与民争利，反害之也；或少宽之，国用未必乏，而民且不犯矣。"[5]应该说，王济已经敏锐地看

---

[1] 邢铁：《户等制度史纲》，云南大学出版社2002年版，第66—71页。
[2] （宋）吕陶：《净德集·上殿札子》卷五。
[3] 《长编》卷三百七十六哲宗元祐元年四月乙卯。
[4] 《长编》卷三百九十四哲宗元祐二年春正月辛酉。
[5] 《长编》卷四十二太宗至道三年九月壬午。

出，盐铁酒曲禁榷太严会导致"民多犯禁为盗"的严重后果，故建议采取官府不与民争利"或少宽之"的办法。王济所提倡的"不与民争利"的禁榷制度经济思想后来贯穿于北宋买扑制度实施的过程中，这具体表现为不允许官户和具有官户背景的人员参与买扑。北宋初年的买扑，规模不大。开宝年间（968—976），"茶盐榷沽课额少者，募豪民主之。"[1]一般为当地豪民买扑。随着北宋统治的巩固和社会经济的发展，买扑场务的规模日趋扩大，买扑者所获利润也日渐增多，政府对买扑者的身份也开始限制，并有逐渐缩小范围的趋势。淳化年间（990—994），北宋政府推行买扑酬奖役人之法，允许服衙前重役者买扑场务。有的衙前自己经营买扑场务，有的衙前又把它转卖给大户经营。马端临曾对这种做法评论说："买扑之利归于大户，酬奖之利归于役人。"[2]景德三年（1006），真宗以诏书的方式阻止三司允许州豪增课夺牙校买扑酒务的行为[3]，这说明北宋时期已经开始限制地方豪强大姓从事买扑。而大中祥符六年（1013），则明确规定禁止官吏之家、荫袭之人买扑，对违反者加以处罚。三月，诏："两京诸路场务、津渡、坑冶等，不得令仕官之家荫袭人主掌。"[4]天禧四年（1018），定陶县尉麻士瑶和进士王圭假借邑人姓名买扑场务事泄，结果麻士瑶被杖杀，王圭被黥面，决配广南[5]。违反宋廷买扑法规者受到了严厉的处罚。就是到了景祐元年（1034）春正月，宋廷仍规定只允许诸州衙前及无荫人扑买酒务[6]。然而，这一规定在神宗熙宁年间有所松动。熙宁五年（1072）有诏曰："天下州县酒务，不以课额高下，并以租额纽算净利钱数，许有家业人召保买扑，与免支移、折变。"[7]似乎只要有家业人并且召保便可买扑，实则不然，终北宋一朝，买扑场务之门始终对具有官方背景的人关闭着。元祐六年（1091），哲宗同意了工部上奏的限制官户及具有官户背景人员买扑并对违反者加以惩罚的办法。其规定为："监司及当职官员、吏人并州县在任官员或吏人、公人，各不得承买官估卖之物及请佃承买官田宅，违者徒二年。即本州县吏人、公人、非当职及管而请佃承买官田宅者，各杖一百。吏

---

[1] 《长编》卷十七太祖开宝九年冬十月辛戌。
[2] 《文献通考·征榷六》卷十九。
[3] 《长编》卷六十三真宗景德三年七月辛酉。
[4] 《长编》卷八十真宗大中祥符六年三月己未；《宋会要辑稿·食货》五四之二，《宋会要辑稿·刑法》二之一二。
[5] 《长编》卷九十五真宗天禧四年夏四月丙申。
[6] 《长编》卷一百一十四仁宗景祐元年春正月庚寅。
[7] 《长编》卷二百三十神宗熙宁五年二月壬申。

人、公人仍许人告，估田宅物价三分给一分充赏。其请佃及买而未得者，各减三等。"[1]该办法除了不允许当职和不当职的官员买扑官田宅外，也不允许吏人、公人、更人买扑官田宅。元符二年（1099）三月二十七日，户部、刑部同意陕西路并提举茶盐事司乞：诸路提举官干茶盐官并吏人、书人、贴司及卖盐场监官的亲戚也不允许买扑茶盐[2]。因此，北宋时期买扑参与者不包括官户及具有官方背景的人，这是这一时期买扑参与者的突出特点。

与北宋相比，南宋对买扑人员限制较松。绍兴元年（1131）五月，朝廷同意了临安府节度推官史祺孙所提出的允许"进纳补官之家投买两浙未卖坊场"的建议[3]，已经开始迫于未卖坊场较多的压力而向官户开放。绍兴四年（1134）三月，权主管殿前司公事、镇江建康府淮南东路宣抚使韩世忠向朝廷乞求买扑平江府朱勔南园及陈满塘官地一千二百亩[4]。韩世忠为"中兴"四大名将之一，这说明绍兴初年皇帝所宠幸的某些政府高官可以买扑，宋代不允许政府当值官员参与买扑的裂缝此时已经完全撕开了。绍兴年间，则出现了军队买扑酒坊以提供军费的状况。绍兴二十六年（1156）朝廷同意了殿前司乞求"诸军更立一界买扑酒坊，以助军用"的建议[5]。绍兴二十六年三月二十八日，户部称京西、淮南系官闲田，"今欲转运司行下所部州县多出文榜，不以有无拘碍之人，并许踏逐指射，并许踏逐指射，请佃不限顷亩，给先投之人"[6]。对某些闲田、荒田的买扑已没有任何限制，即"不以有无拘碍之人"，任何只要有足够资产能力者便可参与买扑。当然，南宋买扑大门并非完全向所有人打开，某些场务的买扑还是有一定限制的。绍兴二十七年（1157），户部仍规定诸路州县停闭的场务"见欠官钱物，及见充吏人贴巡检司士兵之家"不许买扑[7]。绍兴十二年（1142）十月，详定一司敕令禁止盐亭户买扑盐场。[8]

（三）宋代买扑者主要构成

由上分析我们发现，北宋时期在"募民主之"和"酬奖衙前"买扑阶段

---

[1]《长编》卷四百六十一哲宗元祐六年秋七月壬戌。
[2]《宋会要辑稿·食货》三〇之三一。
[3]《系年要录》卷四十四，第800—801页。
[4]《系年要录》卷七十四，第1119页。
[5]《系年要录》卷一百八十一，第3000页。
[6]《宋会要辑稿·食货》六三之二〇三、二〇四。
[7]《系年要录》卷一百七十七，第2934页。
[8]《宋会要辑稿·食货》二六之二九，《宋会要辑稿补编·盐》之三十四，第785页。

的买扑参与者主要是豪民、衙前以及从衙前手中获得买扑酒务经营权的人员，在实封投状下的买扑参与者通常为具有一定财产的非官户的乡间上三等户。那么，这一群体到底属于什么阶层呢？显然，北宋时期买扑参与者的主体是占有大量社会财富但没有政治特权的社会群体，实际上就是业师林文勋先生所说的富民阶层[1]。然而，南宋时期的买扑参与者已经由北宋时期的富民阶层逐渐扩大到官员乃至军队中。所以，我们认为南宋时期的买扑参与者主要是官户阶层，这与北宋时期有明显的差异。

---

[1] 林文勋：《中国古代"富民社会"的形成及其历史地位》，《中国经济史研究》2006年第2期。

第三章 宋代买扑制度的变迁

"制度变迁决定了人类历史中的社会演化方式,因而是理解历史变迁的关键"[1]。宋代买扑制度的变迁研究对于认识宋代历史变迁具有重要意义。宋代买扑制度的变迁表现在两方面:一是实施形式的变迁,二为制度内容的产生、发展和消失的过程。本章利用新制度经济史学理论中的博弈论和诺斯的制度理论对其展开分析。

第一节 宋代买扑制度演变的博弈分析

任何一项经济制度的形成都不是突变的结果,都具有一个漫长的演变过程。中国传统社会中的经济一直以来都不是纯粹的自然经济,作为市场经济的前期形态的商品经济一直存在。历史的车轮进入唐宋后,商品经济迅猛发展起来并达到了一个新的高度。财富力量的崛起与市场化趋势的增强是这一历史时期经济生活中的鲜明特征。作为一种特殊承包制的买扑制度就出现并壮大于这一时期。通过对相关史料的梳理后,可以确定买扑制度至少在五代后唐明宗长兴元年(930)的酒专卖中已经出现。从大的方面来说,宋代买扑制度先后经历了买扑制度的形成——募民买扑、买扑制度的发展——酬奖衙前和买扑制度的鼎盛——实封投状三个阶段。

宋代买扑制度的演变过程,实际上也就是在此过程中的博弈主体,即宋

---

[1] [美]诺斯著,杭行译:《制度、制度变迁与经济绩效》,格致出版社·上海三联书店·上海人民出版社2008年版,第3页。

代买扑的实施者——宋朝政府和买扑的参与者为获取各自的预期收益而遵循一定规则的博弈过程。在其演变的不同阶段，博弈主体的获取支付和遵循的规则是不断变化的。同时，由于买扑制度的博弈发生于专制主义中央集权的宋代，博弈双方的地位是不对等的，宋代政府处于博弈中的主动方，可以根据不同时期的获取支付——实行买扑制度的预期收益打破均衡，进而不断调整买扑政策并制定博弈过程中双方必须遵循的一定策略——规则。而作为博弈另一主体的买扑参与者只能被动的参与这一博弈过程。需要注意的是，由于宋代买扑制度的博弈发生在宋代高度发展的商品经济大潮中，商品经济具有与生俱来的平等性。因此，尽管买扑的参与者在其博弈过程中是被动的，但不是被迫的，他们可以根据自己的理性预期收益来判断是否参与宋代买扑制度的博弈过程，对自己有利就参与，无利则放弃参与，故对宋代买扑制度的博弈来说，其重要性不亚于博弈的另一方——宋代政府。

一、宋代买扑制度的历史渊源

宋代买扑制度与唐末五代时的间接专卖政策有密切的联系。专卖制度是中国古代国家调控和干预社会经济并与商人分利的一项基本政策，其目的在于调节资源的占有、社会财富的分配以及增加国家财政收入。一般认为，在中国古代称为禁榷制度的专卖制度最初出现于春秋初期的齐国管仲所提倡并实施的"官山海"政策。历史的车轮进入唐宋时期，专卖制度也发生了巨大的变化。自唐朝末期刘晏改革盐法出现间接专卖以后，在茶、酒的专卖中也相继出现了间接专卖制度。对此，黄纯艳先生已经精辟概括出这一时期专卖制度出现的三个特点：即唐宋专卖制度由直接专卖（官营官销）向间接专卖制（民制官购商销）的转变、专卖品种的增多和专卖收入财政地位的提高[1]。唐宋时期专卖制度由直接专卖向间接专卖转变是唐宋时期商品经济发展壮大的结果。当然，间接专卖比较好地缓和了国家与商人瓜分专卖商品利润之间的矛盾，此后一直也就成为古代中国专卖制度的主要形式。

一般认为，唐代榷酒开始于代宗广德二年（764）唐政府向特许酒户征收专卖税。《通典》记载说："广德二年十二月敕，天下州各量定酤酒户，随月纳税，除此外，不问官私，一切禁断。大历六年二月，量定三等，随月税钱，并

---

[1] 林文勋、黄纯艳等：《中国古代专卖制度与商品经济》，云南大学出版社2003年版，第276页。

充布绢进奉。建中三年制，禁人酤酒，官司置店，收利以助军费"[1]。从《通典》记载来看，广德二年实行的是酒类间接专卖，但德宗建中三年（782）实行的却是酒类的直接专卖。所以，唐朝后期的间接专卖的榷酒政策并没有连贯性。对于唐朝后期榷酒政策的变动，黄纯艳先生有过比较清晰的概述。"此后（贞元二年，即公元782），唐朝的酒政便是官酤、征收榷酒钱、榷曲或多项制度并行，或交替实行。"[2]正是由于唐朝后期榷酒政策的频繁变动，因此我认为尽管在这一时期虽有买扑制度出现的可能，但还处于萌芽阶段。

  唐末五代时的间接专卖制度为买扑制度的出现提供了条件。中国古代历朝实行专卖制度的一个重要目的就在于增加财政收入，唐朝和五代政权也不例外。酒是这一时期的重要专卖品之一。酒是一种日常生活消费品，但不是必需品。与盐和茶不同，酒不是资源型产品，其生产不受季节和地域的限制，具有零散化、成本较低和消费群体相对集中的特点，但是要想真正实现民制官购商销的间接专卖成本比较高，故唐末五代以来历朝一般采取控制酒曲的生产或是通过授权某些人群在一定范围内酿酒售卖并收取财物的方式达到榷酒的目的。而后一种榷酒的方式实际上就是酒务买扑。

  五代后唐明宗天成年间（926—929），酒专卖中已经出现类似买扑的制度，或者说是买扑制度的萌芽。后唐天成三年（928）七月十三日敕："应三京、业都、及诸道州府县乡村人户……其京都及诸道州府县镇坊界及关城草市内，应逐年买官曲酒户，便许自造曲，酿酒货卖，仍取天成二年正月至年终，一年逐户计算，都买曲钱数内十分只纳二分，以充榷酒钱，便从今年七月后，管数征纳。榷酒户外，余诸色人亦许私造酒曲供家，即不得衷私卖酒。如有故违，便仰纠察，勒依中等酒户纳榷。其村坊一任沽卖，不在纳榷之限。"[3]从这条记载来看，至少说明以下三点：第一，天成三年，后唐政权控制范围之内的城市和乡村草市中普遍实行了以户为单位，向政府缴纳仅为上年度20%的曲钱便可自由酿造并售卖酒的酒榷政策；第二，榷酒户对酿造和售卖酒的权利并未采取经济竞争手段来获取；第三，后唐政权保证榷酒户的独占权益，其余人等不得"衷私卖酒"；第四，乡村并未榷酒。由上可见，由于并未采用经济竞争的方式争夺榷酒权利，故上述政策是一种酒专卖中的间接专卖政策，还不是

---

[1]（唐）杜佑：《通典·榷酤》卷十一。
[2] 林文勋、黄纯艳等：《中国古代专卖制度与商品经济》第四章，第201页。
[3]（宋）王溥：《五代会要·曲》卷二十六，第420页。

买扑。

后唐明宗长兴元年（930）二月，诏："……应诸道商税、课利、扑断钱额去处，除纳外年多蹙欠枷禁征收，既无抵当并可放免。"[1]从这条诏书来看，既然后唐政府已经放免于诸道实行抵当制度的"扑断钱额"（即买扑课额）制度，显然在这之前已经实行了买扑制度，只不过具体情况不是很清楚。而这其中的疑惑在这之后第二年的敕书得到了说明。后唐明宗长兴二年（931）五月敕："应三京、诸道州府，苗亩上所征曲钱，便从今年夏并放。其曲官中自造，委逐州减旧价一半，于在城扑断货卖，除在城居人，不得私造外，乡村人户，或要供家，一任自造。"[2]可以看出，后唐长兴二年（931）五月，在三京和诸道州府城市中实行了政府控制酒曲生产并售卖酒曲的买扑制度，乡村则放任并未实行。然而，也许是城市买扑酒利获利颇丰，抑或是后唐政权财政困难，仅过了两个月，后唐政权便在全国普遍实行了买扑酒课的制度，这可以从同年七月的三司奏文中得到明证。长兴二年七月，三司奏："诸道州府申论，先有敕命，许百姓造曲，不来官场收买，伏虑课额不迨，请准前曲法，乡村百姓与在城条法，一例指挥。"从之[3]。从政策的实施来，既然是"请准曲法，乡村百姓与在城条法，一例指挥。"自然是全国都实行了买扑酒课制度。

除了中原五代政权中的后唐政权之外，处于江南，存国86年（893—978年）之久的吴越政权也实行过酒课的买扑制度。宋太宗淳化二年（991）八月丁卯朔，诏："两浙诸州。先是，钱俶日（公元948—978年）在位，募民掌榷酤，酒醨坏，吏犹督其课，民无以偿。湖州万三千三百四十九瓶，衢州万七千二百八十三瓶，台州千一百四十四石，越州二千九百四石七斗，并毁弃之，勿复责其直。"[4]这则史料说明，尽管不太顺利，但钱俶时的吴越政权实行过"募民掌榷酤"的酒课买扑方式却是不可否认的。而"募民掌榷酤"，实际上是宋代买扑制度演变的第一个阶段，即"募民主之"阶段。

二、募民主之

继后唐之后的后晋、后汉、后周，目前还未见实行买扑制度的记载。公元

---

[1] 《册府元龟》卷四百九十二。
[2] （宋）王溥：《五代会要·曲》卷二十六，第421页。刘森先生在依据《册府元龟》卷五〇四《榷酤》条与之相类似的记载认为买扑出现于后唐长兴二年（931）是不准确的。
[3] （宋）王溥：《五代会要·曲》卷二十六，第421页。
[4] 《长编》）卷三十三太宗淳化二年八月丁卯朔。

960年，后周禁军统帅、殿前都点检赵匡胤在汴京北郊的陈桥驿发动兵变，并随后返回汴京登上帝位，建立宋朝。随着赵宋政权的日益巩固，在其经济建设领域也逐渐恢复乃至实施革新措施。在宋代经济史上属于制度创新的买扑制度开始于什么时候呢？据南宋李心传记载："其坊场课利者，自开宝九年冬诏：'承买以三年为期限，仍戒当职官吏勿得信任小民一时贪利妄增课额，此祖宗之仁政也'。"[1]显然，在北宋开宝九年（976）买扑已经存在。南宋人李焘在《续资治通鉴长编》中也记载，"先是，茶盐榷沽课额少者，募豪民主之，民多增额求利，岁或荒歉，商旅不行，至亏失常课，乃籍其资产以备偿。于是诏以开宝八年额为定，勿辄增其额。"[2]这说明宋代茶盐榷酤实行买扑的时间早于开宝九年（976）。清人徐松编的《宋会要辑稿》载太祖开宝四年（971）正月诏书："诸路州府买扑场院人员，访闻以所收课利擅贷于民，以规息利，有逋欠者取其耕牛、家资以偿或经官司理纳追禁科，较民甚苦之，自今所收课利钱旋赴省库送纳，不得积留，擅将出放违者，当除籍及决杖配隶，告者赏之"[3]。而元人马端临的记载为："开宝三年，令买扑坊务者收抵当。止斋陈氏曰：'买扑始见此'。"[4]南宋时的陈傅良认为在开宝三年（970），买扑已经开始实行。南宋人所处年代与北宋相距不远，其说法也比较可信。根据上述认识，我们可以认为：在北宋初年太祖开宝年间（968—976）买扑制度已经在宋代出现。

太宗至道三年（997）九月，监察御史王济上疏说："榷酤未宽，则民多犯禁而为盗，且山海酒麹之利，皆民所共，今尽夺之，是与民争利，反害之也；或少宽之，国用未必乏，而民且不犯矣。"[5]应该说，王济已经敏锐地看出，山海酒曲禁榷太严会导致"民多犯禁为盗"的严重后果，故建议采取"或少宽之"的办法，或者说是官民瓜分山海酒曲之利的办法。后来，这一办法演变为买扑制度。宋初的买扑，既没有统一的方法，也没有明确的实施目的。在"募民主之"阶段的宋代买扑制度博弈中，迫于宋初社会经受长期战争摧残的形势，作为博弈主体之一的宋政府实施买扑制度的预期收益在于既获取一定的

---

[1] 《朝野杂记·东南酒课》甲集卷十四，第307页。
[2] 《长编》卷十七太祖开宝九年冬十月壬戌，《宋会要辑稿·食货》三〇之一，《宋会要辑稿补编·榷茶》，第229至300页。
[3] 《宋会要辑稿·食货》五四之一。
[4] 《文献通考·征榷》卷十九。
[5] 《长编》卷四十二太宗至道三年九月壬午。

财政收入并兼顾缓和社会矛盾，使饱受长期战乱之苦的人民尽快从战争创伤中恢复并安顿下来。因此，宋代政府在考虑上述两个因素后，于这一时期制定的宋代买扑制度的博弈规则有两类，一是宋廷实施买扑制度过程中的"勿辄增其额"的仁政爱民习俗，二是抵当制度、分界制度和招保制度等保证政府收入的制度化措施。宋太祖时已经确立了抵当和分界制这两项基本制度。首先是抵当制度。抵当制度是买扑者在买扑开始前向政府缴纳的保证金，抵当有可能是钱，但更多是田宅等财产。抵当多的有优先获得买扑权的可能。买扑中的抵当制度源自后唐时。后唐明宗长兴元年（930）二月，诏："……应诸道商税、课利、扑断钱额去处，除纳外年多蹙欠枷禁征收，既无抵当并可放免。"[1]这条诏书明确规定民间所欠的买扑课额，若没有抵当便可以赦免，显然抵当制度已经在买扑制度中出现。宋朝初年的买扑制度也沿袭也这一制度。马端临在《文献通考》中记载："开宝三年，令买扑坊务者收抵当。止斋陈氏曰：'买扑始见此'。"[2]这说明早在开宝三年的买扑制度中就已经实行了抵当制度。其次是分界制。分界制是指确定了一定期限内（一般为三年）买扑制度中博弈双方权利和义务的制度。在期限内，宋代政府不能把买扑权转让给出价更高者，而买扑者则必须按照约定如期向宋代政府缴纳买扑课额。南宋李心传记载："其坊场课利者，自开宝九年冬诏：'承买以三年为期限，仍戒当职官吏勿得信任小民一时贪利，妄增课额，此祖宗之仁政也。'"[3]这说明北宋初年的开宝年间已经确立了三年一界的分界制度。自此，分界制度一直贯穿于有宋一代的买扑制度中。至宋太宗时确立了招保制度。招保制度是和抵当制度联系在一起的，招保制度是在买扑者抵当不够的情况下由赀产充足者对其提供的一种负有连带赔偿作用的担保制度。宋太宗淳化年间（990—994）的买扑酒务，"民有应募者，检视其资产，长吏及其大姓共保之，后课不登者，均偿之。"[4]买扑者和保人都有责任补足向政府缴纳的买扑课额。从这一时期宋代政府制定买扑制度的博弈规则来看，除了分界制是双方必须遵循外，抵当制和招保制都是保证宋代买扑的实施者利益而要求买扑参与者单方面遵循的博弈规则。因此，从总的来说，宋代政府此时期实施买扑的预期收益还是侧重于获取一定的财政收入。

这一时期的买扑制度中，显著的特点在于买扑参与者的构成，即"募民

---

[1] 《册府元龟》卷四百九十二。
[2] 《文献通考·征榷六》卷十九。
[3] 《朝野杂记》甲集卷十四，第307页。
[4] 《长编》卷三十五太宗淳化五年夏四月戊申。

主之"中的"民"具体指的是哪一个社会群体呢？在遵循宋代买扑制度博弈规则——抵当和招保制度之下能够参与买扑的群体显然是资产较多的豪民。太祖时"茶盐榷沽课额少者，募豪民主之"[1]。太宗太平兴国二年（977）时，诏："先，募民断买场务，获有羡利，即收入己。"[2]太宗淳化五年（994）"戊申，下诏募民自酤，输官钱减常课十之二，使其易办。民有应募者，检视其资产，长吏及其大姓共保之，后课不登者，均偿之。是岁，又取诸州岁课钱少者四百七十二处，募民自酤，或官卖麴收其值。后民应募者寡，犹多官酿。"[3]太宗朝以后，宋代地方州县买扑仍有"豪民主之"的，不过已经不再成为主体了。如真宗景德三年（1006）"酒务旧委牙校，而三司许州豪增课夺之"[4]。仁宗天圣七年（1029），开封府界提点诸县公事张应物言："诸县酒务，多为豪民买扑，坐取厚利。"[5]在宋代，就户籍上来说，民户和官户是截然不同的。从上述史料可以看出，从宋太祖至宋仁宗天圣时买扑参与者都俱为有一定财富实力的豪民。

在"募民主之"的买扑制度博弈阶段，虽说保障其运行的博弈规则分界制、抵当与招保制已经形成，且对博弈的主体有所约束，但相对来说，宋代买扑制度的根基还是薄弱的。一方面表现在这一时期买扑的实施具有很大的随意性，更大程度上来说是宋代政府的一种对民间的恩赐，可实施也可不实施。另一方面表现在买扑制度对宋代社会经济生活的影响甚微，买扑的实行俱在茶、盐、榷酤课额少的地方。

三、酬奖衙前

衙前亦称牙前，是宋代民间必需承担的差役。关于宋代差役的种类，《宋史·食货志》中有比较清晰的概述。"宋因前代之制，以衙前主官物，以里正、户长、乡书手课督赋税，以耆长、弓手、壮丁逐捕盗贼，以承符、人力、手力、散从官给使令；县曹司至押、录，州曹司至孔目官，下至杂职、虞侯、拣、掏等人，各以乡户等第定差。京百司补吏，须不碍役乃听。"[6]在宋代民

---

[1] 《长编》卷十七太祖开宝九年冬十月壬戌；《宋会要辑稿·食货》三〇之一；《宋会要辑稿补编·榷茶》，第229至300页。
[2] 《长编》卷十八太宗太平兴国二年十二月甲申。
[3] 《长编》卷三十五太宗淳化五年夏四月戊申。
[4] 《长编》卷六十三真宗景德三年七月壬寅。
[5] 《长编》卷一百八仁宗天圣七年十二月辛亥。
[6] 《宋史·食货上五·役法上》卷一百七十七。

间承担的众多差役中,衙前役因为主管、运输及代购官府物资且要负无限连带赔偿责任而成为民间的沉重负担,有的甚至出现因服衙前役而破产的惨状。真宗大中祥符年间,"役之重者,自里正、乡户为衙前,主典府库或替运官物,往往破产"[1]。因此,民间役法尤其是衙前重役的问题是北宋中期政府必须面对而又必须解决的问题。而解决的办法就是通过调整买扑制度的预期收益来实现,即由旧有的获取一定的财政收入向保证民间衙前重役的顺利实施且又不对民间造成严重冲击转变。而这样的调整过程,也就完成了宋代买扑制度由"募民主之"向"酬奖衙前"的转变过程。

宋代的买扑酬奖衙前,开始是衙前的一种主动行为,后来被政府普遍推广。在真宗景德年间已经开始实行。真宗景德三年(1006),三司对旧委牙校买扑的酒务"许州豪增课夺之",中正争论于朝,最后"诏复委牙校如故,仍特遣使谕旨"[2]。到了仁宗景祐年间(1034),买扑酬奖衙前已经在全国普遍实行。"庚寅,听诸州衙前及无荫人扑买官酒务。"[3]仁宗嘉祐五年(1060),户部判官钱公辅任明州(今宁波市)知州前,明州地区就实行过比较细致的买扑酬奖衙前法。其办法是"牙前法以重、难、积劳差次三等,应格者听指买酒场"[4],即按照衙前役的难度来确定买扑大小规模不一的酒场来酬奖。除此之外,宋代的衙前分为两种,其一是按照政府规定顺次轮到的民户充当、责任重大的重难衙前,其二是民户主动承担的衙前,即"投名衙前"。因此,衙前种类的不同,酬奖衙前的买扑坊场也有所差异。神宗熙宁四年(1071),就有诏书条谕诸路曰:"衙前既用重难分数,凡买扑酒税、坊场等,旧以酬衙前者,并官自卖之,以其钱同役钱随分数给之。其厢镇场之类,旧酬奖衙前,不可令民卖占者,即用旧定分数为投名衙前酬奖。"[5]这条诏书规定了位于城市中的买扑坊场酬奖重难衙前,而位于城郊及乡村的厢镇买扑坊场则酬奖投名衙前。

在"酬奖衙前"阶段的买扑制度博弈中,宋代政府的预期收益——使民户服衙前役很容易就完成,但买扑参与者的预期收益却并不容易实现。服衙前役者不一定都有时间和能力来管理买扑酒场。同时,买扑酒场的经营还受社会

---

[1] 《宋史·食货上五·役法上》卷一百七十七。
[2] 《长编》卷六十三真宗景德三年七月辛丑。
[3] 《长编》卷一百十四仁宗景祐元年春正月庚寅。
[4] 《长编》卷一百九十一仁宗嘉祐五年二月乙亥。
[5] 《长编》卷二百二十七神宗熙宁四年冬十月,李焘自注。

经济波动的影响，其存在的经营风险是无法预知的。自然，"酬奖衙前"阶段的宋代买扑制度出现了"然富者数得应格，而贪者以事系留，日益困，应募者鲜，至阙额则役乡户为之，民或竭产不足以偿费"的制度困境[1]。"酬奖衙前"买扑制度中的买扑参与者的预期收益并未顺利实现，其制度难以持续，所以明州知州钱公辅"乃取酒场官卖收钱，视牙前役轻重而偿以钱，悉免乡户，人皆便之。"[2]试图对"酬奖衙前"买扑制度进行制度创新。钱公辅对买扑酬奖衙前法进行的制度化变革措施在于实行官府收取原酬奖衙前的买扑酒场出卖，再直接给钱酬奖衙前的办法。而这个办法，也就是熙丰变法时宋代买扑制度演变到实封投状阶段的主要措施之一。

四、实封投状

公元1068年，宋神宗即位后发愤图强，力图振作处于危机中的宋王朝，重用王安石、吕惠卿等变法派，实施以国富兵强为目的的改革，这又被称为熙丰变法。宋代买扑制度在全国的普遍推行是熙丰变法的内容之一。同时，这一时期确定的实封投状制买扑成为此后宋代买扑的制度安排，并一直延续到宋末。

自宋初以来，宋代政府实施买扑制度的预期收益中并未把增加财政收入作为重点。但是，随着宋代政府财政支出困难的增大，对买扑课额的增加也日渐关注。早在真宗景德三年（1006），三司就曾允许地方诸州豪民增课夺取旧委牙校买扑经营的酒务[3]。通过增课买扑，宋代政府可以获得更多的财政收入，有能力经营买扑的民间人士也可获得一定的收入，是一种官民互利的局面。但是，市场竞争下买扑经营的持续必须建立在博弈主体的预期收益都能实现的前提之下，宋代政府并不能强迫民众参与买扑。在宋代买扑制度实施的博弈过程中，博弈中官府和民众都想获得各自的最大收益，在买扑制度收益这块蛋糕总额中，博弈主体中任何一方预期收益的增加都意味着另一方收益的减少。而宋代买扑制度的博弈的实现却又是官、民都必须参与的，双方在此过程中都是不可或缺的。可见，若没有一种比较好的制度来加以调节，买扑就很难进行下去。政府提高买扑博弈中的预期收益而增课太大，买扑参与者相应的预期收益就减少，甚至没有预期收益，自然无人愿意买扑；政府增课太小，则有违政府实行买扑就是为了获取最大买扑课额的制度初衷。实封投状便是适应这种形势

---

[1] 《长编》卷一百九十一仁宗嘉祐五年二月乙亥。
[2] 《长编》卷一百九十一仁宗嘉祐五年二月乙亥。
[3] 《长编》卷九十九真宗景德三年七月辛丑。

而出现的调节买扑者和官府之间关系的官民互利的制度。

  实封投状制是宋代买扑制度中的主要形式。据南宋史学家李心传的考证，北宋真宗大中祥符元年（1008）春，实封投状制买扑就已开始出现[1]。由于是在全国局部地区零星出现，并不具有普遍意义。但神宗熙宁年间，宋代政府向全国推广了实封投状这一买扑办法。然而，史料中并未明确全国普遍实施实封投状买扑的具体时间。早在熙宁三年（1070）的十一月、十二月，朝廷下诏同意陕西常平仓司、开封府界提点先后奏请在诸般场务中实行实封投状买扑法[2]。据此可以断定，在熙宁三年实封投状已经在陕西路和开封府实行了。李焘以不太确定的语气记载了熙宁五年（1072）春，全国在买扑酒务中普遍实施了实封投状的状况，即所谓的"遍扑买天下酒场"[3]。元祐二年（1087）殿中侍御使吕陶奏言坊场"盖累界放卖，至今凡十五年，其始则有实封投状，竞利争占，虚增价直，诈通抵产之弊"[4]。据此可以推测，宋代于熙宁五年（1072）普遍实施了实封投状制。因此，依据李焘自注和吕陶的奏言的相互印证，我们可以做出判断，熙宁五年（1072），实封投状买扑法在全国普遍实施了。

  熙宁年间实封投状制买扑的具体做法是把诸般坊店场务"界满拘收入官，于半年前依自来私卖价例要闹处出榜，召人承买，限两月日，并令实封投状，置历拘管。限满，据所投状开验，着价最高者方得承买，如着价同，并与先下状人，其钱听作三限，每年作一限送纳。"[5]由上观之，实封投状包括下列内容：一是买扑课额的确定是官府在原场务届满前半年，公开发榜限两个月召人买扑，买扑者自由投状；二是在两个月投状期限内买扑者谁投状买扑价格高谁就获得买扑权，相同价者先投先得买扑权；三是买扑者应缴纳的买扑课额并非一次全部缴纳，而是分做三年，每次缴纳三分之一的办法来完成。当然，实封投状制买扑除上了上述内容外，还有抵当制、招保制和分界制作为博弈规则来约束官民双方。

---

[1] 《朝野杂记·东南酒课》甲集卷十四，第307—308页。
[2] 《长编》卷二百一十七神宗三年十一月甲午；《长编》卷二百一十八神宗熙宁三年十二月乙丑。
[3] 李焘在《长编》自注中记载的其实施的具体时间不一，但大致在熙宁五年春天。《长编》卷二百一十七神宗熙宁三年十一月甲午条为熙宁五年一月二十一日；《长编》卷二百一十八神宗熙宁三年十二月乙丑条为熙宁五年二月二十一日；《长编》卷二百二十神宗熙宁四年二月丁巳条为熙宁五年二月二十二日。
[4] 《长编》卷三百九十四哲宗元祐二年春正月辛酉。
[5] 《长编》卷二百二十神宗熙宁四年二月丁巳。

然而，在实封投状买扑的博弈过程中，由于宋朝政府主导着宋代买扑制度的实施，而能够实行买扑的场务数量却是有限的，具有稀缺性。因此，市场竞争下买扑者为获取买扑权，竞相加价，导致其宋代政府获得的买扑课额急剧增加。哲宗时侍御史吕陶提及实封投状下的买扑者"妄添所置之直，只直一千贯者，辄以二千贯买"[1]，自由竞争下买扑价格超过实价一倍。而同时期的刘挚则说"新法乃使实封投状，许价高者射取之，于是小人侥一时之幸，争越旧额，至有三两倍者，旧百缗今有至千缗者"[2]。买扑价格超过实价高达十倍。显然，实封投状制买扑的博弈过程中，在市场自由竞争下买扑场务的稀缺性导致买扑者对未来预期收益判断的不理性。故随着实封投状的持续进行，在其过程中也出现了一些场务败阙，买扑民户家破产竭的情况，使买扑制度的博弈打破了均衡，出现了危机。如哲宗元祐初年时的成都府管辖买扑场务"第一界卖七十二万余贯，第二界六十六万余贯，第三界四十二万余贯，大率只收得一半入官，外余无可催理。大率一县之内，中户以上因买坊场或充壮保而破散者，十常四五"[3]。不但政府的买扑课额日渐减少，并还对民间造成了严重的破坏。显然，买扑场务不能正常进行，对博弈中官民双方都没有好处。故至元祐初年，宋廷又出现了对实封投状买扑进行改良的酌中立额买扑和明状买扑。但二者实施不足三年，很快又沿用实封投状买扑。

元祐元年（1086）六月六日，详定役法奏准罢实封投状制，实行降低买扑坊场价格的酌中立额制，具体办法视原买扑场务情况是否顺利有所差异。"若累界有增无减，即取累界中次高一界为额。前后拖欠数多及累界无人承买，比最高价亏及五分以上者，具相度减定申州与转运司，次第保明申省。仍立界满承买抵当约束，余并依旧条"[4]。依此和李焘注文可推测元祐元年买扑场务中已全部废罢实封投状，改用酌中立额。酌中立额是宋代官府主动降低自己在买扑制度博弈过程中的预期收益，希望重振买扑，其他相关制度与实封投状相同。但全国各地买扑场务赢利能力有好有坏，各地情况不一，全部采用"一刀切"的酌中立额制买扑难以获得最大的课额。这显然是在博弈中处于强势的宋廷所不愿意的，故不久后又打破均衡再次变革买扑制度。

---

[1] 《长编》卷三百七十六哲宗元祐元年四月乙卯。
[2] （宋）刘挚：《忠肃集·论役法疏》卷五，第99页。
[3] 《长编》卷三百七十六哲宗元祐元年四月乙卯。
[4] 《长编》卷三百九十四哲宗元祐元年六月癸巳，李焘注：按八月二十三日户部言，出卖户绝田宅，已有估覆定价，欲依买扑坊场罢实封投状。从之。

酌中立额仅推行了两年，元祐三年（1088）九月二十九日户部就奏准立明状增钱买扑坊场[1]。户部状称"看详买扑场务，巧弊百端，若只以酌中定额，即沽买兴盛之处，过赢厚利，并不增长价钱，偶值界满未有人承买，却便节次裁减官钱，深虑浸久大段亏减岁入。若许人明状添钱，承买人户自然酌中度合直价钱投数。"[2]户部实行明状买扑的原因在于酌中立额下买扑者"过赢厚利，并不增长价钱"，长期以往会"大段亏减岁入"，并不符合该时期实行买扑制度是为了获得最高财政收入的博弈本意。但明状买扑在实行中的弊端也并未减少，甚至超过其实封投状。同年闰十二月，右正言刘安世评论说："今则明书钱数，众各见闻，又择价高之人便行给付，民既是贪得，无有远图，并驱争先，更进迭长，惟恐失之，岂念后患。臣窃谓坊场、河渡之类，既许民间承买，输纳官课之外，必有余得，乃可为生。今若复开争端，明状买价，人知无益，谁肯徒劳。惟是贪迫之人苟求侥幸。一遭凶岁，鲜不破家，偿纳不允，累及同保，则明状之害，有甚于实封者矣。"[3]明状买扑场务的制度措施与实封投状基本相同，唯一的差异在于买扑参与者认缴的买扑课额是开放还是密封。宋代政府采纳了刘安世罢明状法的建议，明状添钱买扑场务法推行不足三个月后又重新采用了原有的实封投状法。

第二节 宋代买扑制度变迁的制约因素

宋代买扑制度是指与宋代买扑相关的各种规则和保证宋代买扑顺利进行的实施机制。宋代买扑制度包含的内容比广泛，但诸如抵当制、招保制和分界制等各种规则自宋初确立以来则变化不大。宋代买扑制度的变迁主要体现在宋代买扑制度实施机制的产生、发展乃至消失的历史过程。第一节我们以博弈论为理论基础对宋代买扑制度的演进进行了剖析。本节我们再从新制度经济学派制度理论视角来探讨宋代买扑制度变迁的路径依赖。

以曾获诺贝尔经济学奖的诺斯为代表的新制度经济学派在经济史研究中独树一帜。诺思的制度理论包括三个部分。"（1）是产权理论，描述个人和团体

---

[1] 《长编》卷四百一十四哲宗元祐三年九月壬申。
[2] 《长编》卷四百一十九哲宗元祐三年闰十二月丙辰，李焘自注。
[3] 《长编》卷四百一十九哲宗元祐三年闰十二月丙辰。

的激励制度；（2）国家理论，因为是国家规定着和实施着产权；（3）意识形态理论，解释各种不同的关于现实的观念如何影响个人对变革'客观'环境的反应"[1]。诺斯认为，制度变迁有两种方式，其一是非连续性的变迁，其二是渐进的变迁。但他更重视后者，"关于制度变迁最重要的论点是——若想研究这个主题，就必须掌握，绝大多数的制度变迁都是渐进的。"[2]制度变迁的过程实际上是制度内容的变化的过程。因此，在某种程度上也可说，制度变迁的制约因素是经济、政治、文化三种因素综合制约的结果。下面我们利用诺斯的制度理论从产权、国家（政府干预）两方面对其进行考察。

一、产权与宋代买扑制度变迁

一般认为，产权包括所有权、使用权（经营权、管理权）和处置权。产权制度是最重要的经济制度。在不同的产权制度下对资源的使用是有不同规定的，其资源的配置效率也是不一致的。在完全私有制下，产权所有者有处分自己财产的权利，经济资源的配置往往在市场机制的自发作用下，向能够产生最大效益的地方流动。相反，产权不明晰下的经济主体没有对财产的支配权和处置权，特定的经济资源即使对经济主体能够发挥巨大作用，但也只会被闲置浪费。因此，产权的研究对制度变迁的研究是非常关键的一环。诺斯对经济制度中产权的界定和研究是在对西方经济史的长期考察后所得出的，但是对宋代买扑制度的研究仍有重要的借鉴作用。

宋代买扑制度实施于宋代商品经济较为发达的环境中。作为一种特殊承包制的买扑制度，其特点就在于宋代政府牢牢掌控着买扑事务的核心产权（所有权和处置权），而买扑参与人通过向宋政府缴纳钱物的方式，获得买扑事务一定时间内的部分产权（经营权和管理权）。因此，我们可以看到，宋代买扑制度的实施过程也就是宋代买扑事务产权的转移、确定并予以保护的过程。也正是因为宋代买扑制度的产权所有者是政府，所以宋代政府可以在让市场机制发挥作用下，根据不同时期的需要而变革宋代买扑事务中的产权。而分界制便是协调宋代政府和买扑者产权关系的制度安排。通过对分界制的演变的探讨，我们可以揭示产权变迁对宋代买扑制度的变迁的重要影响。

作为宋代买扑运行机制中的分界制开始的时间比较早，且时限一般为三

---

[1] ［美］诺斯著，厉以平译：《经济史中的结构与变迁》，商务印书馆1992年版，第11—12页。
[2] ［美］诺斯著，杭行译：《制度、制度变迁与经济绩效》，格致出版社·上海三联书店·上海人民出版社2008年版，第122页。

年。早在开宝九年（976）冬，太祖便诏令承买（买扑）者以三年为限[1]。乾兴元年（1022）十二月诏："……乡村不得增置酒场，其已募民主之者，期三年。"[2]熙宁九年（1076），宣徽南院使、判应天府张方平称司农寺对祠庙依坊场、河渡法收取净利，并三年为界[3]。元祐五年（1090），尚书省言："承买场务，三年为界满。"[4]由上可以做出判断，北宋时期分界制的时间大致遵循三年一界的制度规定。渡江以后，未见有三年一界的史料，但分界制仍存在。绍兴二十六年（1156）二月，诸军扑买酒坊酒库，各许立一界[5]。绍兴二十九年（1159）春正月癸未，殿前司乞诸军买扑酒坊，更立一界[6]。连具有官方背景的军队买扑酒坊都实行分界制，民间买扑者也肯定实行了分界制。由上观之，宋代政府从法令上来说是保障了买扑参与者分界制内的买扑事务中的产权的，其产权的转让也比较按照市场机制的自发调节进行。

  分界制具有保证宋代买扑制度中政府与买扑参与者之间的产权转让权利和义务。三年一界也是经过市场检验比较符合实际的时限。在一界之内，不论买扑者经营、管理状况如何，买扑者都必须把原先约定的课额数量缴纳给政府，而政府也不能随意终止买扑者的经营权或管理权。开宝九年冬诏"仍戒当职官吏勿得信任小民一时贪利妄增课额"[7]。乾兴元年（1022）诏乡村已买扑的酒场"乡村不得增置酒场，其已募民主之者，期三年，他人虽欲增课以售，勿听"[8]。以诏书的形式来维护买扑者的利益。当然，分界制的时限并非一成不变，有时会超过三年。宋代买扑事务的产权一直属于政府，故宋代政府可以根据形势需要而调整分界制的时间。遇有自然灾害或是战乱，官府为了减轻其对买扑参与者的冲击，临时规定以四年为一界，如天禧二年（1018）闰四月丙申，诏："灾伤州军买扑酒场年课不登，如岁满愿仍旧沽卖者，听展限一年。"[9]这实际上是宋代政府在出让产权过程中收益的减少，也可以说是蠲免买扑课额的方式之一。当然，在特定时期的特定地区，宋代买扑制度中还曾

---

[1] 《朝野杂记·东南酒课》甲集卷十四，第307—308页。
[2] 《长编》卷九十九真宗乾兴元年十二月己卯；《群书考索》后集卷十八之七；《文献通考·征榷四》卷十七。
[3] 《长编》卷二百七十七神宗熙宁九年八月壬辰。
[4] 《长编》卷四百三十八哲宗元祐五年二月壬子。
[5] 《系年要录》卷一百七十一，第2815页。
[6] 《系年要录》卷一百八十一，第3000页。
[7] 《朝野杂记·东南酒课》甲集卷十四，第307—308页。
[8] 《长编》卷九十九真宗乾兴元年十二月己卯。
[9] 《长编》卷九十一真宗天禧二年闰四月丙申。

在四川地区实行过三十年一界的分界制。绍兴八年十二月（1138），四川地区民户坊场率以三十年一榜卖，即以三十年为一界，结果公私俱困[1]。三十年为一界，其时限太长。三十年中的政治、经济发展形势如何变化不用说是宋人，就是今天也无人能做出准确的判断，故蕴含的风险是巨大的。而买扑制度的实行又是宋代政府和买扑参与者瓜分未来买扑事务所能带来的收益的结果，如果买扑参与者在经营或管理买扑事务的过程中由于主观或客观的因素无法实现收益，自然会"公私俱困"的结局了。因此，三十年为一界，并不适合宋代买扑制度实施的实际情况，也仅就是在四川地区昙花一现就消失于历史的云雾中了。

分界制从宋初开始就能得到很好的执行。即使是到南宋淳熙二年（1175），有大臣提及买扑墟市的弊端时称"凡买扑者，往往一乡之豪猾，既称趁纳官课，则声势尤甚于官司，官司既取其课利，虽欲为小民理直有所不能，乞下诸路州郡，应有前项买扑收税处并与住罢"[2]。正是因为分界制能维护豪民买扑墟市的管理产权，故宋代政府只能买扑墟市到期后停止买扑，而不能直接以行政命令取消买扑墟市。然而，此后的宋代政府逐渐破坏了自己制定的分界制原则。大约在孝宗后，主管四川盐井的总领所"已依官田法召人投买，得钱数万缗，大使司以为未及价，复卖之又得钱百万缗入制司。激赏库王子益以为失信，檄止之，大使司乃以总计所负制司广惠仓米三十万石言之于朝，子益议遂格"[3]。显然，王子益阻止大使司的违背分界制原则买扑四川盐井的做法并没有成功。嘉定元年（1208），"（陈）逢孺乃从总领所令民为永业，得钱十万缗，至是大司以为计司过于求酬未当直，再召人实封投买，得钱近百万缗"[4]。既明令买扑盐井为永业，又以"求酬未当直"为由再次出卖，政府不遵循分界制可见一斑。南宋中期后政府不遵循自己制定的买扑事务中产权规则，预示着买扑制度的必然衰落。

二、宋代政府干预与宋代买扑制度变迁

诺斯认为，国家的存在对于经济增长来说是必不可少的；但国家又是人为的经济衰退的根源。这一自相矛盾的情况，使得有关国家的研究成为对于经

---

[1] 《系年要录》卷一百二十四，第2031页。
[2] 《宋会要辑稿·食货》一八之八。
[3] 《朝野杂记·四川总制司争鬻盐井》乙集卷十六，第804页。
[4] 《朝野杂记·四川收兑九十一界钱引本末》乙集卷十六，第792页。

济是至为重要的；国家模式应当是任何有关长期变化分析的一个明确的组成部分[1]。对经济运行的干预是国家与生俱来的一项职能，是国家意志的一种具体体现。纵观人类社会经济的发展，从来就没有不受政府干预的经济发展。无论是传统经济还是现代经济，都或多或少的存在者政府干预。但是，政府干预经济对经济增长来说其作用具有双重性。在传统社会中的宋代，政府对经济运行的干预是客观存在的，谁也无法否认。而宋代买扑制度就是宋代政府导入市场机制并干预经济发展的结果。宋代政府对宋代买扑制度变迁中作用是双重性的。一方面，宋代政府利用国家的力量保障了买扑制度在宋代商品经济发展大潮中顺利展开和持续运行；另一方面，政府的干预也是宋代买扑制度日渐消亡的根源之一。

宋代政府对买扑制度的干预主要表现在以下两方面。第一，决定宋代买扑事务的兴废。宋代买扑的类型可以分为三大类。第一类是特许经营买扑，包括酒买扑、盐买扑、茶买扑、商税买扑、坑冶买扑、矾买扑、醋买扑、河渡买扑等。第二大类是政府采购买扑，包括中央政府采购买扑、地方政府采购买扑和军队采购买扑三种。第三大类是官田买扑。上述众多类型的买扑来源于不同的经济部门，但并未完全涵盖了宋代的所有经济部门。显然是宋代政府根据形势需要而在不同的经济部门做出实施买扑制度的决定，买扑者只能被动参与到宋代政府确定的买扑活动中来。下面我们以宋代政府各级机构对买扑事务的管理职能为个案来探讨该问题。

有宋一代，宋代多个各级政府机构都具有买扑制度的设置与废止的管理职能，具体来说先后有三司——司农寺、转运司、提刑司和州县地方政府。先看宋代政府机构与买扑事务的设置。仅就北宋时期，向朝廷奏请并实施买扑事务的政府机构有转运司、司农寺和州县政府。转运司与坑冶、官田买扑的设置。至和二年（1055）十一月，诏："陕西转运使，同州铁冶，自今召人承买之。"[2]神宗熙宁九年（1076）十一月，侍御使周尹称"闻昨成都府路转运司以相度卖陵井盐场"[3]。宣和四年（1122）五月二日，诏："江南东西路有逃绝及江水坏田，多是虚招税租，监司不问督责州县民力不堪，令转运司并当职官体究根括置籍勾管，仍劝诱归业及召人租佃承买。"[4]司农寺设置祠庙买

---

[1] ［美］道格拉斯·C·诺斯：《经济史上的结构与变革》，商务印书馆1992年版，第25页。
[2] 《长编》卷一百八十一仁宗至和二年十一月丁巳。
[3] 《长编》卷二百七十九神宗熙宁九年十一月乙卯。
[4] 《宋会要辑稿·食货》一之六。

扑。熙宁九年（1076），宣徽南院使、判应天府张方平言："司农寺言近降新制，应祠庙并依坊场、河渡募人承买，收取净利。管下五十余祠，百姓已买阏伯庙，纳钱四十六千五百，宋公微子庙十二千，并三年为一界。"[1]江陵县县尉设置政府采购买扑。神宗熙宁七年（1074）五月，神宗下诏同意江陵县尉陈康民请求的在怀州九鼎渡买扑石炭（即生煤）供应在京窑务所需生火燃料的做法[2]。与涉及宋代买扑事务设置的政府机构相比，宋代涉及买扑事务废止的政府机构比较少，且主要是地方路一级的政府机构中的转运司和提刑司。转运司奏请废止过买扑盐和买扑商税。神宗熙宁九年（1076）司农寺颁布买扑新法，应天府的祠庙依坊场、河渡一样采取实封投状买扑。就在当年，应天府判官张方平就以"慢神黩礼，岁收细微，实损大礼"为由，请求朝廷不卖阏伯、微子和双庙三祠庙。神宗震怒批示："司农寺粥天下祠庙，辱国黩神，次为甚者，可速令更不施行。其司农寺官吏，令开封府劾之"[3]。最后废止了全国祠庙的买扑。神宗元丰四年（1081），权发遣度支副使公事塞周辅上奏废除江南西路买扑盐场[4]。淳熙五年（1178）六月十九日，诏令诸路转运司废罢"除正额系省场务，见系吏部差官处"之外的所有的税场、税铺[5]。提刑司审核减价的坊场河渡，若减价为估价的20%仍无人买扑则关停该坊场及河渡。神宗元丰七年（1084）诏："（坊场、河渡）无人承买者，许自陈损其钱数，明谕以召人愿增价者听，若不售则更减之，减及八分而不售者，提刑司审核，权停闭。"[6]

第二，决定宋代买扑制度的运行机制。宋代买扑制度的运行机制由政府颁布法规机制、实施机制、监督机制等环节组成。在宋代买扑制度的运行机制中，买扑参与者只能被动的适应，政府则根据买扑制度的实施状况做出调整，政府干预的烙印非常明显。宋代买扑运行机制中法规机制和监督机制只能由政府来实施。下面我们以宋代买扑实施机制中的重要内容——宋代买扑事务规模的变化过程来看宋代政府对其决定性作用。宋初的酒务买扑多在州县乡村边远地区或人烟稀少之处，课额微薄。天圣四年（1026）陕西转运使提出将课利年额在一千贯以下的酒务、道店、商税，"许人认定年额买扑，更不差官

---

[1] 《长编》卷二百七十七神宗熙宁九年八月壬辰。
[2] 《宋会要辑稿·食货》五五之二一。
[3] 《长编》卷二百七十七神宗熙宁九年八月壬辰。
[4] 《长编》卷三百一十一神宗元丰四年三月辛卯；《宋会要辑稿补编·盐》，第758页。
[5] 《宋会要辑稿·食货》一八之一〇。
[6] 《文献通考》卷十九。

监管"[1]。也就是买扑酒务课额低于一千缗。治平四年（1067）五月十九日，朝廷下诏："官监一年不及三千缗以上，即令买扑如故，自今有系衙前买扑场务却欲拘收入官者，其因依听裁。"[2]从上述诏书可以看出：各地买扑酒坊课额数量在英宗时低于三千缗。仁宗时买扑酒坊的课额已经限制在一万缗了。景祐元年（1034），臣僚言："诸道州、府、军、监、县、镇等酒务，自来差官监处，乞不以课利一万贯以上，并需衙前及诸色不该罚赎人，一户以上，十户已来，同入状，依元敕，将城郭、草市冲要道店、产业充抵当，预纳一年课利买扑。"结果从之[3]。而宋高宗绍兴二十一年（1151），诏："诸军买扑酒坊监官赏格依旧。四万、三万贯以上场务：增及一倍，减一年磨勘，二倍减二年磨勘，三倍减三年磨勘，四倍减四年磨勘。"[4]可以看出，绍兴二十一年（1151）军队买扑单个酒务的课额可能达到16万缗。绍兴三十一年（1061）同安郡王杨存中复以私家扑买酒坊九，及酒本酿具为钱七十二万缗上之。于是岁通收息钱八十万缗有奇[5]。显然，作为南宋高官的杨存中单个买扑酒坊的课额接近9万缗。从宋代买扑事务中的课额限额的历史演变来看，其数额由北宋时的一千缗、三千缗、一万缗逐渐增长到南宋初的十多万缗，而这样的调整完全是宋代各级政府确定的。因此可以说，宋代买扑制度的运行机制实际上也就是宋代政府的干预机制。

宋代政府对买扑制度的干预是宋代买扑制度变迁的主线，贯穿于其始终。不论是宋代买扑制度的设立、废弃，还是其实施机制的变革，都与宋代政府的干预是分不开的。宋代政府对买扑制度干预的过程，也就是其变迁的过程。政府干预是宋代买扑制度变迁的重要动力之一。

---

[1]《宋会要辑稿·食货》五四之三、四。
[2]《宋会要辑稿·食货》二〇之九。
[3]《宋会要辑稿·食货》二十之八。
[4]《宋史·食货下》卷一百八十五。
[5]《系年要录》卷一百八十八，第3150—3151页。

第四章 宋代买扑制度的历史作用及地位

宋代买扑制度是宋代政府导入市场机制干预经济运行的结果。要探讨其历史作用及地位就必须考察实行买扑制度实施的目的是否达到，效果如何？故本章第一、二节对其与宋代之财政、宋代之役法之间的关系进行研究。同时，宋代买扑制度实施于宋代高度发展的商品经济环境中，而商品经济代表着人类社会经济的发展方向。宋代买扑制度与宋代商品经济发展的关系制约其评价，故本章第三节探究其与宋代商品经济的关系，并认为其推动了宋代商品经济的向前发展。除此之外，宋代买扑制度与宋代专卖制度关系密切，宋代买扑制度与宋代专卖制度既有联系又有区别，对双方之间的比较研究也是非常必要的。在此基础上，本章第五节对宋代买扑制度兴盛的原因、实施过程中的弊端进行了探讨，并肯定了宋代买扑制度对宋代历史变迁的积极作用。

第一节 宋代买扑制度与宋代之财政

一般认为，财政是指政府的收支分配活动。因此，宋代买扑制度与宋代财政的关系包括两方面：一是与宋代财政收入的关系；二是与宋代财政支出的关系。宋代的买扑制度大致经历了"募民主之"、"酬奖衙前"和"实封投状"三个阶段。在前两个阶段中，宋代实施买扑制度的目的是缓和社会矛盾以及衙前等重役带给乡村的冲击。因此，这一时期的买扑制度与宋代的财政并无太大的联系。但熙丰变法后，随着实封投状制买扑的广泛推广和募役法、官制等改革措施的实行,买扑制度对此后的宋代财政产生了重大影响[1]。并且,这种影响力并未随熙丰变法政策的波动而消失,并在高宗时期达到顶点。

一、买扑课额是宋代财政收入的重要组成部分

从与宋代财政收支关系来看,宋代的买扑类型可以分为财政收入类买扑和财政支出类买扑两种。在财政收入类买扑中,酒务买扑持续时间最长,其买扑课额数量最大,表现得比较典型。故我们以酒务买扑为个案来探讨宋代买扑制度与宋代财政收入的关系。

在"募民主之"和"酬奖衙前"买扑阶段,酒务买扑对宋代财政收支影响甚微。但熙丰变法时"遍天下酒务买扑",并在酒务买扑中广泛推广已经比较完善的实封投状制,促使买扑课额日渐增长,对宋代财政收入产生越来越大的影响。这种影响表现在以下方面。第一,单个酒务买扑的课额剧增一百多倍,由一千缗增为十多万缗。宋初的酒务买扑多在州县乡村边远地区或人烟稀少之处,课额微薄。天圣四年(1026)陕西转运使提出将课利年额在一千贯以下的酒务、道店、商税,"许人认定年额买扑,更不差官监管"[2]。也就是买扑酒务课额低于一千缗。治平四年(1067)五月十九日,朝廷下诏:"官监一年不及三千缗以上,即令买扑如故,自今有系衙前买扑场务却欲拘收入官者,其因依听裁。"[3]从上述诏书可以看出:各地买扑酒坊课额数量在英宗时低于三千缗。尽管这是当时全国的大致情况,当然也不排除在某些城市实行合伙买扑制的酒场课额较大。如真宗天禧(1017—1021)年间,应天府王曾在向朝廷上奏时说言到"府民五户共扑买酒场岁课三万余缗"[4]。仁宗景祐元年(1034),臣僚言:"诸道州、府、军、监、县、镇等酒务,自来差官监处,乞不以课利一万贯以上,并需衙前及诸色不该罚赎人,一户以上,十户已来,同入状,依元敕,将城郭、草市冲要道店、产业充抵当,预纳一年课利买扑。"结果从之[5]。而宋高宗绍兴二十一年(1151),诏:"诸军买扑酒坊监官赏格依旧。四万、三万贯以上场务:增及一倍,减一年磨勘,二倍减二年磨勘,三倍减三

---

[1] 王曾瑜先生在《宋朝的役钱》(载于《锱铢编》)中指出,"宋神宗时的国库丰裕,主要是仰仗司农寺和户部右曹所掌握的役钱、青苗钱和坊场钱三笔大宗收入,从而扭转了宋仁宗以来三司人不敷出的状况",把买扑坊场钱看做是宋神宗时政府财政收入的重要组成部分。
[2] 《宋会要辑稿·食货》五四之三、四。
[3] 《宋会要辑稿·食货》二〇之九。
[4] 《长编》卷九十四真宗天禧三年十一月辛未。
[5] 《宋会要辑稿·食货》二十之八。

年磨勘，四倍减四年磨勘。"[1]可以看出，绍兴二十一年（1151）军队买扑单个酒务的课额可能达到16万缗。绍兴三十一年（1061）同安郡王杨存中复以私家扑买酒坊九，及酒本酿具为钱七十二万缗上之。于是岁通收息钱八十万缗有奇[2]。显然，作为南宋高官的杨存中单个买扑酒坊的课额接近九万缗。即使考虑到南宋时期的物价上涨，南北宋时期买扑酒务规模的差距还是异常明显的。

第二，买扑酒务课额在其鼎盛时期曾占到宋代榷酒纯收入中的一半，乃至更高。神宗熙宁五年（1072）二月，下诏曰："天下州县酒务，不以课额高下，并以租额纽算净利钱数，许有家业人召保买扑，与免支移、折变"[3]。对全国州县的酒务普遍实施了买扑。据毕中衍《中书备对》中统计，神宗熙宁九年（1076）全国府界及诸路坊场河渡等共27,607处，买扑课额总额为4,203,189贯石匹两，南宋时全国府界及诸路坊场河渡为31,000处[4]。当然，弄清熙宁九年中全国买扑坊场河渡中坊场所占比例是分析此时期内买扑酒坊在宋代财政收入地位中的关键。哲宗元符三年（1100）十一月，户部言："天下坊场三万一千余处"[5]。此时距离神宗熙宁九年（1076）不过二十五年，全国买扑坊场的总数应该差距不会太大。对此，杨师群先生已经得出较为准确的判断，"所谓的'坊场河渡'，其中绝大部分应为坊场，河渡甚至可以忽略不计"[6]。而在熙宁十年（1077），全国酒课收入总额为13,108,918贯石匹两。[7]据李华瑞先生的研究，宋代酒课本柄钱（成本）约为40%[8]。据此，可以得出同年宋代政府酒课中的息钱（纯利润）为7,865,351贯石匹两。熙宁九年与熙宁十年仅相差一年，这两年中的酒课、酒息钱和酒务买扑课额应该不会有太大的变化。可以看出，熙宁九年中买扑坊场课额约占熙宁十年中酒息钱的53.4%。需要注意的是，尽管熙宁九年买扑坊场河渡课额中不全是买扑坊场课额，但此课额中并未包括城市酒务买扑课额。同时，宋代的坊场钱一般指净利钱，不包括买扑酒务

---

[1] 《宋史·食货下》卷一百八十五。
[2] 《系年要录》卷一百八十八，第3150—3151页。
[3] 《长编》卷二百三十神宗熙宁五年二月壬申。
[4] 《太平治迹统类》卷二十九。
[5] 《太平治迹统类》卷二十九。
[6] 杨师群：《宋代酒课几个问题的再商榷——答李华瑞同志》，载《中国经济史研究》1994年第2期刊。李华瑞先生《关于宋代酒课的几个问题——与杨师群同志商榷》（载于《中国经济史研究》1994年第2期刊）中假设坊场数额占其中的一半，计算出买扑坊场课额仅占总数的13.6%。也就是说，在买扑坊场比较兴盛的神宗时期，买扑坊场课额仅为官监酒务课额的九分之一，故认为买扑坊场取得的经济效益不高。
[7] 《宋会要辑稿·食货》二十之一九。
[8] 李华瑞：《试论宋代的酒价及其酒的利润》，载《中国经济史研究》1991年第3期。

中的课利钱、买名钱。因此，我们可以作出一个比较符合当时实际情况的判断，在"酒坊遍天下买扑"的熙丰年间，宋代买扑酒务课额超过了为宋代榷酒纯收入的一半以上（见表3-1）。

表3-1 宋代政府买扑课额收入简表

时 间	事 由	总 额	类 别	资料来源
神宗熙宁五年（1072）	成都路百五十所买扑盐井课额	出纳银绢及5万数，折合钱1万缗至5万缗之间[1]	买扑盐务	《净德集》卷四
神宗元丰二年（1079）	司农寺分定诸路年额内藏库寄纳	100万缗	买扑酒务	《长编》卷三百一，神宗元丰二年十二月丁巳
神宗元丰五年三月（1082）	输诸路坊场宽剩钱至元丰库	500万缗	买扑酒务	《长编》卷三百二十四，神宗元丰五年三月壬辰
神宗元丰五年五月（1082）	诏除杭、睦、苏、湖、秀、常、润、温、明、台十州买扑场务积欠净利过月钱三万余缗	3万余缗	买扑商税	《长编》卷三百二十六，神宗元丰五年五月乙未
元丰七年（1084）	全国买扑坊场课额	钱5050090缗，谷帛976657石、匹	买扑酒务	《长编》卷三百五十，《永乐大典》卷7507《中书备对》
元丰七年（1084）	府界诸路岁收额	698.6万缗，穀帛97.66万石匹有奇	买扑坊场钱	《文献通考》卷十九
绍兴元年（1130）五月	两浙买扑坊场净利钱	84万缗	买扑酒务	《建炎以来系年要录》卷四十四
绍兴二十七年（1157）	两浙、荆湖买扑坊场课额	127万缗	买扑酒务	《建炎以来朝野杂记》甲集卷十四
南宋初年（绍兴八年〈1138〉以前）	旧成都路酒务许人户买扑分认	4.8万缗	买扑酒务	《建炎以来系年要录》卷一百二十四

---

[1] 绢银与钱的折算可参阅程民生先生的《宋代物价研究》（人民出版社2008年版）。程民生先生认为该时期一匹绢为铜钱200—300文，一两银大约是一缗铜钱。

（续表）

时　间	事　由	总　额	类　别	资料来源
乾道三年（1167）五月	蠲免盱眙军发纳绍兴三十二年、隆兴元年、隆兴二年分内藏库坊场钱	各500贯文	买扑酒务	《宋会要辑稿·食货》六三之二四
淳熙三年（1176）	蠲免四川买扑课额47.35万余缗	54.12105万余缗	买扑酒务	《宋史·食货下七》卷一百八十五

除了买扑酒务对宋代财政收入有重要影响外，熙丰年间新设的内藏库、元丰库的输入钱物来源中，买扑课额也占据了重要的组成部分。元丰三年（1080）未设元丰库以前，贮藏于内藏库。元丰库设立后，坊场、河渡买扑钱贮藏于元丰库中。元丰库废弃后，又贮藏于内藏库。熙宁八年（1075），诏司农寺岁支坊场钱三十万缗，都提举市易司岁支息前钱二十万缗偿内藏库，具元年以来诸司直借钱物数以闻故也[1]。元丰元年（1078），神宗下诏："自今岁起，发坊场钱更不寄纳市易务，径赴内藏库寄帐封桩"[2]。元丰二年（1079），神宗下诏每年必须在规定时间内输入坊场钱一百万缗到内藏库中，其数额由司农寺摊派到全国各路[3]。在元丰库设置后，部分买扑课额又输入到元丰库中。元丰三年（1082），"诏司农寺趣（促）诸路提举司发常平并坊场积剩钱五百万缗，输元丰库"[4]。淳熙十一年（1184）十月一日，诏浙东路合纳内藏库坊场钱可依自来立定祖额[5]。可以看出，储存到内藏库和元丰库中的买扑课额数额是巨大的。内藏库以及元丰库的设立主要是为了积聚中央财政收入应对非常之事，不到迫不得已不会使用，实际上就是宋代的后备财源。因此，从这个角度来看，宋代买扑课额的收取对宋政权的稳固发挥了积极作用。

二、宋代买扑制度与宋代财政支出

宋代买扑与宋代财政支出关系包括两方面，一是宋代政府购买买扑，二是宋代买扑课额在中央财政和地方财政中支出的状况。

---

[1]　《长编》卷二百六十八神宗熙宁八年九月乙酉。
[2]　《长编》卷二百九十五神宗元丰元年十二月戊午。
[3]　《长编》卷三百一神宗元丰二年十二月丁巳。
[4]　《长编》卷三百二十四神宗元丰五年三月壬辰。
[5]　《宋会要辑稿·食货》五一之六、七。

(一)宋代政府购买买扑与宋代财政支出

宋代买扑制度的实施除了在财政收入中占据重要地位外,在节约政府财政支出中也发挥了积极作用。神宗时期,宋代政府在政府购买上供物中实行买扑,与政府直接购买相比节约了政府财政支出的50%。市易务是熙丰变法中新设的一个机构,同时也是主管政府购买买扑的机构。神宗熙宁五年(1072)冬十月,王安石向神宗建议市易务承担管理诸司库务的职能,为行人买扑上供物创造了条件。神宗皇帝回答说:"今行人扑买上供物亦易尔。前宋用臣修陵寺令行人揽买漆,比官买减半价,不知市易司何故乃致人纷纷如此,岂市易司所使多市井小人耶?"[1]从神宗皇帝的话语中我们可以看出三点:其一神宗皇帝赞同行人扑买上供物的做法;其二熙宁五年的政府购买中存在行人买扑上供物的事实;其三,行人买扑政府采购物资比政府自己到市场上购买大大节约了费用。行人买扑同样物资仅为政府购买支出的一半,也就是节约了50%的政府采购费用。十二月一日,诏:"罢诸路上供科买。"[2]显然,至同年年底,宋廷采纳了王安石的建议,由市易务主管令行人买扑了朝廷所需的上供物。

(二)宋代财政支出对买扑课额的依赖

在"募民主之"和"酬奖衙前"阶段的买扑时期,宋朝政府实施买扑的目的是缓和社会矛盾,政府获取的买扑课额比较少。所以,该时期用于财政支出的买扑课额也很少,故对财政支出的影响可以忽略。但熙丰变法后,随着"遍卖天下酒务",以及其他众多类型买扑的实施,宋代政府控制的买扑课额数量有了急剧的增长,并在政府财政支出中占据了重要地位。实封投状买扑下的宋代的买扑课额由课利钱、净利钱和买名钱组成。其中,课利钱系省由中央支配,买名钱由地方支配,而一般又称为坊场钱的净利钱则由中央和地方共享。

1. 宋代中央财政支出对买扑课额的依赖

宋代买扑课额对宋代中央财政支出影响最大的是酒务买扑课额。买扑酒务课额由北宋中期的"一以募人之役,二以公家之用"演变为南宋时的"坊场名课,朝廷所仰补助岁计",其在宋代财政支出中的地位日渐重要。

熙丰变法实行募役法后,支酬乡村役法中的重难衙前等财政支出钱物就由酒务买扑课额承担。需要注意的是,实封投状买扑酒务的课额大大多于官府付给募役衙前役人的钱数。哲宗元祐元年(1086),实封投状买扑酒务课额有一

---

[1] 《长编》卷二百三十九神宗熙宁五年冬十月。
[2] 《宋会要辑稿·食货》三八之一、二。

定的衰减，苏辙提到当时"天下坊场钱一岁所得共四百二十余万贯，而衙前支费及招募非泛纲运一岁不过一百五十余万贯"[1]。募役支出仅占坊场钱收入的35.7%（坊场钱中绝大部分是买扑酒务的课额）。所以，当时的殿中侍御史吕陶在评论买扑酒务状况时说"于是拘收坊场，官自出卖，所得净利一以募人执役；二以给公家之用"。[2]

除了役法外支出外，酒务买扑课额还用于熙宁新法所增官吏俸禄。其方式有两种。一是把向买扑酒务课额征收的贯税钱专用于吏禄。熙宁四年（1071）正月二十八日，诏："三司应买扑酒曲诸坊场每贯纳税钱五十文，仍别封桩，以禄吏人。"[3]至哲宗元祐二年（1087），仍诏："以坊场税钱尽充吏禄，毋得他用。"[4]尽管禄吏人的税钱并非直接是坊场钱，但却是因坊场钱而从买扑者手中征收的，也可以算做是买扑课额。二是直接从买扑酒务课额中划拨充为吏禄，其数额高达百万缗。神宗时，实封投状下的酒务买扑课额"以禄在公之吏焉"，"其法募民愿买坊场者，听自立价。实封其价状告为扃钥，纳期启封，视价高者给之。后朝廷所增内外吏禄，岁支缗钱百余万缗，取具焉"。[5]

南宋初年，酒务买扑课额成为政府财政支出尤其是急迫的军费支出的重要来源。建炎元年（1127）八月京畿转运判官上官悟请悉发诸路坊场钱为行在赡军费，诏："诸路提刑司具见在常平钱物数以闻。"[6]建炎三年（1129）三月十四日，两浙转运副使王琮等言："本路利源唯酒税与买扑坊场课利亟收最多，近令逐旋起发应副车驾巡幸支用。"[7]建炎四年（1130）十二月，自（张）浚入蜀，尽起诸路常平坊场钱以赡军[8]。绍兴四年（1134）冬，令江浙常平司预借一界买扑净利钱应付大兵急阙[9]。后来的诸路坊场钱仍优先支遣大军。

应该说，本朝人，尤其是掌管全局的高宗皇帝对南宋初年的财政支出状况最为熟悉。宋高宗对建炎和绍兴年间朝廷军费严重依赖酒务买扑课额有过深切认识。绍兴二十九年（1159）户部请求扩大买扑坊场参与者，尤其是允许官户

---

[1]　《宋会要辑稿·食货》一三之一七、一八。
[2]　（宋）吕陶：《净德集·奏乞放坊场欠钱状》卷二。
[3]　《宋会要辑稿·食货》一七之二四、二五；《宋会要辑稿补编·商税》，第677页。
[4]　《长编》卷三百九十四哲宗元祐二年春正月辛酉。
[5]　《长编》卷二百十七神宗熙宁三年十一月甲午，李焘自注。
[6]　《系年要录》卷八，总198页。
[7]　《宋会要辑稿·食货》四九之三六。
[8]　《系年要录》卷四十，第750页。
[9]　《系年要录》卷八十二，第1343页；卷九十五，第1575页。

也能够参与买扑。高宗回答说："坊场名课，朝廷所仰补助岁计，若不以有无拘碍，庶几接续不致败阙，宜从之。"[1]实际上鉴于买扑课额对"岁计"（也就是财政支出）的重要性同意了户部的请求。绍兴三十一年（1061），同安郡王杨存中复以私家扑买酒坊九处，酒本酿具为钱七十二万缗归还朝廷，总计岁通收息钱八十万缗有奇。杨存中所缴之前的酒务买扑课额为一半充当京师杭州诸军马草费用。而当时诸军每天消费费草料万束，大概为钱千缗。上（宋高宗）尝谓近臣曰："自杨存中之罢，朕不安寝者三夕。"[2]当宋高宗听说杨存中不买扑酒务，京师大军草料钱可能没有着落时内心焦虑得三晚都睡不好觉，这无形当中说明了买扑酒务对当时中央财政支出的重要。

宋代中央财政支出除了役法、军费支出依赖买扑课额外，一些临时性的支出诸如水利工程的兴修、赏赐钱、买帛、折籴和礼仪支出等也依赖于它才得以顺利完成。水利工程的兴修。元丰二年（1079）夏四月，诏："司农寺出坊场钱十万缗赐导洛通汴司，增给吏兵食钱，内以二万缗给范子渊为固护黄河南岸薪刍之费。"[3]元丰三年（1080）二月，在宋用臣请求下，诏给坊场钱二十万缗，仍伐并河林木以足梢桩之费来治理洛水入汴至淮河道[4]。赏赐钱。熙宁十年（1077）四月，淮南东路坊场钱五万借转运司，为今年冬衣及南郊赏赐盐本钱。七月，诏："河北、河东、陕西五路常平免役坊场剩钱毋得起发上京及应副别路，惟留本路，以备边赏。"[5]元祐七年（1092）稽查私茶的专拦若"自能告首者免罪，外之赏钱三百贯文，以卖酒场钱充。"[6]绍兴三十一年（1161）冬十月，借江、浙、荆湖等路坊场净利钱三百八十万缗以备赏金[7]。买帛、折籴和礼仪支出。"元丰以来，诸路预买绸绢，许假封桩或坊场钱，少者数万缗，多者数十万缗。"[8]元丰三年（1080）八月，司农寺在其主簿韩宗良到江浙路利用积留的苗役坊场钱成功折籴军粮的基础上，希望朝廷允许该项政策扩大到淮南东路及两淮诸州军地区[9]。元丰三年春正月，诏："司农寺给

---

[1] 《系年要录》卷一百七十七，第2934页。
[2] 《系年要录》卷一百八十八，第3150、3151页。
[3] 《长编》卷卷二百九十七神宗元丰二年夏四月庚戌。
[4] 《长编》卷三百〇二神宗元丰三年二月丙午。
[5] 《长编》卷二百八十一神宗熙宁十年四月丁未；《长编》卷二百八十三神宗熙宁十年七月丁巳。
[6] 《长编》卷四百七十七哲宗元祐七年六月己卯。
[7] 《宋史·本纪第三二·高宗九》卷三二。
[8] 《宋史·食货志上三·布帛》卷一七五。
[9] 《长编》卷三百七神宗元丰三年八月己卯。

坊场钱十万缗下成都府造大驾卤簿仪物，先给五万缗不足故也。"[1]

2. 宋代地方财政支出对买扑课额的依赖

在宋代，不仅是中央财政对买扑课额产生了严重的依赖，就是地方财政支出也出现过相类似的倾向。马端临评论北宋初期买扑课额对地方财政的重要性时说道"至淳化中，而买扑酬奖之法次第举矣，买扑之利归于大户，酬奖之利归于役人。州县坐取其赢以佐经费，以其剩数上供，此其大略也"[2]。宋朝地方财支中比较重要的有地方治安费用、公使钱以及地方教育经费。治安费用。淳熙四年（1177）八月二十四日，太平州守臣言："黄池镇河渡从来系百姓买，是致盗贼出没，难以禁止，乞从本州买扑抱认课利量立渡钱缉察盗贼。"从之[3]。公使钱。哲宗元祐七年（1092）八月，以龙图阁学士左朝奉郎的官职被贬到扬州做知州的苏轼向朝廷写了一篇《申明扬州公使钱状》的奏议[4]。在这篇奏议中，苏轼提及扬州公使钱的旧例来源是"右臣勘会本州公使额钱每年五千贯文，除正赐六百贯、诸杂收簇一千九百贯外，二千五百贯并系卖醋钱。检会当日初定额钱日，本州醋务系百姓纳净利、课利钱承买，其钱并归转运司。"[5]即扬州公使钱的大部分来源于转运司拨付的民间百姓买扑醋的课额。教育经费。徽宗时期鼓励各地兴办官学，其办学经费除了以往的学田和官员民众的捐赠外，还增加了买扑醋坊的课额。崇宁二年（1103），知涟水军钱景允向朝廷建议大力兴办地方教育，修建学校，而经费来源是"请以承买醋坊钱给用"。结果是，"诏常平司计无害公费如所请，仍令他路准行之"[6]。宋廷显然是采纳了钱景允利用各地买扑醋坊作为办学经费的建议并在全国推行了。除此之外，在中央朝廷的特批之下，地方上的转运司可以获取一定的买扑课额用于一些临时性的地方财政支出。神宗熙宁十年（1077）八月，"诏给河北东

---

[1] 《长编》卷三百〇二神宗元丰三年春正月丙子。
[2] 《文献通考》卷十九。
[3] 《宋会要辑稿·方域》一三之一三。
[4] （宋）苏轼著、孔凡礼点校：《苏轼文集》卷三十五，第985至第986页，中华书局1986年3月第1版。
[5] 公使钱类似于今天的各级政府机关的接待费用。苏轼在《申明扬州公使钱状》中提及到扬州公使钱缺乏时说"窃以扬于东南，实为都会，八路舟车，无不由此，使客难还，馈送相望，三年之间，八易守臣，将迎之费，相继不绝，方之他州，天下所无。每年公使额钱，只与真、泗等列郡一般，比之楚州少七百贯。况今现行例册，元修定日造酒糯米每斗不过五十文足，本州之费，一切用酒准折，又难为将例册随米价高下逐年增减，兼复累年接送知州，实为频数，用度不赡，是致积年诸般逋欠，约计七八千贯"，显然苏轼时的公使钱类似于今天的政府机关招待费。
[6] 《宋史·食货下七·醋》卷一百八十五。

路坊场钱十万缗,付转运司增修霖雨所损州县城、仓库等"[1],哲宗元祐五年（1090）春正月,"诏京西路提刑司拨十二万贯坊场名额付转运司,不用出卖条约,从本司隧宜经书,资助岁用"。[2]

第二节 宋代买扑制度与宋代之役法

宋代的役法有两种,一是差役法,二为免役法。熙丰变法时期实行免役法,而在熙丰变法前和变法后都采用了差役法。差役法由乡间主户轮流摊派服役。免役法则实行主户、客户、城郭户、僧道户及官户等共同出钱给官府,再由官府雇人服役的做法。但不论宋代的役法如何改变,买扑制度与宋代役法之间的紧密关系即买扑酬劳役法却未曾变化。在诸种买扑类型中,与宋代役法紧密相连的是酒务买扑。

一、差役法下的宋代买扑制度

关于宋代的差役,种类繁多,一般按照户等的高低委派于民间,各州县皆有常数。《宋史·食货志》中对宋代差役有过比较清晰的概述。"宋因前代之制,以衙前主官物,以里正、户长、乡书手课督赋税,以耆长、弓手、壮丁逐捕盗贼,以承符、人力、手力、散从官给使令；县曹司至押、录,州曹司至孔目官,下至杂职、虞侯、拣、掏等人,各以乡户等第定差。京百司补吏,须不碍役乃听。"[3]

宋代的差役是乡间民户的一项沉重负担,其中又以衙前役为烈。宋代的衙前有时也称为牙前。衙前役的职责是主管官物,包括保管和运输两个环节,具体来看如典主仓库、场务、纲运等。除此之外,有时还会涉及代购官物乃至开采坑冶。神宗熙宁七年（1074）五月,江陵县尉陈康民言:"相度南京宿、亳收市窖柴,衙前合行减罢。"[4]真宗时,宰相韩琦评及利城军开采铁冶情况,"差衙前二人,岁纳课铁一十五万觔（斤）。自后采伐,山林渐远,所费浸

---

[1]《长编》卷二百八十四神宗熙宁十年八月戊子。
[2]《长编》卷四百三十七哲宗元祐五年春正月戊子。
[3]《宋史·食货上五·役法上》卷一百七十七。
[4]《宋会要辑稿·食货》五五之二一。

大，输纳不前。后虽增衙前六人，亦败家业者相继"[1]。按规定，衙前役由乡村五等主户中的一、二等户充当，且还要财产抵押，一旦所主管官物有损失，则由衙前役人赔偿。熙丰前的宋代的衙前役分为两种，一是轮差衙前，二是主动向官府要求服衙前役的投名衙前。按照衙前役的困难程度来分，又可以分为重、难、积劳三等。应该说，服衙前役者有舞法弄权、鱼肉乡里的一面，也有受宋代官吏勒索、欺凌，乃至竭产破家的一面。但总的来看，后者居于主要方面。由于服衙前役不但有人力支出，还有巨大的财产风险，故在诸种役中，以衙前役为重，一般的民户畏之如虎。哲宗元祐元年（1086）的右司谏苏辙甚至认为衙前役对乡村的危害超过了战乱。他说："衙前之害，自熙宁以前，破败人家，甚如兵火，天下同苦之久矣。"[2]宋政府为了缓和社会矛盾，很早就采取了买扑酒场酬奖衙前的做法。淳化年间（990—994），买扑酬奖衙前办法开始推行。有的衙前自己买扑经营酒坊以自偿，有的收取一定费用又转卖给大户买扑经营，故马端临评论说"买扑之利归于大户，酬奖之利归于（衙前）役人"[3]。任何一项制度行之既久，其弊自生。宋初的衙前役至北宋中期有加重之势。真宗时，民间为了避衙前"伪券售田于形势之家，假佃户之名"，到熙宁元年（1068）则"土地不敢多耕，而避户等；骨肉不敢义聚，而惮人丁"，结果是"役使频仍，生资不给，则转为工商，不得已而为盗贼"[4]。熙宁二年（1069），内藏库上奏称："有衙前越千里输金七钱，库吏邀乞，逾年不得还者。"[5]可见，在神宗熙宁前后，衙前重役已为扰乱民间安定的严重问题。而此时以往衙前买扑酒坊酬奖的办法也出现了弊端。嘉祐五年（1060），出知明州的钱公辅针对旧衙前买扑酒坊富者越富，贫者越贫，无衙前买扑则抑勒其他乡户买扑的弊端，采取拘收酒场官卖收钱，"视牙前役轻重而偿以钱，悉免乡户"的办法[6]。治平四年（1067）五月十九日，陕西转运司也拘收衙前买扑酒场入官[7]。可以肯定，在熙宁变法以前，宋代政府已零星地采取拘收衙前买扑酒场入官，再视役重程度而偿以钱的办法。

---

[1] （宋）韩琦：《韩魏公集·家传》卷十三。
[2] 《长编》卷三百六十九哲宗元祐元年闰二月癸卯。
[3] 《文献通考·征榷六》卷十九。
[4] 《宋史·食货上五》卷一百七十七。
[5] 《长编拾补》卷四神宗熙宁二年三月戊寅；《宋史·食货上五》卷一百七十七。
[6] 《长编》卷一百九十一仁宗嘉祐五年二月乙亥。
[7] 《宋会要辑稿·食货》二〇之九。

二、免役法下的宋代买扑制度

免役法是熙丰变法的重要内容之一。神宗熙宁四年（1071）冬十月，宋廷正式颁布了募役法，使宋代役法出现了改差役为募役的重大改变[1]。具体做法就是全国普遍实行了绝大部分民户出钱免役，而少量民户获得官府酬钱后充役。役法的变革导致宋代买扑制度的重大变化，尤其是酒务买扑。对于免役法下买扑制度对役法顺利实行的重要性，哲宗元祐元年（1086）的右司谏苏辙有过准确的评述及概括。他说："衙前之害，自熙宁以前，破败人家，甚如兵火，天下同苦之久矣。先帝（神宗皇帝）知之，故创立免役法，勾收坊场，官自出卖，以免役钱雇投名人，以坊场钱为重难酬奖，及以召募官员、军员押纲，自是天下不复知有衙前之患。"[2]也就是说，在熙丰年间免役钱酬劳的仅是投名衙前，而买扑坊场钱酬劳的是重、难衙前，押纲的官员和军员等，其酬劳范围超过免役钱，正是因为实行买扑酒务酬奖衙前，故"自是天下不复知有衙前之患"。

在役法变革之前，原有的买扑酒务"酬奖衙前"做法早就出现危机，并已经零星出现政府收回"酬奖衙前"酒务后，实行实封投状买扑再利用其买扑课额酬奖衙前的做法。熙丰时期，只不过是推广了这一办法而已。其实施的目的在于"民始免重役破产之患，奉公出力者得禄以养"的官民互利状态[3]。宋人章如愚评论说："至熙宁免役乃罢收酒场，听民增直，以愿取其价以给衙前，时有坊场钱。"[4]其具体办法为熙宁三年（1070）司农寺所定，"衙前不差乡户，其旧尝愿为长名者，听仍其旧，却用官自召卖酒税坊场并州县坊郭人户助役钱数，酬其重难。"[5]可以看出，衙前役已由差役改为募役后，其酬钱除来自于买扑酒税坊场钱外，还来自于州县坊郭人户助役钱。随着熙宁年间买扑制度的发展，至熙宁九年（1076），买扑坊场、河渡钱已可足够供雇募衙前之费[6]。元丰初，用于雇募衙前的坊场钱剩余数较多，司农寺请岁发百万缗输中都。元丰三年（1080），还在司农寺的南面建元丰贮之以待非常之用[7]。实行

---

[1]　《长编》卷二百二十七神宗熙宁四年冬十月壬子。
[2]　《长编》卷三百六十九哲宗元祐元年闰二月癸卯。
[3]　《长编》卷二百十七神宗熙宁三年十一月甲午，李焘自注。
[4]　《群书考索》后集六十四之十三。
[5]　《宋史·食货上五》卷一百七十七。
[6]　《长编》卷二百七十九神宗九年十一月戊寅。
[7]　《群书考索》后集六十三之十三；《宋史·食货下一》卷一百七十九。

实封投状买扑酒务酬劳衙前的改革受到许多人的欢迎，就连时任监察御使、力陈新法十害的刘挚也认为"惟此一法，有若可行"。

元祐更化，王安石新法俱废，宋政府在短期内曾幻想再行差役法，却不用实封投状买扑坊场酬奖衙前，但很快就失败了。一贯反对王安石新法的苏辙也对这种政策提出批评，并希望继续实行买扑酬奖役钱。他说："今来略计天下坊场钱一岁所得共四百二十万贯，若立定酌十价例，不许添价划买，亦不过三分减一，尚有役钱八十余万贯，而衙前支费及召募非泛纲运一岁共不过一百五十余万贯，虽诸路多少不齐，或足或否，而折长补短，移用可足。由此言之，将坊场钱用于衙前一役绰然有余，何用更差乡户。"[1]元祐元年（1086）三月，部分地恢复熙丰买扑坊场、河渡雇募衙前的做法，只不过附加"若招募不足，方始差到乡户衙前"的条款。同年三月，详定役法奏准用于支酬衙前重难、添酒钱和准备场务陪费之后剩余的买扑坊场、河渡钱，"除依合支外，欲并拘留，以备招募衙前，支酬重难及应缘役事之用"。五月，详定役法又奏准将原诸路移支内藏库寄账封桩的买扑场务钱用于上述役事[2]。六月，苏轼上札子，提出管理和使用坊场役钱的具体设想："应坊场河渡钱，及坊郭人户、乡村、单丁、女户、官户、寺观所出役钱及量添酒钱，并作一处桩管。通谓之坊场等钱，并用支酬衙前、召募纲运官吏、接送雇人及应援衙前役人诸般支使。如本州不足，即申本路于别州移用，如本路不足，即申户部于别路移用"[3]。显然，苏轼建议朝廷把坊场钱酬奖役法的范围从衙前扩大到衙前、招募纲运官吏、接送雇人及应援衙前役人诸般支使等，并且酬奖役钱的买扑坊场钱可以在州、路等地方行政区划内相互协调使用。元祐六年（1091），宋政府除直接以现钱支酬投名衙前外，还允许投名衙前积留酬钱在官买扑场务，其具体办法是：投名衙前依额钱优先买扑，还可三两人同状合伙承买；对败阙减价场务，如衙前与百姓价等，亦先给衙前；若是已历重难者，只需原额的70%亦可买扑；若衙前买扑后又不愿经营、管理，则可以自由转让给他人[4]。元祐七年（1092）针对全面恢复募役法后，买扑坊场、河渡钱支酬衙前宽剩较多的状况，三省又建议令诸路监司、州县把这些宽剩钱补助下列五种役人：差役人户、狭乡县役人、宽乡役人、官雇弓手和壮丁，除此之外，还在地区之间相互

---

[1]《宋会要辑稿·食货》一三之一七、一八。
[2]《长编》卷三百七十二哲宗元祐元年三月癸酉；《长编》卷三百七十八哲宗元祐元年五月甲戌。
[3]（宋）苏轼：《苏东坡全集·论桩管坊场役钱札子》奏议集卷三，第428页。
[4]《长编》卷四百六十八哲宗元祐六年十一月辛丑；《宋会要辑稿·食货》一三之三五、三六。

支援移用[1]。由上可以得知,元祐后期买扑与役法的关系之密切超过了熙丰时期,表现在两个方面:酬奖衙前形式和役钱来源的多样化,熙丰时期只有支付买扑坊场、河渡钱给衙前一种形式,元祐时期则除了直接支付买扑坊场、河渡和场务现钱给衙前外,还允许衙前买扑坊场、河渡和场务以自偿;买扑酬奖役的种类大大扩大,熙丰年间仅酬奖衙前,元祐时期则除了酬奖衙前外,还扩大到其他诸如押纲官员、军员,官雇弓手和壮丁等非重难役人。元祐后期所确定的买扑酬奖役法办法,大致沿用到北宋末。

渡江之后,社会动荡,军费激增,买扑课额也多用于军费,南宋政府动用买扑课额酬奖役法的现象也较罕见,买扑与役法的关系不似北宋时那么密切。就史料记载来看,南宋政府似乎仅仅对因买扑官田宅导致户等上升的民户采取减免一段时间部分差役的措施。绍兴二十六年(1156)十月七日,浙东刑狱使者邵大受亦乞承买官田者免物力三年至十年,一千贯以下免三年,一千贯以上免五年,五千贯以上十年,朝廷最后同意承买官物者一千贯以下免一年,以上免二年力役[2]。乾道九年(1173)闰正月二十六日,诏:"浙东提举司将人户承买官产一千贯以上免差役三年,五千贯以上免五年。"[3]

第三节 宋代买扑制度与宋代之商品经济

商品经济是一种交换经济,包括商品生产和商品交换两个组成部分。在人类社会中首先出现的经济形态是自然经济,商品经济是在自然经济发展到一定阶段的产物。对于二者的关系,我国著名的经济史专家李埏先生有过精辟的认识,"人类社会经济的发展,乃是自然经济与商品经济的对立消长的过程"[4]。因此,商品经济的发展,从另一方面来说就是自然经济的退步。商品经济什么时候出现于中国传统社会中,还需要探讨,但它在我国传统社会中的发展阶段却是清晰的。业师林文勋先生早就指出:中国封建社会中的商品经济发展经历过三个高峰,呈现出螺旋式上升发展的态势。这三个高峰时期分别是

---

[1] 《长编》卷四百七十七哲宗元祐七年九月丙戌。
[2] 《宋史·食货上一》卷一七三;《宋会要辑稿·食货》六一之一九、二○。
[3] 《宋会要辑稿·食货》六一之三三。
[4] 李埏:《中国封建经济史论集》,云南教育出版社1987年版,第6-15页。

春秋战国至西汉汉武帝时期，唐宋时期和明清时期[1]。与前代相比，宋代商品经济的基础更为广阔，发展水平更高。其具体表现为：城市化率的提高，人口超过百万的特大城市的出现；城市中坊市制度的打破，夜市的兴起；乡村中镇市、草市、墟市遍及全国；商人与商人资本的再度崛起；海外贸易取代传统的陆上贸易；货币信用体系不断进步，出现世界上最早的纸币并在较为广大的区域内广泛使用等[2]。为什么宋代会成为中国传统社会中商品经济发展的第二个高峰时期呢？张锦鹏博士在《宋代商品供给研究》中认为有三个重要因素所导致：一是制度创新，包括土地产权制度、分成租佃制度、大规模的政府采购制度和禁榷制度；二是不断深化的农业、手工业和商业分工；三是诸如以水转大纺车、胆水浸铜法和卓筒井等技术创新[3]。促进经济增长的因素有资本——储蓄率的提高、制度创新、知识增长、分工发展和人力资本等。我国上世纪70年代末80年代初的在农村实行过的制度创新——家庭联产承包责任制，在我国农村生产关系、人力资源、生产技术等经济增长因素基本不变的情况下却在较短的时间内使我国的农村经济发生了翻天覆地的变化。从我们的亲身体验来看，制度创新在经济增长中显然占据了首要位置。因此，制度创新是宋代商品经济发展的首要原因。需要注意的是，宋代商品经济发展中的制度创新除了张锦鹏博士所说的土地产权制度、分成租佃制度、大规模的政府采购制度和禁榷制度之外，还不能忽视买扑制度。买扑制度不仅仅贯穿于宋代经济生活中，而且广泛存在于宋代商品生产、商品流通环节中，并对宋代商税的征缴有着重要的影响。本节将从商品生产和商品流通两方面来探讨买扑制度对宋代商品经济发展

---

[1] 林文勋、杨华星：《也谈中国封建社会商品经济发展的特点》，载《思想战线》2000年第6期。
[2] 对宋代商品经济发展状况的研究成果非常丰硕。李埏先生的《中国封建经济史论集》对不同历史时期商品经济发展与经济曲线变化、唐宋时期货币制度改革与商品经济的关系提出新的理论解释，并指出唐宋时期是中国历史时期商品经济发展的第二个高峰时期；傅筑夫先生的《中国封建社会经济史》第五卷中对宋代农业、手工业和商业的发展进行了深入的考察，尤其强调了官营手工业和禁榷制度对商品经济的抑制作用；漆侠先生的《宋代经济史》对宋代农业、手工业和商业经行了系统而全面的研究；郭正忠先生的《两宋城乡商品货币经济考略》论证了宋代商品经济已经发展到了很高的程度而并非是"过早"和"病态"的"假象"；林文勋先生的《宋代四川商品经济史研究》论述了宋代四川地区商品经济发展的条件及商品、市场、货币和商人等问题，并对四川地区商品经济的总体发展水平做出了评估；李晓博士的《宋代工商业经济与政府干预研究》从经济结构变化和市场结构特征入手进行分析宋代工商业经济的发展；张锦鹏博士的《宋代商品供给研究》从宋代商品供给的基本特征以及引起宋代商品供给变化的原因来探讨商品经济发展水平；日本学者古林森广先生的《宋代产业经济史研究》对宋代农畜产物加工业、金属加工业和渔业三大产业的生产过程及其产品流通进行了研究；日本学者加藤繁先生的《中国经济史考证》则对宋代商品经济发展中诸如禁榷制度、商税、贸易等主要问题进行了考证和分析。
[3] 张锦鹏：《宋代商品供给研究》，云南大学出版社2003年版，第318—320页。

的促进作用。

一、宋代买扑制度与宋代商品供给

商品是凝聚着无差别人类劳动,用于交换并能满足人们某种需要的劳动产品。商品的出现与存在是商品经济的前提和基础。中国传统经济中数据资料的缺乏对相关的研究者来说是一个众所周知的难题,但要想对宋代买扑制度下向宋代市场上提供的商品供给进行探讨的话,就必须进行定量研究。宋代的商品供给主要有农产品和手工业品两大类。具体来说则以粮食、茶叶、盐、酒、纺织品和坑冶产品为大宗商品,无论是手工业品还是农产品类的大宗商品,宋代的买扑制度下的生产都是商品性生产,都以交换为目的。在宋代诸种买扑类型中,官田买扑提高了官田的生产效率,为更多的粮食和经济作物成为商品提供了便利条件,而茶买扑、酒买扑、坑冶买扑、盐买扑、矾买扑、醋买扑等则直接为宋代消费市场上提供商品。酒买扑、坑冶买扑、盐买扑、矾买扑和醋买扑属于手工业部门,为宋代市场提供商品容易理解。而茶叶虽属于农产品,但宋代的茶买扑却涉及茶叶的生产。孝宗隆兴元年(1163)四月二十二日诏:"今后捉到私茶,依龙安县园户犯私茶体例,及十斤以上将户下茶园估价,召人承买,将五分收没入官,五分支边,犯人填价。"从都大主管成都府利州等路茶事官请也[1]。南宋孝宗时把私茶园户的茶园没收入官再估价召人承买(买扑)的方式也许仅在四川地区存在,但在这种方式下,买扑人盈利的方式肯定是通过培育、采摘、售卖茶园里茶叶来完成,显然这种茶叶买扑方式涉及茶叶的整个生产过程。通过研究后我们可以发现,宋代买扑制度下提供的商品主要是禁榷品中的手工业品,其中酒、盐、坑冶、矾等规模比较大,下面我将予以具体分析。

(一)酒

如果希望弄清酒务买扑向宋代市场所提供商品数额,我们就必须解决两个数据,一是酒价,二是买扑者的售酒所得总额。用后者除以前者就可以求得宋代时期买扑酒务向市场提供的酒额了。在同等品质下,宋代的酒价受季节、地区和时间的影响而有很大的差异。总的来看,就季节来说冬季比其他季节贵,就地区来说城市中比乡村地区贵,就时间来说南宋时期比北宋时期贵。因此,对宋代酒价只能以通常价格计算。至于宋代买扑者的售酒总额,由

---

[1] 《宋会要辑稿·食货》三一之一五。

于未能直接搜集到数据，只能从其它数据进行推测了。宋代的酒务经营有官营和买扑经营两种。买扑者必须缴纳买扑课额才能参与酒务的经营。如果按照现代理性经济人来判断，买扑者向政府缴纳买扑课额后还有所结余才可能获取利润，也才可能使买扑酒务持续进行下去。因此，买扑者向政府缴纳的课额显然低于他们实际售酒总额。如果我们能弄清楚官营酒务的酿酒成本与获得酒息之间比例关系，我们就可以利用其数据推算出买扑酒务的售酒总额。孝宗乾道二年（1166），南宋都城临安官营酒务"有七酒库，日售钱万缗，每岁收本钱一百四十万，息钱一百六十万"[1]。我们用息钱减去成本就可以得出官营酒务的利润，进而得出官营酒务的利润率。通过这种方法，我们得到南宋时官营酒务的利润率为14.3%。买扑酒务的因为要向政府缴纳课额，因此他们买扑酒务的利润要比官营酒务高，才可能持续买扑下去。[2]

表3-2　宋代买扑酒务提供的酒产量估算简表[3]

时间	地区	酒价	买扑课额（铜钱）	售酒总额	酒额	人均	资料来源
天禧三年（1019）	应天府	乾兴元年（1022）年杭州酒价70文1瓶	拖欠3万余缗	3.429万余缗	489857瓶	157404口[4]，人均3.1瓶	《长编》卷九十四真宗天禧三年十一月辛未
天圣四年（1026）前	全国	乾兴元年（1022）年杭州酒价70文1瓶	每所买扑酒务课额低于1000缗	1143缗	16328瓶		《宋会要辑稿·食货》五四之三、四

---

[1]　《朝野杂记·东南酒课》甲集卷十四，第308页；《宋史·食货下七·酒》卷一百八十五。
[2]　官营酒务中的酒息，实际上就是实封投状制出现前的买扑酒务中的课利钱，亦即买扑课额中的一部分。在实封投状制实行之后的买扑酒务的课额包括课利钱、净利钱和买名钱，其数额大大超出课利钱。通过这种方法估算得出的买扑酒务售酒后的总额低于实际额。
[3]　表中中宋代不同时期的酒价和曲价参照程民生先生的《宋代物价研究》（人民出版社2008年版）第187页至193页制作，所引人口来自于梁方仲先生的《中国历代户口、田地、田赋统计》（中华书局2008年版）。宋代的买扑酒务虽以三年为一界，但买扑课额却是分三年缴纳，每次缴纳三分之一，故当年获得的买扑课额包含的也是当年度的买扑酒务酿酒成本。
[4]　梁书未有当年人口数据，崇宁元年（公元1102年），应天府共有79741户，157404口。由于北宋初至崇宁年间应天府地区基本上没有大的社会变动，因此，崇宁元年的人口数据只会比天禧年间的大。采用崇宁年间的人口数据计算只会使得出的数据低于真实数据。

（续表）

时间	地区	酒价	买扑课额（铜钱）	售酒总额	酒额	人均	资料来源
嘉祐时（1056—1063年间）	汴京	熙宁四年（1071）前汴京曲钱每斤168文	富民刘保衡买扑酒场欠曲钱100多万缗	114.3万缗	6803571斤曲	崇宁元年（1102）开封府442940口，人均约15.4斤曲	《长编》卷一百八十九仁宗嘉祐四年三月己亥
治平四年（1067）前	全国	元丰年间1斗酒不足100文	每所买扑酒务课额低于3000缗	3429缗	34290斗，342900升		《宋会要辑稿·食货》二○之九。
熙宁九年（1076）	全国	元丰年间1斗酒不足100文	年额4,03,189贯石匹两，折合37912764.88缗[1]	43334291.2缗	4333.42912万斗，4334.2912万升	熙宁十年30807221口，人均约14.1升	《太平治迹统类》卷二十九
神宗元丰二年（1079）	全国	元丰年间1斗酒不足100文	内藏库寄纳年额100万缗	114.3万缗	1143万斗，11430万升	元丰初年33303889口，人均约3.4升	《长编》卷三百一，宗元丰二年十二月丁巳
元丰五年三月（1082）	全国	元丰年间1斗酒不足100文	年额500万缗	571.5万缗	5715万斗，57150万升	元丰六年24969300口，人均约22.9升	《长编》卷三百二十四，神宗元丰五年三月壬辰
元丰七年（1084）	全国	元丰年间1斗酒不足100文	年额钱5050090缗，谷帛976657石、匹[2]折合19533.14缗共5069623.14缗	579.41314万缗	5794.1314万斗，57941.314万升	元丰六年24969300口，人均约23.2升	《长编》卷三百五十，元丰七年十二月癸巳

---

[1] 宋代买扑课额的缴纳主要以铜钱计算，以其他方式的所占甚少。上表中元丰七年（公元1084年）买扑课中谷帛不到总数的10%，熙丰年间的银价为每两一缗，故熙宁九年中的买扑课额总数中谷帛数额不多，不会超过420318.9石匹，全部以最低的谷价折算为84063.78缗，再加上所占超过90%的买扑课额中的钱和银数，熙宁九年买扑课额折合铜钱为37912764.88缗。

[2] 元丰法令绢一匹850文，元祐元年粮价每石200文，该数据以全部为低价的粮价折算。

（续表）

时间	地区	酒价	买扑课额（铜钱）	售酒总额	酒额	人均	资料来源
元祐元年（1086年）	全国	元丰年间1斗酒不足100文	年额420余万缗	480.06万缗	4800.6万斗，48006万升	40072606口，人均约12.0升	《宋会要辑稿·食货》一三之一七、一八
建炎三年（1129年）	成都路	绍兴三年前（1133年）每升120文	年额48000余缗	54864余缗	457.2万升	崇宁元年（1102）2492541口，人均约1.8升	《系年要录》卷一百二十四，第2031页
绍兴元年（1130年）	两浙	绍兴三年前（1133年）每升120文	年额84万缗	96.012万缗	800.1万升	崇宁元年（1102）3767441口，人均21.2升	《系年要录》卷四十四，第800页
绍兴二十七年（1157年）	两浙、荆湖	绍兴末年每升150文	买扑坊场课额127万缗	145.161万缗	9677400升	嘉定16年（1123）8226728口，人均约1.2升	《朝野杂记》甲集卷十四，第308页
绍兴三十一年（1161年）	两浙	绍兴末年每升150文	杨存中上缴买扑课额80余万缗	91.44万缗	609.6万升	嘉定16年（1123）4029989口，人均约15.1升	《系年要录》卷一百八十八，第3150页
淳熙三年（1176年）	四川	淳熙八年（1181年）台州每瓶199文，每瓶酒共3升	蠲免买扑课额47.35万余缗	54.12105万余缗	2719650.754瓶，8158952.3升	嘉定16年四川四路6610831口，人均1.2升	《宋史·食货下七》卷一百八十五

由上表可以看出，在买扑酒务兴盛的元丰年间，人均供给量估计超过10升酒。在可见数据的元丰七年（1084），买扑酒务向市场供应的酒人均供给量达17.7升，全国总量为4359.2011万升，若以一升酒折合一公斤算，即为4359.2011万公斤，4万多吨的总额。因此，宋代买扑酒务向宋代市场提供的酒额数量是巨

大的，为宋代商品经济的发展起到了推动作用。

（二）盐

宋代时只有川陕井盐区的盐类生产实施了买扑经营，为宋代市场提供了大量的盐。早在真宗天禧五年（1021）时蜀盐的生产便开始出现买扑法。当时蜀盐"煮井"法规定："煮井则川陕四路，大为监，小为井。监则置官；井则募士民，或役衙前主之"[1]。这也就是说，出盐产量较低的小井由士人或服衙前役者买扑产盐。在北宋中期，宋政府对买扑井户课额的征敛比较宽松，丰厚的利润刺激许多人加入到买扑盐井中来。另外，此时许多大的盐井也实行了买扑，熙宁九年（1076），一度被没收和填闭的卓筒井，又准许"元句当人情愿承买"[2]。元丰年间，除夔州路十三州及隆、荣、邛诸州官井外，成都、潼川、利州三路十七州盐井，大都实行买扑经营，随着实封投状买扑法在神宗熙宁年间的推广，后来宋代买扑盐也基本上采取了这种方式。渡江以后，军费激增，南宋政府为谋求财政收入，在对四川盐井继续实行买扑的同时，还对买扑盐课的争夺不择手段，使四川盐课急剧攀升。

对宋代买扑产盐数额的考察离不开盐的价格和买扑者售盐的总数。与酒相似，史料中并未有买扑盐井者的本钱数据。对买扑者售盐的总数需要从其他途径推测。宋仁宗时，文同在"奏为乞免陵州井纳柴状"中提及买扑盐井后"免得酬与监中主当公人等十一处场务及兼内诸般销费共一万八百余贯，其余外州军般盐纲后酬奖尚不在其数内。如此，则七八十万束之柴能害于民者尽去而五六万贯之钱能利于国者尽得矣，岂不称朝廷爱养元元之意哉？"[3]文同的奏议中包含下列数据：一是官监盐井和搬运的费用为10800余贯铁钱；二是陵州井盐每年用柴70至80万束，而在同状中文同称陵州井百姓私下买卖柴禾"每束直三四十文足钱"，折故合铁钱21000贯铁钱，可以看出，官监陵州井盐的成本大致为31800万贯铁钱；三是如果民户买扑陵州盐井，则买扑课额达5至6万贯铁钱。民间买扑盐井的成本与官监相比会较低，但搬运费和柴禾费用估计不会有太大的出入，再考虑其他成本因素，买扑陵州井的成本至少不低于25000贯铁钱。因此，买扑陵州井的成本与课额的比例在1∶2左右。买扑盐户在上缴盐课和付出成本后应有结余才可能持续买扑盐井，因此买扑盐井的成本加上课额数

---

[1]《长编》卷九十七真宗天禧五年十二月戊子。
[2]《宋会要辑稿·食货》二四之十二。
[3]（宋）文同：《丹渊集》卷三十四之十三。

额再除以盐价得出的总量应该比买扑盐井实际的出盐的数额要低。

表3-3 宋代买扑盐井盐产量[1]

时间	地区	买扑课额（铁钱）	买扑盐的成本	买扑售盐总额	盐价	盐量	资料来源
宋仁宗时（1023—1063）	成都府路陵州	5-6万缗	2.5万缗	7.5-8.5万缗	庆历六年（1046）梓州路每斤160文	46.875万斤至53.125万斤	《丹渊集》卷三十四
神宗熙宁五年（1072）	成都府路	出纳银绢及50000万数，折合钱150000缗至200000缗之间[2]	7.5万缗—10万缗	22.5万缗—30万缗	熙宁九年（1076）成都府路每斤250文	90万斤至120万斤	《净德集》卷四
熙宁六年（1073）	熙河路	15000缗（铜钱）	0.7万缗	2.2万缗	庆历八年（1048）陕西每斤24文	91.6667万斤	《长编》卷二百四十五神宗熙宁六年六月乙未
嘉定元年（1208）	四川三路	1000000缗	50万缗	150万缗	庆元元年（1195）每斤320文	468.75万斤	《朝野杂记》乙集卷十六《四川收兑九十界钱引本末》

（三）坑冶

宋代的买扑坑冶生产有金、银、铜、铅、锡、铁等商品。大约在真宗大中祥符年间（1008—1016），坑冶已经实行了买扑。从仁宗后期起，铁矿的生产开始出现民间买扑经营方式。神宗熙丰变法，坑冶允许"召百姓采取，自备物料烹炼，以十分为率，官收二分，其八分许坑户自便货卖"[3]。熙丰坑冶买扑法是百姓自筹开采成本，开采出的矿冶产品官府收取20%，其余80%允许开采户自由买卖，这种做法通常也称为熙丰二八抽分法。至哲宗元祐五年

---

[1] 表中宋代不同时期的盐价参照程民生先生的《宋代物价研究》（人民出版社2008年版）第228页至231页制作。
[2] 绢银与钱的折算参阅程民生先生的《宋代物价研究》（人民出版社2008年版）。程民生先生考证出该时期一匹绢为大铁钱三贯多（至和元年〈1054〉数据），一两银大约是二贯铜钱（康定元年〈1040〉数据）折合铁钱4贯（熙宁八年〈1075〉数据）。
[3] 《宋会要辑稿·食货》三四之一六。

（1090），湖南转运司言："应金、银、铜、铅、锡兴发不勘置场官监，依条立年额课利，召人承买。"结果从之。[1]可以看出在哲宗时期，铜、铅、锡矿场也允许民间买扑。从此，买扑经营方式遍及铁、金、银、铜、铅、锡六类矿场。

哲宗以前是宋代坑冶业的兴盛时期，民间买扑经营的规模也较大，如仁宗时期的陕西同州韩城买扑铁冶，两场铁冶各达六百万斤[2]。而在哲宗以后，宋代坑冶业逐渐衰败，民间买扑经营的规模也较小。北宋末期崇宁、政和、靖康年间允许民间买扑的坑冶是"所收息薄而烦官监"，或为"苗脉微者"[3]。渡江以后，物价上涨，但政府收买民间买扑的坑冶产品价格却不提高，并且这时民间买扑坑冶主要是新发坑冶，经营风险增大，故政府虽想恢复熙丰年间民间买扑的盛况也不大可能，民间买扑坑冶业也日趋衰微。

表3-4 宋代部分买扑坑冶产量统计表[4]

类别	时间	地区	产量	资料来源
铁	至和年间（1054-1056）	陕西路同州韩城	两场共出产1200万斤铁	《宋会要辑稿·职官》四三之一三五
银	乾道九年（1165）八月	浙西路处州	五场官府收银2.28万两，折合出产11.4万两银	《宋会要辑稿·职官》四三之一七二
铜	乾道九年（1165）八月	浙西路处州	四场官府收铜4.5万余斤，折合出产22.5万余斤	《宋会要辑稿·职官》四三之一七二
铜	淳熙二年（1175）	浙西路处州	官府岁收铜10万斤，折合产铜50万斤	《宋会要辑稿·食货》三四之二三
铅	淳熙二年（1175）	浙西路处州	官府岁收铅15万斤，折合产铅75万斤	《宋会要辑稿·食货》三四之二三

（四）矾

宋代矾的买扑比较少见，仁宗景祐、宝元和庆历年间河东路晋州矾的买扑是一个非常典型的案例。仁宗庆历年间（1041—1048），北宋名臣欧阳修接受三司的委托到河东路晋州调查当地杜升、李庆等六户买扑生矾与晋州通判荣諲、并州秘书丞张日用对晋州官营熟矾的争辩纠纷一案。欧阳修在调查后，向朝廷写了一篇《论矾务利害状》记载了荣諲和张日用的辩词以及庆历年间晋

---

[1]《长编》卷四百四十一哲宗元祐五年四月癸丑。
[2]《宋会要辑稿·职官》四三之一三五。
[3]《宋史·食货下七·坑冶》卷一八五。
[4] 表中乾道九年、淳熙二年的坑冶产量按当时买扑坑冶中通行的官民二八分成制折算。

州矾的官、民经营矾的状况[1]。下表就是根据欧阳修的奏状整理的买扑生矾产量。可以确定的说,晋州买扑生矾的产量是极为可观的。

表3-5 仁宗庆历年间晋州买扑生矾产量[2]

时 间	买扑生矾课额数	生矾价格	买扑生矾产量
景祐四年(1037)			55.7万斤
宝元元年(1038)			72.2万斤
宝元二年(1039)			35.1万斤
庆历元年(1041)	116838.85贯	每斤42.8文	272.9879673万斤
庆历二年(1042)	148486.05贯	每斤42.8文	346.9300234万斤
庆历三年(1043)	158345.35贯	每斤42.8文	369.965771万斤

二、宋代买扑制度与宋代商品流通

商品流通是指以货币为媒介的商品交换。在商品经济中,买卖行为是相分离的,从而使整个社会的商品流通形成一个相互交错的复杂网络。商品流通的公式为商品——货币——商品。流通中任何一个环节受到阻碍,整个流通链条就有中断的可能。因此,商品流通是商品经济运转的重要环节。没有商品流通,商品经济就很难顺利发展下去。宋代诸种买扑类型的实施过程中无一不涉及商品流通。宋代特许经营买扑类型中的买扑酒务、买扑茶、买扑盐务、买扑坑冶、买扑矾务、买扑醋坊等都需要购进相关原料再售卖相关商品后,才能向宋代政府及时缴纳买扑课额。宋代政府购买买扑过程中,政府首先预付货币给买扑者,再由买扑者向政府提供货物。然而,在这过程中的买扑者自己并不出产相关物资,他们也仍然需要到市场上购买政府所需货物再转卖给政府。并且买扑者所赚取的利润最终不论是用于个人消费,还是进行投资都重回到商品流通中。在官田的买扑中,买扑者必须定时(一般是一年一次)向宋代政府上缴以钱币计算的买扑课额,他们在官田地上的收获物绝大部分要转化成货币上缴或是到市场上折买政府所需物资上缴。因此,上述宋代买扑的实施过程实际上就是一个商品的流通过程。宋代买扑类型中的买扑河渡和买扑商税对宋代的商品流通进行管理与监督,是宋代商品流通体制中的重要组成部分。其对宋代商

---

[1] (宋)欧阳修著,李逸安点校:《欧阳修全集·论矾务利害状》卷一百一十五,中华书局2001年版,1745—1748页。
[2] 数据来源于《欧阳修全集》,矾的价格参阅程民生先生的《宋代物价研究》(人民出版社2008年版)第296页。

品流通的作用与其他买扑类型相比不同，故单独考察。

（一）买扑河渡与宋代商品流通

宋代的河渡亦称津渡，简称津，是水陆冲要的地方，一般为商旅来往的必经之地。人员、货物流通量越大，河渡的地位就越高。宋代的河渡具有稽查奸细、逃兵的政治功能；同时也具有查禁违禁物品，获取一定财政收入的经济功能，是宋代商品流通的管理和监督制度之一。宋代的河渡有官监河渡和民间买扑河渡两种，此外还有一些非法的私渡存在。本节的考察仅涉及民间买扑河渡与宋代商品流通的关系。

买扑河渡在宋代商品流通中的地位与买扑者上缴的课额呈正比关系。买扑课额上缴数量多的自然地位就高，反之亦然。而买扑者上缴的课额多少与津渡的位置、河渡数量的多少有很大的关系，若考虑到物价上涨因素，似乎在北宋初期单个的买扑河渡课额最大，超过几百缗。渡江以后，诸制废弛，私渡屡禁不止，其数量远多于官渡和买扑河渡，其单个买扑河渡的课额不会太大。淳熙六年（1179）四月二日，淮南运判徐子寅称："真州津渡共二十九处，其中官监一、买扑六、私渡二十二；扬州沿江津渡共五十四处，其中官监一、买扑二、私渡五十一；通州沿江津渡共六十四处，其中买扑二、私渡六十二。"[1] 私渡如此猖獗，买扑河渡者的利益也很难得到保证。

表3-6 宋代买扑河渡课额、渡价及通过人、物数额统计表[2]

时 间	地 区	买扑河渡课额	人或物渡价	人或物总额	资料来源
太宗端拱二年（989）十二月	许州堰城螺湾渡	岁纳450000（文）	一车货物过渡收15文。	通过3万车货物以上买扑者才有利润	《宋会要辑稿·方域》一三之五
仁宗天圣四年（1026）七月	冀州堂阳县一千渡	岁纳60000（文）			《宋会要辑稿·方域》一三之五
天圣六年（1028）五月	荆南公安县一津渡	岁纳19000（文）	每牛收50文	通过380头牛以上买扑者才有利润	《宋会要辑稿·方域》一三之五
南宋前期	湖南		每人收10–20（文）		《汉滨集》卷五

---

[1] 《宋会要辑稿·方域》一三之一三、一四。
[2] 表中会子与铁钱的折算参照参阅程民生先生的《宋代物价研究》（人民出版社2008年版）第624页。

（续表）

时　间	地　区	买扑河渡课额	人或物渡价	人或物总额	资料来源
南宋中后期	广济县张家渡	月纳铁钱100贯以内，岁纳1000贯以内	每人会子2贯，折合铁钱一贯	需通过约1000人买扑者才能获取利润	《名公书判清明集》卷十四
南宋中后期	胡碛一渡口		买扑河渡者严四收一人17文，过渡者饶十四仅付5文		《名公书判清明集》卷十四

买扑渡河者仅是获得渡河的管理权，买扑渡河仍属官府控制范畴，因此它还负有查禁违法货物的职能，成为宋代政府控制商品流通的一个重要机构。绍兴二十八年（1158）十月十七日，刑部上奏要求买扑渡河者"照引书凿经由渡口、月日、姓名、押字"稽查私茶，如"渡口买扑人受幸不行批引纵放私茶，则与正犯茶人一等科罪"，朝廷从之[1]。乾道九年（1173）三月二日，扬州知州王之奇为阻止民间通过买扑津渡路线向金朝走私银，故对朝廷上奏："所有官渡乞更不令民间承买，仍选有心力使臣监渡重立赏罚。"结果，朝廷下诏："逐路沿江州军将应干系官、私渡，见官、监买扑去处，逐一开具申尚书省。"[2]因此，买扑河渡成为宋代政府控制商品流通的一个环节。

当然，民间人士向宋政府买扑河渡目的是为了赢利，需要对过往的人员、货物收摆渡费以自偿，摆渡费数量因货因时因地而异。因此，买扑河渡也会对宋代商品流通起到负面作用，阻碍宋代商品流通。其表现为通过上涨过渡价格来敲诈、勒索过往民旅。出现这种状况有时是宋代政府造成，有时是买扑河渡者的个人行为。通常，政府一般通过政策的调整严加监控乃至撤销买扑渡口就可以消除这种消极作用。

（二）买扑商税与宋代商品流通

宋代的商税是宋代政府为了维持统治的需要，凭借政治权力，按法定的标准强制向从事商业的人员无偿地征收而取得的一种财政收入。同时我们也看到，宋代商税的征收还是宋代政府对商品流通进行调整的一种结果。宋代的买扑商税包括买扑税场、买扑祠庙和买扑墟市。总体来看，买扑商税对宋代商品

---

[1] 《宋会要辑稿·食货》三一之一二；《宋会要辑稿补编·茶十、十一》第708—709页。
[2] 《宋会要辑稿·食货》三八之三三；《宋会要辑稿补编·市易》第662。

流通总量影响不大,但却关系到宋代地方上商品的正常流通,尽管有时这种作用是负面的。

1. 税场

税场是宋代商税中住税征收的基本单位之一,一般设置于州、县市场和镇市中,只有课额比较少的税场才会实行买扑。宋代的买扑税场至迟在宋仁宗天圣四年(1026)开始出现,并向全国推行。在同年正月三日,朝廷敕令"逐路转运司相度辖州军外镇道店、商税、场务课利年额不及千贯至五百贯以下处……许人认定年额买扑,更不差官监管,别无妨碍"[1]。神宗熙丰年间,连乡村集市也进行商税买扑。渡江后,南宋政府急于拓广财源。与北宋相比,南宋买扑税场范围有扩大的趋势并具有自己的特点,尤其是在高宗、孝宗时期。第一,高宗时打破了仅在北宋时州县地方上设置买扑税场的做法,在京师临安府也设置了买扑税场。第二,设置了户部、御史台、转运司、常平司和州县不同层级主管买扑税场的机构,管理体制严密。第三,南宋买扑税场的人员主要是地方豪民。

对于宋朝政府来说,买扑税场节省了设置税务、派遣官吏的开支,却可以得到一定的商税收入,实现对商品流通的控制。但是,买扑税场者向政府缴纳买扑课额获取对税场的管理权,显然是希望从取代政府进行对商品交易的活动中获取一定的赢利收入。羊毛出在羊身上,他们最终会把缴纳给政府的买扑税额乃至赢利部分从到税场进行商品交易的人群中抽取。如果买扑者经营税场过程中的征收商税数额没有超过当地百姓的承受能力,那么买扑税场有利地维护了当地正常的商品流通秩序,对其有积极作用;但如果买扑者经营税场过程中的征收商税数额超过了当地百姓的承受能力,则会扰乱正常的市场秩序,阻碍商品的正常流通,给人民带来祸害。在北宋时期,买扑税场的规模比较大,可达千贯,一般为原官监税务衰败而成,征税的对象也主要是商人,对普通百姓的危害较小。而在南宋时期,买扑税场规模比较小,征税的对象主要是普通百姓,且买扑者主要为地方豪强。因此,有时买扑税场会对地方商品经济的发展造成破坏。

2. 祠庙

祠庙作为贸易市场由来已久,兴建于唐睿宗时的汴梁相国寺,在宋初已成为繁荣的瓦市。宋代商税中的住税是以商品的交易场所为单位征收的。就作

---

[1] 《宋会要辑稿·食货》五四之二。

为商品交易的场所来说，祠庙与税场、墟市并无本质上的区别，既然税场、墟市可以买扑，祠庙也有可能买扑。然而，祠庙毕竟是供奉祖先和神灵的宗教场所，在祠庙里允许商品交易、征税有违封建伦理，故宋代祠庙的买扑持续时间不长。神宗熙宁九年（1076）司农寺颁布买扑新法，祠庙依坊场、河渡一样收取净利，以三年为界进行买扑。但在应天府判官张方平的禁止请求下，神宗当年九月就下诏停止买扑祠庙了。

3. 墟市

墟市即为岭南地区间隔三日左右交易一次的乡村集市。与设置与府、州、县、镇中的税场相比，规模较小。南宋时的墟市买扑于孝宗隆兴、淳熙年间已经出现，只不过朝廷是金明令禁止的。孝宗隆兴时（1163—1164）诏："乡落墟市贸易皆从民便，不许人买扑收税。"[1]淳熙二年（1175），有大臣承认"乡落有号为虚市者，止是三数日一次市合，初无收税之法，州郡急于财物，创为税场，令人户买扑纳钱，俾自收税。"[2]事实上在这之前已存在买扑墟市了。而到宁宗开禧、嘉定时，宋廷已经公开认可墟市买扑。开禧元年（1205）六月二日，广东提举陈昊言："广州肇庆府惠州共管墟税八十三场，皆系乡村墟市苛征虐取，甚至米粟亦且收钱，甚为民害"[3]。嘉定八年（1215）二月三日，臣僚言："远方墟市之税囊尝禁罢，州县乃令乡民买扑，其苛取及甚于州县"[4]。尽管买扑墟市遭部分官吏的非议，时兴时废，但一直存至南宋末。

南宋时期买扑的乡村墟市，规模偏小、问题却不少。南宋朝廷为获一些蝇头小利，却给乡村老百姓带来巨大危害。买扑墟市的实施给当地的商品交易带来更多的负面因素，阻碍了正常的商品流通。按规定买扑墟市的大姓豪民只能对在墟市里交易的货物收税，而墟市里买卖的货物又多是附近村落农民带来的农副产品，如居民日日常生活所需的蔬菜、果实和米粟之类。这些农民交易所得原本就少得可怜，再加上征税，无疑是雪上加霜。除此之外，墟市买扑者还肆意扩大征税对象，把原来不应该征税即不到墟市、税场交易的物品也征税。这种现象在宁宗时期（1195—1224）比较普遍。既然大姓豪民有官府所定的买扑契约为保障，收税时强取豪夺也就不可避免，而有些正直的地方官为了遵守

---

[1] 《文献通考·征榷一》卷十四。
[2] 《宋会要辑稿·食货》一八之八。
[3] 《宋会要辑稿·食货》一八之二三、二四。
[4] 《宋会要辑稿·食货》一八之二七、二八。

朝廷所定的买扑契约而发出"官司既取其课利，虽欲为小民理直有所不能"[1]的无可奈何的感叹。另外，买扑墟市者之间为了争夺客商以收税，有时还大打出手，出现"津栏捕捉数十为群，操执利刃，互相斗夺，杀伤人命，狱讼滋蔓"的情况，严重扰乱社会治安。面对买扑墟市所带来的严重社会问题，许多正直的地方官往往上奏请求废罢买扑墟市，甚至提出"如不欲亏失名钱（即买扑税场钱），本县自甘抱认发纳"的主张。[2]

表3-7　宋代买扑商税及商品流通量估算表[3]

类别	时间	地区	买扑课额	商品流通量	资料来源
买扑税场	天圣四年（1026）	全国每个税场	1000贯至500贯	3.3333万贯至1.6667万贯	《宋会要辑稿·食货》五四之二
买扑税场	淳熙十二年（1186）	荆门军㴲河、武宁、黄泥三税场	274贯333文	911.1贯，场均303.7贯	《宋会要辑稿·食货》一八之一三
买扑祠庙	熙宁九年（1076）	应天府阏伯庙	岁纳钱46500文	1500贯	《长编》卷二百七十七神宗熙宁九年八月壬辰
买扑祠庙	熙宁九年（1076）	应天府宋公微子庙	岁纳钱12000文	400贯	《长编》卷二百七十七神宗熙宁九年八月壬辰
买扑墟市	开禧元年（1205）	广东肇庆府惠州81场	岁纳23000缗有奇	766.6667万贯，场均9.465万贯	《宋会要辑稿·食货》一八之二三、二四

第四节　宋代买扑制度与宋代之专卖制度

一、宋代的专卖制度[4]

专卖制度，古代称为禁榷制度。从字面意义上来看，"禁"为禁止，"榷"为独木桥。业师林文勋先生已经指出："禁榷就是禁止私人经营，由官

---

[1]　《宋会要辑稿·食货》一八之八。
[2]　《宋会要辑稿·食货》一八之六七。
[3]　买扑商税的商品流通量根据宋代住税的税率3%折算。
[4]　关于宋代的专卖制度，本节参阅林文勋、黄纯艳等著的《中国古代专卖制度与商品经济》（云南大学出版社2003年版）第四章《唐宋商品经济的繁荣与专卖制度的嬗变》部分颇多，在此致谢。

府垄断,利出以孔,犹如过独木桥,舍此而别无他途"[1]。故所谓专卖制度,就是政府通过控制或干预某些大宗商品的运销乃至生产,既实现政府对经济的干预,更重要的是与商人争利,增加国家财政收入。它是封建政府在工商领域的一项长期基本国策[2]。我国古代的专卖制度起源于春秋战国时期[3]。西汉汉武帝时盐铁专卖的推行标志着我国古代专卖制度的基本定型。如果从中国古代专制政府与民间商人争夺专卖品利润的关系来看,中国古代的专卖制度演变经历了三个阶段:一是春秋、战国、秦至西汉的官占独利阶段,二是东汉、魏晋南北朝、隋、初唐的官民争利阶段,三是中唐至宋元明清的官民互利阶段。如果从中国古代专制政府控制专卖品流通的环节来看,中国古代专卖制度又可分为两个阶段。其一是春秋至初唐的官产、官运、官销专卖品的直接专卖阶段,其二为中唐至清代的政府仅控制专卖品生产、运输和销售流通环节中一部分的间接专卖阶段。宋代的专卖制度异常发达,除了把盐、铁、酒等这些传统的大宗商品纳入专卖体系之外,还把茶、矾、醋、香药也纳入到专卖体系之中。尽管中唐时刘晏的盐法改革使唐代的专卖制度出现由直接专卖向间接专卖的转变,但宋初的专卖制度却并未实行间接专卖制度,而是后来才逐渐采用的。需要注意的是,宋代的专卖制度尽管以间接专卖制度为主体,但直接专卖制度也并未废弃,而是与之并存。

宋代存在主要盐专卖、茶专卖、酒专卖、铁专卖、矾专卖和香药专卖等专卖种类。宋代的榷盐分为海盐区、解盐区和四川井盐区组成,通常情况是由政府划定各自的售卖范围,不能越界销售。宋初的盐政并未沿用唐朝刘晏创行的官购商销的间接专卖制度,而是继承了五代官营官销的直接专卖制度。但在盐政演变的过程中,又表现出了唐代由直接专卖向间接专卖转变的趋势,即由官营官销的禁榷制度向钞引盐制转变。宋代海盐区和解盐区盐政专卖政策转变的动因是宋代面临的边防压力及随之引发的困境。宋代的兵制已由隋唐时期的府兵制向募兵制转变。由于北方辽、西夏、金、蒙古等少数民族政权的兴起和强

---

[1] 林文勋:《中国古代专卖制度的源起与历史作用——立足于盐专卖制的考察》,《盐业史研究》2003年第3期。
[2] 林文勋、黄纯艳等著:《中国古代专卖制度与商品经济》,云南大学出版社2003年版,第24页。
[3] 中国的专卖制度起源于什么时候有多种说法。业师林文勋先生在《中国古代专卖制度的源起与历史作用——立足于盐专卖制的考察》一文考述了有起源于上古三代说,傅筑夫先生、吴慧先生的春秋时期齐国管仲"官山海"说,邵鸿先生的西汉汉武帝"盐铁"专卖说等。业师明确指出:"专卖制度形式多样,且从产生到定型有一个逐步完善的过程,我们不能将以后专卖制度的模式用以概括春秋齐国'官山海'的具体办法。"故赞同中国的专卖制度起源于春秋战国时期。

盛，需要长期维持数量庞大的常备军。数额巨大的军队后勤物资的供给成为困扰宋代政府的一大难题，而这个难题则主要由宋代的钞引盐制来解决。而四川井盐区受其全国盐政的影响，最终也走向了钞引盐制。因此，尽管各自的管理制度相对独立，变动也不完全同步，但宋代盐的专卖制度由官营官销向钞引盐制转变的趋势是相同的。

与榷盐不同的是，宋代的榷茶并不是沿用唐代旧法，而是在宋与南唐对峙的特殊局势下产生的特殊制度[1]。宋代的榷茶开始于太祖建隆三年（962）的蕲春榷茶。宋代的榷茶就地区而言分为东南榷茶区、四川榷茶区和福建、广南榷茶区。宋代的榷茶与榷盐一样，存在着地区的差异，并呈现出出复杂多变的特点。北宋时的东南地区榷茶变革主要经历了太祖时期的交引法、太宗时期的贴射法、仁宗时的通商法和徽宗时的蔡京合同场法四个阶段。蔡京变法前的宋代榷茶主要采取政府垄断收购、官商联合专卖的方式，蔡京变法后则是由官府垄断收购向以引榷茶转变的标志。南宋时的东南榷茶沿用了徽宗时的蔡京合同场法。四川地区的茶叶长期以来宋代官府并未禁榷。神宗熙宁八年（1075），四川官府垄断收购雅州名山所出之茶是四川榷茶的开始。四川地区的榷茶方式是官府垄断茶叶的收购和批发，种茶园户只能把茶叶卖入官场，官府收购后加价30%再售给商人贩运至熙秦州、通远军及永宁寨茶场卖给官府。建炎二年（1128），主政川陕茶马事的赵开参照蔡京以引榷茶的方法改革四川地区的榷茶制度，此后沿用至宋末。福建地区的榷茶政策因为福建茶叶品种独特、质量优良、需求旺盛而产量有限的特征自成一个独特的地区。福建路是全国唯一几乎没有实行过通商法的榷茶路分，长期存在的官买制直至绍兴十三年（1143）才最后停止[2]。在随后的岁月中与其他地区一样，福建榷茶也实行蔡京合同场法，只不过地方上没有售卖茶引的权力，商人必须到京师购买茶引。北宋前期，当东南其他诸路榷茶时，广南茶法与四川茶法一样实行通商法。广南路实行榷茶开始于元丰七年（1084），但时有反复。崇宁二年（1103），广南路茶全面实行官府垄断收购。此后，广南路的茶法与东南地区统一起来，崇宁四年（1105）以后也实行了以引榷茶的方法。由上可以看出，宋代各地复杂多样、差异巨大的茶法演变趋势总体上都向着以引榷茶的方向发展。

宋代的酒是一种主要面向本地销售的生活消费品。有宋一代，榷酒的方式

---

[1] 林文勋、黄纯艳等著：《中国古代专卖制度与商品经济》，云南大学出版社2003年版，第225页。
[2] 福建茶仅在神宗熙宁五年（1072年）至元丰七年（1084年）短短13年中实行过通商法。

主要有官产、官销的官营和民产、民销的买扑制组成，并长期并存。也就是说榷酒中是直接专卖和间接专卖同时并存的制度。据笔者的研究，民产、民销的间接专卖买扑酒务至少在神宗熙丰年间成为与官营酒务并驾齐驱的两种榷酒经营形式。

香药是宋代的主要进口品，因其市场需求量大、利润高，在宋代进口商品中地位重要，故成为宋代进口品的代名词。宋代对进口品的专卖开始于太宗太平兴国初年，官府开始垄断了全部进口品的收购和批发环节。后来，随着对进口品禁榷种类的日渐减少，尤其是仅对乳香禁榷的形势下，宋代官府对进口品的专卖转而采用垄断收购进口品再批发给商人贩运的办法。

宋代的矾有白、绿两种。白矾主要产于北方，绿矾主要产于南方。宋代矾的禁榷来源于五代，宋初的太祖、太宗时期就已经实行民制、官购、商销的间接专卖制度。官府控制的主要是矾流通中的批发环节，其手段就是入中。神宗熙宁后，北宋无为军所出之矾销售时而官卖，时而商销，但总的说来，北宋时期的榷矾实行的民制、官购、商销的专卖制度。南宋初期的榷矾采用北宋的民制、官卖、商销的办法，但在建炎二年（1128）后，在大臣黄潜厚的建议下实行了与盐、茶相似的以引禁榷的方法。其中，南宋时的矾引由中央政府统一管理，配发给地方。地方州、县官员在没有得到中央配发的矾引的情况下不能擅自卖矾。

宋代坑冶产品主要有铜、锡、铅、金、银、铁。与其它禁榷品不同的是，宋代官府对坑冶产品的禁榷方式是直接专卖和间接专卖并行的制度，但随着时间的推移，坑冶中的直接专卖制度实施范围越来越狭小。王菱菱先生研究表明，宋代的坑冶生产政策经历了宋初至仁宗时期的劳役制和仁宗以后的招募制与承买制（买扑制）三种形式[1]。但不论是哪一种形式，宋代政府对其坑冶产品实行民产、官买、官销的间接专卖总体政策并未改变。

由上可以看出，宋代专卖制度的演变在不同的专卖品中各有差异。有宋一代，盐、茶、矾、香药等禁榷品以实行间接专卖为主，其中的盐、茶和矾最终走上了以引禁榷的道路。宋代的酒和坑冶的专卖则是实行直接专卖和间接专卖并存的制度，其中酒的禁榷以直接专卖为主流，而坑冶的禁榷则以间接专卖为主流。

---

[1] 王菱菱：《宋代矿冶经营方式的变革和演进》，《中国经济史研究》1988年第1期。

二、宋代买扑制度与专卖制度的比较研究

（一）宋代买扑制度与宋代专卖制度的共同点

1. 买扑制度产生于五代后唐时，专卖制度产生于春秋战略时期，二者虽并非起源于宋代，但却在宋代表现得最充分，且历史作用最明显。据笔者研究，史料记载中最早的买扑制度出现于五代后唐长兴元年（930）的城市酒务经营中。然而，宋代买扑制度虽开始也仅限于酒务买扑，但随后逐渐扩大其范围。至北宋中期时，则扩大到买扑盐务、买扑茶、买扑矾、买扑官田、买扑河渡、买扑商税、买扑坑冶、买扑政府采购等经济领域，至北宋末期增加了买扑醋坊。可以看出，宋代买扑制度涉及手工业、商业、农业、政府授权管理及政府购买等诸多社会经济领域。同时，在其长期的发展过程中，宋代买扑制度形成了管理严密、制度完善的制度化管理措施，且对宋代役法的顺利实施和财政收入产生了重要影响。宋代以后，买扑制度在元代的实施范围已经缩小至买扑地区税收，至明清时期则未能看到其记载。专卖制度起源于春秋时期齐国管仲的"官山海"政策，至唐代刘晏实行盐法变革后的专卖制度出现了由直接专卖向间接专卖的转变。宋代的专卖品中除了传统的大宗商品盐、酒外，还增添了茶、矾、香药等。同时，其专卖方式已经基本实现了由以前的直接专卖向间接专卖的转变，专卖收入在政府财政收入中的地位大大提高，其总额一度超过了两税收入。元明清后的专卖制度中，长期作为专卖品的仅为盐，专卖方式与宋代相比并无差异，专卖收入在政府财政收入中的地位则大致相似。

2. 宋代买扑制度和宋代专卖制度兴盛于宋代巨大发展的商品经济背景之下，是政府干预经济运行与宋代市场机制加强的产物，并推动了宋代商品经济的发展。对经济运行的干预是国家与生俱来的一项职能，是国家意志的一种具体体现。纵观人类社会经济的发展，从来就没有不受政府干预的经济发展。无论是传统经济还是现代经济，都或多或少的存在者政府干预。商品经济是一种以交换为目的、面向市场的经济形态。只要商品经济存在，市场机制就必然会发挥作用。并且商品经济越发展，市场机制的作用也就越明显。中国传统社会中的商品经济至宋代进入第二个发展的高峰。相应的是，市场机制发挥的作用在宋代社会经济生活中也越来越大。宋代买扑制度实施之最初目的是宋代政府希望通过一定的经济补偿缓和受战乱与役法冲击下的社会矛盾，但熙丰后长期实行的实封投状买扑，却引入市场公平竞争机制并沿袭至宋末。宋代专卖制度由宋初的直接专卖向间接专卖转变的动因在于宋代商品经济巨大发展之下的间

接专卖能更好促进专卖品的生产、运输和销售,扩大专卖品的产销总量和社会总收入。如果没有宋代商品经济大发展下市场机制的加强,宋代买扑制度的存在与发展和宋代专卖制度方式的转变是难以完成的。

3. 就社会背景来说,宋代买扑制度与宋代专卖制度俱运行于宋代专制国家之中,二者所引发的弊端具有一定的相似性。自秦始皇建立秦朝以来,中国传统社会就进入了专制社会。当历史的车轮进入宋代后,专制主义中央集权的强化成为宋代政治发展的重要内容之一。国家的性质和组织形式是影响经济的关键因素。"国家的存在对于经济增长来说是必不可少的,但国家又是人为的经济衰退的根源"[1]。宋代买扑制度与宋代专卖制度是宋代专制政府干预经济发展的结果,利用国家的力量保障了二者在宋代商品经济发展大潮中顺利展开和持续运行。但是,缺乏有效监督的专制国家力量必然会攫取更多财政收入,进而使宋代买扑制度与宋代专卖之存在的基础——官民互利朝着官占多利趋势转化,而参与者又会把其中减少的利润转嫁到普通百姓身上,故二者在长期的实行中无法避免扰民、害民的事实。即北宋名臣包拯所说的"天下茶盐酒税,逐处长吏曲徇转运使之意,以求课额羡溢,编民则例遭配买,商族则倍行诛剥"[2]。同时,专制国家体制中的固有缺陷如政策的随意改变、贪污、腐败、行政效率低下等消极因素也对宋代买扑制度和宋代专卖制度的顺利实施产生不利的影响。

(二)宋代买扑制度与宋代专卖制度的差异

1. 宋代买扑制度虽与专卖制度联系密切,但其实施范围和参与人却比宋代专卖制度波及面更广。最早明确记载的买扑制度出现于五代后唐长兴元年(930)的城市榷酒中。但宋代买扑制度的实施范围,却逐渐由政府干预的手工业商品产销,扩大到商业流通中的买扑商税,政府授权管理的买扑河渡,官田管理中的买扑官田及买扑政府购买等诸多领域。由于涉及领域多,故宋代买扑制度的参与人员非常广泛,北宋时还限制官户参与买扑,而到了南宋时,只要是具有一定资产的编户齐民、官户,乃至军队都可以参与买扑。就宋代买扑制度的管理来说,从中央管理部门到地方上的每个州、县都设置有管理买扑制度的官吏。而宋代的专卖制度涉及的是具有较高利润的手工业品的产销过程,尤其重视对手工业品利润的分割,要求参与的人员资产规模远远超过对买扑人员

---

[1] [美]道格拉斯·C·诺斯:《经济史上的结构与变革》,商务印书馆1993年版,第21页。
[2] 《长编》卷一百五十一仁宗庆历四年八月乙卯。

的限制，故参与宋代专卖制度中的人员大多为商人。

2. 宋代实施买扑制度和专卖制度的主要目的是在官民互利的基础上干预宋代经济运行，在保障宋代政府财政正常运转方面具有一致性，但在具体演进过程中其实施目的差异很大。其一，实施政策的目的有差异。宋代政府在买扑制度实施之初主要是为了缓和战乱和役法对民间的冲击，并未为了增加政府财政收入。至熙丰变法后才以增加财政收入为主要目的。而宋代专卖制度自始至终都是为了分割商业利润并增加政府财政收入。其二，分割社会财富的差异。宋代买扑制度与宋代专卖制度下的仅分割商业利润有显著差异。在熙丰以后普遍实行实封投状自由竞争的条件下，其对社会财富的分割范围由商业扩大到农业、手工业、政府授权管理产业。其三，对宋代财政支出的作用的差异。宋代专卖制度下对宋代财政的支出的积极作用在于物资的运转，而宋代买扑制度中买扑政府采购则是直接减少政府财政支出，且比例最高能够达到50%。

3. 就它们共同涉及的宋代政府干预的经济领域诸如盐、茶、酒、矾、醋来说，宋代买扑制度是宋代间接专卖体系中的重要组成部分。但是，就增加政府财政收入而言，在某些时候、某些地区、某些领域专卖不能取得很好成效的时候，买扑却能发挥出更好的效果。下面我们以宋代矾及坑冶在专卖制度与买扑制度之下的财政收入状况为例，来考察宋代买扑制度与宋代专卖制度在宋代财政收入中的不同效果。

表3-8 仁宗庆历年间晋州矾务政府财政收入对比表[1]

时间	收入总额（文）	买扑收入（文）	专卖收入（文）	买扑收入在总额中所占比率	专卖收入在总额中所占比率
庆历元年	174660680	116838850	57823830	约66.9%	约33.1%
庆历二年	190504160	148486050	42018110	约77.9%	约22.1%
庆历三年	205579105	158345350	47233755	约77.0%	约23.0%

从表中可以看出：庆历元年至三年（1041—1043）晋州矾的买扑收入远远超过专卖获得的收入，前者约为后者的2倍多。

---

[1] 表中数据来源于《欧阳修全集·论矾务利害状》卷一百一十五，其中收入总额，买扑收入和专卖收入在总额中所占比率由作者计算得出。

表3-9 宋代部分坑冶买扑产量与官营产量统计表[1]

类别	时间	地区	买扑产量	官营产量	资料来源
铁	至和年间（1054—1056）	陕西路同州韩城	两场每年共出产1200万斤铁	每年课铁10万斤	《宋会要辑稿·职官》四三之一三五
银	乾道九年（1165）八月	浙西路处州	五场官府收银2.28万两，折合出产11.4万两银	无	《宋会要辑稿·职官》四三之一七二
铜	乾道九年（1165）八月	浙西路处州	四场官府收铜4.5万余斤，折合出产22.5万余斤	无	《宋会要辑稿·职官》四三之一七二
铜	淳熙二年（1175）	浙西路处州	官府岁收铜10万斤，折合产铜50万斤	无	《宋会要辑稿·食货》三四之二三
铅	北宋后期	两浙路处州	无	780斤	《宋会要辑稿·食货》三三之二四
铅	南宋高宗后期	浙西路处州	无	511斤	《宋会要辑稿·食货》三三之二四
铅	淳熙二年（1175）	浙西路处州	官府岁收铅15万斤，折合产铅75万斤	无	《宋会要辑稿·食货》三四之二三

上表清晰地显示了买扑坑冶产量与官营产量之间的状况，且官营产量与买扑产量相比显得非常渺小，几乎可以忽略。

第五节 宋代买扑制度的评价

一、宋代买扑制度兴盛的原因

五代时的后唐政权曾在榷酤经营中出现买扑，但目前并未见到有关随后的后晋、后汉、后周政权实施买扑制度的记载。而宋代以后元代的买扑则主要是包税，已脱离了社会生产。明清时期则鲜有买扑制度的记载。买扑制度盛行于两宋时期，既在与禁榷有关的酒、盐、茶、醋、矾经营中存在，也在与禁榷无关的商税、河渡、官田宅、政府购买中存在。买扑制度存在宋代社会中时间之长、波及的深度和广度在中国传统社会中都是空前的。

[1] 表中乾道九年、淳熙二年的坑冶产量按当时买扑坑冶中通行的官民二八分成制折算。

买扑为什么会盛行于两宋时期呢？裴如成和许沛藻两位先生认为是在宋代商品经济发达的前提下，宋王朝为了限制、削弱地方势力和谋求增加收入使然[1]。买扑的发展固然建立在商品经济发展的基础之上，宋王朝实行买扑的目的有增加财政收入的因素，但此说仍值得商榷。首先，宋代政府在宋初至神宗前实施酒类买扑的主要目的在于缓和社会矛盾，尤其是减轻衙前重役对乡村的冲击。神宗后才以增加财政收入为主要目的。其次，增加财政收入手段有多种，就当时情况来看，既可以增加田赋，也可以通过提高工商业收入的形式来实现。再次，南宋时允许军队、官府和官员买扑，认为买扑的推行是为了限制、削弱地方势力还不太准确。李华瑞先生则认为宋代酒类产销活动中实施买扑的原因是官营酒务入不敷出和酒利微薄，实际上就是获取和增加一定的财政收入。进而认为宋代政府实行买扑主要是以酒利的丰厚为转移，即酒利低则实行买扑，酒利高则收为官监[2]。然而，真宗天禧年间（1017—1021），应天府王曾在向朝廷上奏时言到"府民五户共扑买酒场岁课三万余缗"[3]。应天府作为当时的中等城市，买扑的酒场课额规模达三万多缗，应该说是比较大的[4]。故李华瑞先生对宋代酒务买扑实施原因的分析结果，在北宋时期的部分地区是实情，但在南宋时期则与事实不符。渡江以后，军队、官府和官员参加酒类的买扑，其规模远非北宋相比。绍兴二十一年（1151），诏："诸军买扑酒坊特许依旧监官赏格，四万、三万贯以上场务增及一倍减一年磨勘，以下者递赏有差"[5]。绍兴三十一年（1061）同安郡王杨存中复以私家扑买酒坊九，及酒本酿具为钱七十二万缗上之。于是岁通收息钱八十万缗有奇[6]。显然，作为南宋高官的杨存中单个买扑酒坊的课额接近9万缗，买扑课额总高达80万缗。可见，绍兴年间军队买扑酒坊最高数额可达6—9万贯，这些诸军买扑的酒坊并非酒利细微之处。

结合以上认识，我认为宋代买扑盛行的原因有以下二点。第一，宋代商品经济的繁荣及由此导致社会经济中市场化趋势的增强是买扑盛行的前提条件。繁荣的商品经济为买扑的出现和发展提供了良好的社会环境。宋代买扑制度是

---

[1] 裴汝成、许沛藻：《宋代买扑制度略论》，《中华文史论丛》1984年第1辑。
[2] 李华瑞：《宋代酒的生产和征榷》，河北大学出版社1995年版，第206—207页。
[3] 《长编》卷九十四真宗天禧三年十一月辛未。
[4] 应天府即今天的河南省商丘市，因为是赵氏兴起之地而晋升为府。
[5] 《文献通考·征榷四》卷十七，考一七一。
[6] 《系年要录》卷一百八十八，第3150—3151页。

一种官民分利的经济制度，需要有官民分利的社会经济环境。商品经济不繁荣，买扑就很难以多种形式出现，并长期存在。买扑在五代时已出现，但是却长时间局限在酒类中，难以在其他生产和管理领域中突破。元代是我国商品经济衰落时期，买扑仅在包税中存在。宋代商品经济的繁荣为买扑提供了广阔的天地，因而在诸多领域中出现买扑，并长期盛行。当然，商品经济的繁荣是买扑盛行的必要因素，但不是唯一因素。明清时期是我国传统社会中商品经济的又一个繁荣时期，却难觅买扑的踪迹。[1]

第二，宋代政府对经济运行的干预适应了宋代经济发展规律是宋代买扑制度盛行的必要条件。国家对经济运行的干预一直存在。宋代沿用五代后唐时出现的买扑，随着宋代社会经济的发展和形势的变化，宋代政府逐渐扩大了买扑制度实施的领域，不断进行政策上的调整，逐渐形成了一套相对完备的买扑实施机制（如前面提到的分界制、抵当和招保制度、实封投状制等）来保证买扑的顺利进行。宋代政府不断调整的买扑制度适应了宋代社会经济的变化，并在一定时期内成为宋代经济发展的动力。买扑制度中的分界制和实封投状制既保障政府的收益，同时也保障买扑者的收益。南宋淳熙二年（1175），有大臣提及买扑墟市的弊端时称"凡买扑者，往往一乡之豪猾，既称趁纳官课，则声势尤甚于官司，官司既取其课利，虽欲为小民理直有所不能，乞下诸路州郡，应有前项买扑收税处并与住罢"[2]。由上可见，宋代政府对买扑制度的实施干预是有一定限制的，否则就不会有大臣发出"虽欲为小民理直有所不能"的感叹。宋代买扑制度实施的前提是政府与买扑参与者能够分利互赢，在缺乏约束力的情况下，自然是政府所占买扑事务利润的份额越来越多，而买扑者所占份额越来越少。而当买扑者发现参与买扑无利可图却要承担巨大经济风险时，自然是放弃参与买扑。最终导致买扑制度消失于历史的云烟中。

二、宋代买扑制度实施的弊端

在宋代买扑制度实施过程中出现的弊端主要有下列有三类。第一大类，买扑课额的缴纳对买扑者家庭的危害。买扑者在经营和管理买扑事务过程中并未取得预期的收益，但承诺缴纳给政府的买扑课额却不能缺少，导致其家破人亡的惨状。特别是在实封投状实行后，这种现象比较多。元祐元年（1086）殿

---

[1] 明人丘濬在《大学衍义补》卷三十二中解释"买扑"、"承买"时，仅提及宋元有买扑，并未见到有关明清时期实行买扑的记载。
[2] 《宋会要辑稿·食货》一八之八。

中侍御史吕陶概括了买扑者经营或管理买扑事务失败的五种情况。第一是买扑课额偏高，"既妄添所置之直，只直一千贯者，辄以二千贯买"；第二是虚增抵产之数，"抵产只及一千贯，则与吏胥邻保计会，估为二千贯"；第三是遇到钱荒，买扑事务难以顺利进行，"适值民间钱币阙乏，酒货不售，课利抽贯税钱供纳不足，才出季限，又有罚钱"；第四是被迫充当押送官府物资者的保人后负有的连带责任，"或委保百姓管押纲运，川中纲运无官员管押，或官物数多不可差将校兵级者，则召百姓管押，令坊场户委保。其押纲之人，往往盗窃官物，走窜失陷，则勒保人陪填"；第五种是买扑课额虚高无人继续买扑而被迫继续买扑受损，"或元买价高，界满无人交割，转更拖欠"[1]。第二大类，政府为收缴买扑课额摊卖买扑者的抵产和勒令保人代为交纳。哲宗时的吕陶把它概括为买扑制度危害到了四邻、飞邻、望邻、保人或是无干人员。"或抵产价高，出卖不行，则强责四邻人承买。或四邻人贫乏，承买不尽，则摊及飞邻、望邻之家抑令承买。或本户抵产罄尽，尚欠官钱，则勒保人代纳，亦须破坏产业。"[2]。第三大类，买扑制度对普通民户的危害。买扑者抑勒普通民户，强令购买他们的商品，强行向普通民户征税或征通过费。如天圣七年（1029）七月，禁淮南、两浙、荆湖诸县镇买扑酒户，因民有吉凶事，辄出引自，抑配沽酒，违者听民告，募人代之。[3]在商税买扑中，买扑者有时会对不应收税的物品收税。在河渡买扑中，当河流干涸或修筑桥梁后，政府不蠲免买扑者课额，迫使买扑者转嫁负担，强行向行人征收河渡费。

三、如何认识宋代买扑制度对宋代社会的作用

正是因为买扑制度对宋代社会造成了较为严重的危害，故屡屡为宋人所抨击，今天学界里也有人对买扑制度持否定态度。宋代买扑制度有时确实导致买扑者破家竭产，这是当时确实存在的事实，但我们更应关注其造成的原因。总的看来，导致买扑者经营、管理失败因素有两种。第一种是非政府干预因素，包括买扑者自身经营管理失误和难以预测的风险（如水灾、战乱和货币升值等）。第二种是政府不合理干预的因素，具体来说有无人买扑时强令买扑，买扑者经营顺利时强令不让买扑，干预买扑者正常经营和加征额外负担四种情况。无人买扑时强令买扑，这在酒、官田宅买扑中较多。仁宗时，欧阳修到河

---

[1] 《长编》卷三百七十六哲宗元祐元年四月乙卯。
[2] 《长编》卷三百七十六哲宗元祐元年四月乙卯。
[3] 《长编》卷一百〇八仁宗天圣七年七月乙丑。

东路督察买扑酒务时发现,"有开沽五七年、十年已上者,家业已破,酒务不开,而空纳课利,民间谓之蒿头供输……臣略行勘会,二州已有三十户,则诸州其数极多"[1]。淳熙七年(1180),从右正言葛邲之请,诏:"民间买扑酒坊,一界既满,无人承买,虽欲还官而官司不受,无以偿还虚受刑责,仰诸路提刑司委官体究蠲放。"[2]买扑者经营、管理顺利时宋代政府失信强令不让买扑,这在酒、盐买扑中存在过。政和三年(1113)二月,户部奏准严惩诸路监司拘收民间已买扑坊场为官监的行为[3]。嘉定元年(1208)总领所已依官田法召人投买四川总制司所管盐井,得钱数十万缗,"至是大使司以为过于求酬未当直,再召人实封投买,又得钱近百万缗",激赏库王子益认为失信于民,求止之,朝廷未从[4]。干预买扑者正常经营。宣和六年(1124)三月四日,提举荆湖北路常平等事郑庭芳奏:"契勘天下坊场所入,酒利最厚,比年买扑坊场之家,类多败阙,多因州县官令酒场户卖供给酒及荐送伶人之类"。诏:"见任官将所得供给酒抑配,令酒场户出卖者以违制论。"[5]额外负担。如酒坊买扑中抽贯税钱以禄吏人。熙宁四年(1071)正月二十八日,诏:"三司应买扑酒曲诸坊场每贯纳税钱五十文,仍别封桩,以禄吏人。"[6]哲宗时元祐时,官府抑令坊场户委保百姓管押四川纲运,"其押纲之人,往往盗窃官物,走窜失陷,则勒(坊场)保人陪填"[7]。上述政府对买扑制度的不合理干预所引发的买扑危害,并不是买扑制度自身的问题,而是宋代政府对买扑课额的不合理征收所致,完全可以通过政府政策的调整来根除。

由上可以看出,假如排除宋代政府干预因素所造成的冲击,就只论正常的买扑经营风险(如水灾、战乱、货币升值和买扑者经营管理不善情况时)所导致的话,那么,买扑经营和管理,尤其是实封投状下的买扑经营和管理是一种非常优秀的官民分利互赢的经济制度。尽管实封投状公平竞争存在买扑事务的虚估问题,但买扑者参与买扑时显然认为有可能获利,买扑者是不会出一个完全无望收回成本并赢利的价格来参与买扑事务的。所以,我们可以认为:在没有政府不合理干预因素之外的买扑制度危害是一种正常的经济竞争所导致的,

---

[1] (宋)欧阳修:《欧阳修全集》卷一百一十六,总第1772—1773页。
[2] 《文献通考·征榷四》卷十七。
[3] 《宋会要辑稿·食货》五六之三五。
[4] 《朝野杂记》乙集卷十六,第792、804页。
[5] 《宋会要辑稿·刑法》二之九〇。
[6] 《宋会要辑稿·食货》一七之二四、二五;《宋会要辑稿补编·商税》,第677页。
[7] 《长编》卷三百七十六哲宗元祐元年四月丁卯。

是买扑者必须承受的风险。有自由、公平的竞争就会出现优胜劣汰，这是不以人的意志为转移的。因此，买扑制度对宋代社会经济的发展有积极的促进作用，应该值得充分肯定。

参考文献

古籍部分

（唐）杜佑：《通典》，岳麓书社1995年版。
（宋）王溥：《五代会要》，上海古籍出版社2006年版。
（宋）王钦若：《册府元龟》，中华书局1960年版。
（宋）李焘：《续资治通鉴长编》，北京中华书局点校本，上海师范大学古籍整理研究所和华东师范大学古籍整理研究所共同点校。
（宋）赵汝愚编，北京大学中国中古史研究中心点校整理：《宋朝诸臣奏议》，上海古籍出版社1999年版。
（宋）李心传著，徐规点校：《建炎以来朝野杂记》，北京中华书局2000年版。
（宋）李心传：《建炎以来系年要录》，北京中华书局标点本，1988年版。
（宋）章如愚：《群书考索》，台湾商务印书馆影印文渊阁《四库全书》本。
（宋）张方平：《乐全集》，台湾商务印书馆影印文渊阁《四库全书》本。
（宋）叶适：《水心集》，台湾商务印书馆影印文渊阁《四库全书》本。
（宋）吕陶：《净德集》，台湾商务印书馆影印文渊阁《四库全书》本。
（宋）王之望：《汉滨集》，台湾商务印书馆影印文渊阁《四库全书》本。
（宋）文同：《丹渊集》，台湾商务印书馆影印文渊阁《四库全书》本。
（宋）楼钥：《攻媿集》，《四部丛刊初编》集部，上海商务印书馆缩印武英殿聚珍版本。
（宋）欧阳修撰，李逸安点校：《欧阳修全集》，北京中华书局2001年版。
（宋）苏轼：《苏东坡全集》，中国书店1986年版，据世界书局1936年版影印。

（宋）苏轼撰，王松龄点校：《东坡志林》，北京中华书局1981年版。

（宋）苏轼撰，愈宗宁点校：《龙川略志》，北京中华书局1982年版。

（宋）吴处厚撰，李裕民点校：《青箱杂记》，北京中华书局1985年版。

（宋）魏泰撰，李裕民点校：《东轩笔录》，北京中华书局1983年版。

（宋）罗大经撰，王瑞来点校：《鹤林玉露》，北京中华书局1983年版。

（宋）张邦基撰，孔凡礼点校：《墨庄漫录》，北京中华书局2002年版。

（宋）范公偁撰，孔凡礼点校：《国庭录》，北京中华书局2002年版。

（宋）张知甫撰，孔凡礼点校：《可书》，北京中华书局2002年版。

（宋）赵令畤撰，孔凡礼点校：《侯鲭录》，北京中华书局2002年版。

（宋）彭乘辑撰，孔凡礼点校：《墨客挥犀》，北京中华书局2002年版。

（宋）彭乘辑撰、孔凡礼点校：《续墨客挥犀》，北京中华书局2002年版。

（宋）方勺撰，许沛藻、杨立杨点校：《泊宅编》，北京中华书局1983年版。

（宋）张世南撰，张茂鹏点校：《游宦纪闻》，北京中华书局1981年版。

（宋）李心传撰，崔文印点校：《旧闻正误》，北京中华书局1981年版。

（宋）王辟之撰，吕友仁点校：《渑水燕谈录》，北京中华书局1981年版。

（宋）欧阳修撰，李伟国点校：《归田录》，北京中华书局1981年版。

（宋）程俱撰，张富祥校证：《麟壹故事校证》，北京中华书局2000年版。

（宋）王铚撰，朱杰人点校：《默记》，北京中华书局1981年。

（宋）王栐撰，诚刚点校：《燕翼诒谋录》，北京中华书局1981年版。

（宋）何薳撰，张明华点校：《春渚纪闻》，北京中华书局1983年版。

（宋）周密撰，张茂鹏点校：《齐东野语》，北京中华书局1983年版。

（宋）钱易撰，黄寿成点校：《南部新书》，北京中华书局2002年版。

（宋）司马光撰，郭广铭、张希清点校：《涑水纪闻》，北京中华书局1989年版。

（宋）周密，吴启明点校：《癸辛杂识》，北京中华书局1988年版。

（宋）刘挚撰，裴汝诚、陈晓平点校，《忠肃集》，北京中华书局2002年版。

（宋）赵彦卫撰，傅根清点校：《云麓漫钞》，北京中华书局1996年版。

（宋）陆游撰，孔凡礼点校：《家事旧闻》，北京中华书局1993年版。

（宋）洪迈撰，何卓点校：《夷坚志》，北京中华书局1981年版。

（宋）孟元老等：《东京梦华录》（外四种）（含《西湖老人繁盛录》、《都城纪胜》、《梦粱录》和《武林旧事》），上海古典文学出版社1956年第1版。

中国社科院宋辽金史研究室点校：《名公书判清明集》，中华书局1987年版。

（元）马端临：《文献通考》，浙江古籍出版社1988年版。

（元）脱脱等：《宋史》，北京中华书局点校本。

（元）脱脱等：《金史》，北京中华书局点校本。

（明）宋濂等：《元史》，北京中华书局点校本。

（明）丘濬：《大学衍义补》，台湾商务印书馆影印文渊阁《四库全书》本。

（明）杨士奇、黄淮等编：《历代名臣奏议》，上海古籍出版社1989年版。

（清）徐松辑：《宋会要辑稿》，北京中华书局1957年版。

（清）徐松辑，陈智超整理：《宋会要辑稿补编》，全国图书馆文献缩微复制中心出版，新华书店北京发行所发行，1988年版。

（清）黄以周辑，顾吉辰点校：《续资治通鉴长编拾补》，北京中华书局2004年版。

近人著作

（按作者姓名汉语拼音字母为序排列）

［美］奥利弗·E·威廉姆斯著，段毅才、王伟译：《资本主义经济制度》，商务印书馆2002年版。

［英］安格斯·麦迪森著，伍晓鹰、马德斌译：《中国经济的长期表现：公元960—2030年》，上海人民出版社2008年版。

［英］安格斯·麦迪森著，伍晓鹰、许宪春、叶艳斐、施发启译：《世界经济千年史》，北京大学出版社2003年版。

包伟民：《宋代地方财政史研究》，上海古籍出版社2001年版。

陈工、雷根强编著：《财政学》，科学出版社2000年版。

程民生：《宋代地域经济》，河南大学出版社1992年版。

程民生：《宋代物价研究》，人民出版社2008年版。

程念祺：《国家力量与中国经济的历史变迁》，新星出版社2006年版。

邓广铭、漆侠主编：《中日宋史研讨会中方论文选编》，河北大学出版社1991年版。

邓广铭、漆侠著：《宋史专题课》，北京大学出版社2008年版。

［美］道格拉斯·C·诺斯著，杭行译：《制度、制度变迁与经济绩效》，格致出版社·上海三联书店·上海人民出版社2008年版。

［美］道格拉斯·C·诺斯著，厉以平译：《经济史上的结构和变革》，商务印书馆1992年版。

方行：《中国封建经济论稿》，商务印书馆2004年版。

郭正忠：《宋代盐业经济史》，人民出版社1990年版。

郭正忠：《中国盐业史》（古代编），人民出版社1997年版。

韩毅：《西方制度经济史学研究——理论、方法与问题》，中国人民大学出版社2007年版。

胡寄窗：《西方经济学说史》，立信会计出版社1991年版。

胡志宏：《西方中国古代史研究导论》，大象出版社2002年版。

侯家驹：《中国经济史》，新星出版社2008年版。

华民、韦森、张宇燕、文贯中等：《制度变迁与长期经济发展》，复旦大学出版社2006年版。

黄冕堂：《中国历代物价问题考述》，齐鲁书社2008年版。

黄纯艳：《宋代海外贸易》，社会科学文献出版社2003年版。

黄宗智主编：《中国研究的范式问题讨论》，社会科学文献出版社2003年版。

葛金芳：《宋代经济史讲演录》，广西师范大学出版社2008年版。

葛兆光：《中国思想史》，复旦大学出版社2004年版。

贾玉英：《中国古代监察制度发展史》，人民出版社2004年版。

［美］贾志扬著，赵冬梅译：《天潢贵胄——宋代宗室史》，江苏人民出版社2005年版。

［日］加藤繁：《中国经济史考证》，商务印书馆1959年版。

姜密：《宋代"系官田产"研究》，中国社会科学出版社2006年版。

姜锡东：《宋代商业信用研究》，河北教育出版社1993年版。

姜锡东：《宋代商人和商业资本》，北京中华书局2002年版。

姜锡东、李华瑞主编：《宋史研究论丛》，河北大学出版社2005年版。

科斯诺斯·威廉姆森等著，刘刚、冯建、杨其静、胡琴等译：《制度、契约与组织——从新制度经济学角度的透视》，经济科学出版社2003年版。

梁方仲：《中国历代户口、田地、田赋统计》，中华书局2008年版。

梁庚尧：《南宋的农村经济》，新星出版社2006年版。

李伯重：《千里史学文存》，杭州出版社2004年版。

李伯重：《江南的早期工业化》，社会科学文献出版社2000年版。

李伯重：《多视角看江南经济史（1250—1850）》，生活·读书·新知三联书店2003年版。

李伯重：《理论、方法、发展趋势：中国经济史研究新探》，清华大学出版社2002年版。

李伯重、周春生主编：《江南的城市工业与地方文化》，清华大学出版社2004年版。

李华瑞：《宋代酒的生产和征榷》，河北大学出版社1995年版。

李剑农：《中国古代经济史稿》，武汉大学出版社2006年版。

李景寿：《宋代商税问题研究》，云南大学出版社2005年版。

李埏：《中国封建经济史论集》，云南教育出版社1987年版。

李埏：《不自小斋文存》，云南人民出版社2001年版。

李埏、林文勋：《宋金楮币史系年》，云南民族出版社1996年版。

［美］刘子健著，赵冬梅译：《中国转向内在——两宋之际的文化内向》，江苏人民出版社2002年版。

林文勋：《宋代四川商品经济史研究》，云南大学出版社1994年版。

林文勋等：《中国古代"富民"阶层研究》，云南大学出版社2008年版。

林文勋、黄纯艳等：《中国古代专卖制度与商品经济》，云南大学出版社2003年版。

林文勋、谷更有：《唐宋乡村社会力量与基层控制》，云南大学出版社2005年版。

李晓：《宋代工商业经济与政府干预研究》，中国青年出版社2000年版。

李崇智：《中国历代年号考》，北京中华书局2001年版。

龙登高：《宋代东南市场研究》，云南大学出版社1994年版。

龙登高：《中国传统市场发展史》，人民出版社1997年版。

廖坤和：《宋代信用票据研究》，云南大学出版社2002年版。

［美］彭慕兰著，史建云译：《大分流——欧洲、中国及现代世界经济的发展》，江苏人民出版社2003年版。

漆侠：《宋代经济史》上海人民出版社1987年版。

漆侠、李埏主编：《宋史研究论文集》，云南民族出版社1997年版。

漆侠：《宋学的发展和演变》，河北人民出版社2002年版。

钱婉约：《内藤湖南研究》，中华书局2004年版。

［日］斯波义信著，方健、何忠礼译：《宋代江南经济史研究》，江苏人民出版社2001版。

［美］王国斌著，李伯重仲、连玲玲译：《转变的中国——历史变迁与欧洲经验的局限》，江苏人民出版社1998年版。

王文成：《宋代白银货币化研究》，云南大学出版社2001年版。

周飞舟：《制度变迁和农村工业化》，中国社会科学出版社2006年版。

张锦鹏：《宋代商品供给研究》，云南大学出版社2003年版。

张锦鹏：《南宋交通史》，上海古籍出版社2008年版。

朱瑞熙、程郁：《宋史研究》，福建人民出版社2006年版。

朱瑞熙、王曾瑜、姜锡东、戴建国编：《宋史研究论文集》，上海人民出版社2008年版。

赵冈、陈钟毅：《中国经济制度史论》，新星出版社2006年版。

［美］詹姆斯·布坎南著，穆怀朋译：《民主财政论》，商务印书馆1993年版。

张瑞稳：《会计学》，（合肥）中国科技大学出版社2003年版。

张维迎：《博弈论与信息经济学》，上海人民出版社2004年版。

武建国主编：《中国经济史研究》，云南人民出版社1990年版。

王曾瑜：《锱铢编》，河北大学出版社2006年版。

汪圣铎：《两宋财政史》，北京中华书局1995年版。

吴松等：《中国农商关系思想史纲》，云南大学出版社2000年版。

吴承明：《市场·近代化·经济史论》，云南大学出版社1996年版。

吴承明：《中国现代化：市场与社会》，生活·读书·新知三联书店2001年版。

吴晓亮、林文勋主编：《宋代经济史研究》，云南大学出版社1994年版。

［英］约翰·希克斯著，厉以平译：《经济史理论》，商务印书馆1987年版。

［美］伊沛霞著，胡志宏译：《内闱——宋代的婚姻和妇女生活》，江苏

人民出版社2004版。

游彪：《宋代寺院经济史稿》，河北大学出版社2003年版。

燕永成：《南宋史学研究》，甘肃人民出版社2007年版。

萧国亮：《中国社会经济史研究——独特的"食货"之路》，北京大学出版社2005年版。

邢铁：《户籍制度史纲》，云南大学出版社2002年版。

臧云浦、朱崇业、王云度：《历代官制、兵制、科举制表释》，江苏古籍出版社1987年版。

近人论文
（按作者姓名汉语拼音字母为序排列）

包伟民：《从宋代财政史看中国古代国家制度的地方化》，《史学月刊》2007年第7期。

陈振汉：《西方经济史学与中国经济史研究》，《中国经济史研究》1996年第1期。

陈支平：《中国社会经济史学理论的重新思考》，《中国社会经济史研究》1998年第1期。

曹家齐：《宋代关津管理制度初探》，《西南师范大学学报》（哲学社会科学版）1999年3月第2期。

戴静华：《宋代商税制度简述》，邓广铭、程应镠主编《宋史研究论文集》，上海古籍出版社1982年版。

戴静华：《关于宋代镇市的几个问题》，邓广铭、郦家驹等主编《宋史研究论文集》，河南人民出版社1984年版。

［美］道格拉斯·C·诺斯著，李志宏译：《东南学术》2006年第4期。

方宝璋：《略论宋代财经监督机制》，《福建师范大学学报》2000年第3期。

郭正忠：《南宋高宗时期东南六路海盐政策的变迁》，《文史》1995年第40期。

郭正忠：《宋代的盐商与商盐》，《盐业史研究》1996年第1期。

黄纯艳：《近十年来的国内唐宋专卖史研究》，《中国史研究动态》1997年第7期。

黄纯艳：《论宋代榷矾制度》，《中国社会经济史》2002年第3期。

黄纯艳：《论宋代茶利的几个问题》，《中国史研究》2002年第4期。

江晓敏：《唐宋时期的中央与地方财政关系》，《南开学报》（哲学社会科学）2003年第5。

刘秋根：《十至十四世纪的中国合伙制》，《历史研究》2002年第6期。

刘森：《买扑始年之我见》，《中国史研究》1986年第4期。

刘云：《南宋高宗时期的财政制度变迁》，《中国社会经济史研究》2007年第2期。

李伯重：《"选精"、"集粹"与"宋代江南农业革命"——对传统经济史研究方法的检讨》，《中国社会科学》2000年第1期。

李伯重：《历史上的经济革命与经济史的研究方法》，《中国社会科学》2001年第6期。

李华瑞：《论宋代榷酒制度中的买扑形式》，《西北师范大学学报》社会科学版1991年第1期。

李华瑞：《关于宋代酒课的几个问题——与杨师群同志商榷》，《中国经济史研究》1994年第2期。

李根蟠：《中国经济史学百年历程与走向》，《经济学动态》2001年第4期

黎世英：《试述宋代盐政》，《江西社会科学》1996年第12期。

李晓：《北宋榷茶制度下官府与商人的关系》，《历史研究》1997年第2期。

李晓：《论宋代的茶商和茶商资本》，《中国经济史研究》1997年第2期。

李晓：《论宋代民间资本的流向》，《文史哲》2000年第5期。

李晓：《宋朝的政府购买制度》，《文史哲》2002年第3期。

李晓：《宋朝置场收购的法规与执行》，《文史哲》2006年第3期。

林甘泉：《秦汉自然经济与商品经济》，《中国经济史研究》1997年第1期。

林文勋：《宋代四川茶产量考辨》，《历史研究》1991年第5期。

林文勋：《也谈中国封建社会商品经济发展的特点》，《思想战线》2000年第6期。

林文勋：《唐宋茶叶生产发展原因补论》，《中国农史》2000年第1期。

林文勋：《中国古代专卖制度的源起与历史作用——立足于盐专卖制的考察》，《盐业史研究》2003年第3期。

林文勋：《中国古代专卖制度与重农抑商政策辨析》，《思想战线》2003年第3期。

林文勋：《商品经济与唐宋社会变革》，《中国经济史研究》2004年第1期。

林文勋：《历史哲学意义上的商品经济史研究》，《云南大学学报》（哲学社会科学版）2006年第1期。

林文勋：《中国古代"富民社会"的形成及其历史地位》，《中国经济史研究》2006年第2期。

林文勋：《中国古代史的主线与体系》，《史学理论研究》2006年第2期。

林文勋：《中国古代的"保富论"》，《历史教学》2006年第12期。

林文勋、黎志刚：《从静止、平面式研究到动态式、立体式研究——访著名学者林文勋教授访谈录》，《历史教学》2006年第10期。

裴汝诚、许沛藻：《宋代买扑制度略论》，《中华文史论丛》1984年第1辑。

宋小维：《宋代经济法制初探》，《河南大学学报》1998年第3期。

王菱菱：《宋代矿冶业经营方式的变革和演进》，《中国经济史研究》1988年第1期。

王菱菱：《宋朝政府的矿冶开采政策》，《河北大学学报》（哲学社会科学版）1998年第3期。

王曾瑜：《宋史研究的回顾与展望》，《历史研究》1997年第4期。

吴承明：《经济学理论与经济史研究》，《经济研究》1995年第4期。

吴承明：《经济史学的理论与方法》，《中国经济史研究》1999年第1期。

吴承明：《经济史：历史观与方法论》，《中国经济史研究》2001年第3期。

汪槐龄：《有关宋代差役的几个问题》，邓广铭、程应镠主编《宋史研究论文集》，上海古籍出版社1982年版。

许沛藻：《宋代买扑坊场管理制度述论》，邓广铭、漆侠主编《中日宋史研究会中文论文选编》河北大学出版社1991年出版。

杨师群：《宋代榷酒中的买扑经营》，《学术月刊》1988年第11期。

杨师群：《宋代酒课几个问题的再商榷——答李华瑞同志》，《中国经济史研究》1994年第2期。

杨师群:《宋代城镇工商阶层述论——与西欧中世纪城市市民的比较研究》,《中国社会经济史研究》1997年第1期。

杨永兵:《宋代政府对买扑课额的征收、蠲免和使用》,《思想战线》2009年第5期。

杨永兵:《近三十年来宋代买扑制度研究综述》,《中国史研究动态》2009年第10期。

杨永兵:《宋代的买扑盐业》,《盐业史研究》2010年第2期。

杨永兵:《南宋官田经营的新形式研究——以买扑制为中心的历史考察》,《农业考古》2011年第4期。

杨永兵:《北宋官田经营的新形式研究——以买扑制为中心的历史专家》,《农业考古》2012年第1期。

郑世刚:《北宋的转运使》,邓广铭、郦家驹等主编《宋史研究论文集》,河南人民出版社1984年版。

后　记

　　本书是根据我的博士学位论文整理修改而成的。买扑制度是宋代长期广泛存在的经济现象。我清晰记得业师林文勋先生在课上初次提及该问题时，其他同学都有所耳闻，而我却一无所知，当时深感自己知识匮乏。课后询问同学并查阅资料后才知道买扑制度一般认为是承包制。我出身淳朴的农民之家。1979年，家庭联产承包责任制的施行，给我的家乡带来了巨大变化。因此，我对宋代历史上出现的买扑制度产生了浓厚的兴趣，并把它作为毕业论文的选题进行了长期研究。

　　我的导师品德高尚，胸襟广阔，平易近人，治学严谨，学识渊博，成绩卓著。在我求学期间尽心指导，愚钝的我却没有达到他的要求，心里深感愧疚。但是，先生的人品和学识，在言传身教中深深地感染了我，督促着我在未来的工作和生活中坚持真理，真心求学。先生多年来在学习和生活中对我的关切和帮助，我默默地记在心里。本书的出版是我多年学习研究的一个总结，对自己来说是一种慰藉。然而，这也是我学术研究新的开始。"学海无涯苦作舟"，既然选择了从事学术研究，就选择了一条清贫，坚守真理的道路，我会长期走下去。

　　在长期求学过程中，我的父母、亲人们默默为我祝福；爱人李桂满女士在我攻读博士论文过程中付出了大量无私的帮助；我的工作的单位——云南大学职业与继续教育学院的历届领导，他们是原李家祥学院党委书记，原学赵雪春院党委副书记，原王加林院长，现任康云坤学院党委书记，现任李甦院长，现任陈云山副院长，现任马勇副院长，现任王雯学院党委副书记和单位的各位同事对我关爱有加，在我长期的学习中和工作中给予了大量无私的帮助。在求学过程中，曾得到师姐张锦鹏教授、高楠博士，师兄顾盛华博士，师弟刘欣博士、田晓忠博士、黎志刚博士的关爱，对此深表谢忱！

　　在博士论文的构思过程中，有幸得到中国政法大学李晓教授和首都师范大学李华瑞教授的耳提面命；在博士论文的匿名送审过程中，河南大学的苗书梅教授，上海师范大学的黄纯艳教授指出了论文中存在的诸多问题；在博士论文答辩过程中，答辩主席云南大学武建国教授，答辩委员云南大学的吴晓亮教授、云南省社科院的王文成教授、云南师范大学的李寿教授在肯定论文的同时，提出了许多中肯的、有见地的修改意见。本书在修改阶段接受了他们的意见，在此深表谢意！

本书的出版有幸得到人民出版社的垂青，对人民出版社的领导对我的提携，尤其是付出巨大心血的编辑邵永忠博士，在此致以真诚的谢意！本书的出版获得云南大学《在职获得博士学位项目》的经费资助，一并致谢。

本书的研究，是在学界前人深厚的成果基础之上的，没有他们的辛勤努力，本书的研究将会成为无源之水，难以为继。因此，书稿若能对学人有所裨益，那是前辈学者的辛劳所致。由于我生性愚钝，才疏学浅，书中难免会出现错误，敬请学界同仁批评指教。

云南大学 杨永兵

2012年9月27日于昆明

责任编辑:邵永忠
封面设计:肖 辉

图书在版编目(CIP)数据

宋代买扑制度研究/杨永兵 著.-北京:人民出版社,2012.12
ISBN 978-7-01-011091-2

Ⅰ.①宋… Ⅱ.①杨… Ⅲ.①市场经济-经济制度-经济史-研究-中国-宋代 Ⅳ.①F129.44

中国版本图书馆 CIP 数据核字(2012)第 176584 号

宋代买扑制度研究

SONGDAI MAIPU ZHIDU YANJIU

杨永兵 著

人民出版社 出版发行

(100706 北京市东城区隆福寺街 99 号)

北京新魏印刷厂印刷 新华书店经销

2012 年 12 月第 1 版 2012 年 12 月北京第 1 次印刷
开本:710 毫米×1000 毫米 1/16 印张:10.75
字数:200 千字 印数:0,001-2,000 册

ISBN 978-7-01-011091-2 定价:28.00 元

邮购地址 100706 北京市东城区隆福寺街 99 号
人民东方图书销售中心 电话 (010)65250042 65289539

版权所有·侵权必究
凡购买本社图书,如有印制质量问题,我社负责调换。
服务电话:(010)65250042